# A GUERRA SANTA

# A GUERRA SANTA

## John Bunyan

SÃO PAULO, 2017

A Guerra Santa
*The Holy War*
Copyright © 2017 by Editora Ágape Ltda.

COORDENAÇÃO EDITORIAL
Rebeca Lacerda

ILUSTRAÇÃO
Diego Sá

CAPA E DIAGRAMAÇÃO
Rebeca Lacerda

TRADUÇÃO
Deborah Stafussi

PREPARAÇÃO
Tássia Carvalho

REVISÃO
Thiago Fraga
Fernanda Guerriero Antunes

COORDENADOR EDITORIAL
Vitor Donofrio

EDITORIAL
João Paulo Putini
Nair Ferraz
Rebeca Lacerda

GERENTE DE AQUISIÇÕES
Renata de Mello do Vale

ASSISTENTE DE AQUISIÇÕES
Talita Wakasugui

Texto de acordo com as normas do Novo Acordo Ortográfico da Língua Portuguesa (1990), em vigor desde 1º de janeiro de 2009.

Todas as citações bíblicas foram extraídas da Bíblia Sagrada. Nova Versão Internacional. São Paulo: Editora Vida, 2001.

**Dados Internacionais de Catalogação na Publicação (CIP)**

Bunyan, John
  A Guerra Santa / John Bunyan ; tradução de Deborah Stafussi. -- Barueri, SP : Ágape, 2017.
  Título original: The Holy War
  1. Ficção cristã 2. Guerra espiritual - Ficção 3. Literatura inglesa - Século XVII I. Título II. Stafussi, Deborah

16-1539            CDD-828.407

**Índice para catálogo sistemático:**
1. Ficção cristã: Literatura inglesa – Séc. XVII    828.407

EDITORA ÁGAPE LTDA.
Alameda Araguaia, 2190 – Bloco A – 11º andar – Conjunto 1112
CEP 06455-000 – Alphaville Industrial, Barueri – SP – Brasil
Tel.: (11) 3699-7107 | Fax: (11) 3699-7323
www.editoraagape.com.br | atendimento@agape.com.br

## Ao leitor

É estranho para mim que eles queiram contar
Atos antigos, sim, e que excedem
Seus equivalentes na história
Não falem sobre as guerras de Alma Humana, mas deixem-nas
Permanecerem mortas, como antigas fábulas,
     ou tais coisas sem valor,
Que não trazem vantagem alguma ao leitor:
Quanto aos homens, deixem-nos tomar para si o que quiserem,
Até que eles saibam disso, são desconhecidos para si mesmos.
Há diversos tipos de histórias, isso eu bem sei,
Algumas estrangeiras, outras nacionais; e há relatos
Feitos de forma tão elegante para guiar os autores:
(Pelos livros, um homem pode adivinhar o que lhe foi ditado.)
Algumas desejam ser aquilo que nunca foram,
Nem nunca serão, imitações (sem motivos)
Esse assunto, levantado como montanhas, trata disso,
Sobre homens, sobre leis, sobre nações e sobre reis;
E em sua história parecem tão sábios,
E com tamanha gravidade vestem cada página,
Que, embora seu frontispício diga que tudo é vaidade,
Ainda conseguem discípulos para segui-los.
Mas, leitores, eu tenho algo diferente para fazer,
Do que os incomodar com histórias vãs.
O que digo aqui, alguns homens sabem tão bem,
Que podem com lágrimas e alegrias a história contar.
A cidade de Alma Humana é bem conhecida para muitos,
E suas tribulações não são ocultas a ninguém

Que é familiarizado com os relatos
Que Alma Humana e suas guerras descrevem.
Então me emprestem seus ouvidos para o que vou relatar,
Ao tocar a cidade de Alma Humana e seu estado:
Como ela se perdeu, foi levada cativa e feita escrava:
E como virou-se contra aquele que poderia salvá-la;
Sim, sobre por quais maneiras hostis ela se opôs
Ao seu Senhor, e de Seu inimigo se aproximou.
Pois eles são verdade: aquele que os negar
Precisará difamar os melhores relatos.
De minha parte, eu mesmo fui à cidade,
Tanto quando era levantada, tanto quando era derrubada.
Eu vi Diabolus em sua possessão,
E Alma Humana também debaixo de sua opressão.
Sim, eu estava lá quando ela o tinha como senhor,
E quando a ele se submetia sem questionar.
Quando Alma Humana pisoteou o que era divino,
E afundou-se em sujeira tal como um suíno;
Quando ela se entregou em seus próprios braços,
E lutou contra seu Emanuel, desprezando seus encantos;
Então eu estava lá, e me alegrei ao ver
Diabolus e Alma Humana concordarem entre si.
Não permita que nenhum homem, então,
    diga que invento fábulas,
Ou torne meu nome ou credite uma parte
De seu escárnio: o que está aqui à vista,
De meu próprio conhecimento, ouso dizer que é verdade.
Vi os homens armados do Príncipe descerem
Em tropas, aos milhares, para tomar a cidade;
Eu vi os capitães, ouvi o som das trombetas,
E como seus exércitos cobriam todo o solo.
Sim, como eles se posicionaram como em uma batalha,
Eu me lembrarei até o dia de minha morte.
Vi as cores ondulando ao vento,
E aqueles, combinados para confundir

E destruir Alma Humana e para fazer desaparecer
Seu *primum mobile* sem demora.
Eu vi os montes se levantarem contra a cidade,
E como as catapultas foram posicionadas para destruí-la:
Ouvi as pedras voarem zumbindo em meus ouvidos,
    (O que perdura em nossa mente mais
    do que o que nos causa medo?)
Eu as ouvi cair, e vi o que fizeram.
E como o velho Mors cobriu com sua sombra
A face de Alma Humana; e a ouvi clamar:
"Ah, vale o dia, em morte devo morrer!".
Eu vi os aríetes, e como os usavam
Para arrombar o Portão dos Ouvidos; e eu temi
Não apenas o Portão dos Ouvidos, mas a própria cidade
Seria destruída por esses aríetes.
Eu vi as disputas, e ouvi os capitães gritarem,
E em cada batalha vi quem se saía melhor;
Vi quem foi ferido e quem foi morto;
E quem, após morto, voltaria à vida novamente.
Ouvi os gemidos dos que estavam feridos,
(Enquanto outros lutavam como homens livres de medo.)
E enquanto o clamor "Mate, mate" estava em meus ouvidos,
As sarjetas se enchiam com mais lágrimas do que sangue.
De fato, os capitães nem sempre lutavam,
Mas nos afligiam dia e noite;
Seu clamor, "Vamos, ataquem, vamos tomar a cidade",
Impedia-nos de dormir ou de deitar.
Eu estava lá quando os portões foram arrombados,
E vi como a esperança foi então arrancada de Alma Humana;
Eu vi os capitães marcharem para dentro da cidade,
E como ali eles lutaram e seus inimigos destruíram.
Eu ouvi o Príncipe ordenar a Boanerges que
Subisse ao castelo e ali capturasse seu inimigo;
E vi seus companheiros e ele trazendo-o,
Em correntes de grande contentamento pela cidade.

Eu vi Emanuel, quando ele tomou
Sua cidade de Alma Humana; e como
   tremendamente abençoou
Uma cidade, sua galante cidade de Alma Humana,
Quando ela recebeu seu perdão, amou suas leis.
Quando os diabolianos foram presos,
Julgados e levados à execução,
Eu estava lá; sim, eu estava lá
Quando Alma Humana crucificou os rebeldes.
Também vi Alma Humana revestida de branco,
Ouvi seu Príncipe chamá-la de alegria de Seu coração.
Eu o vi colocar sobre ela correntes de ouro,
E anéis, e pulseiras, para que ela bem os usasse.
O que devo dizer? Eu ouvi o clamor dos povos,
E vi o Príncipe enxugar as lágrimas dos olhos de Alma Humana.
E ouvi os gemidos, e vi a alegria de muitos:
Falar sobre tudo, não vou e nem posso.
Mas, pelo que digo aqui, você verá bem
Que as incomparáveis batalhas de Alma Humana
   não são fábulas.
Alma Humana, o desejo de ambos os príncipes era:
Um queria manter seu lucro, o outro, ganhar sua perda.
Diabolus clamava: "A cidade é minha!".
Emanuel defenderia um direito divino
Sobre sua Alma Humana: "Essas guerras eu terminarei".
Alma Humana! Suas guerras pareciam intermináveis
   aos seus olhos;
Ela era perdida por um, tornava-se o prêmio de outro:
E aquela que a perdia por último jurava:
"Eu a terei para mim, ou a destruirei em pedaços".
Alma Humana! Foi o próprio trono da guerra;
Onde seus problemas eram de longe maiores
Do que onde o som de guerra era ouvido.
Ou onde o balançar de uma espada era temido;
Ou onde apenas pequenos conflitos eram batalhados,

Ou onde os elegantes lutavam com o pensamento.
Ela viu as espadas de homens de luta se tornarem vermelhas,
E ouviu o clamor daqueles feridos por elas:
Seus temores, então, não devem ser muito mais
Do que daqueles que para tais atos são desconhecidos?
Ou daqueles que ouvem o rufar de um tambor,
Mas não fugiram de suas casas por temor?
Alma Humana não apenas ouviu o som da trombeta,
Mas viu seus bravos ofegarem pelo chão:
Pelo que não devemos pensar que ela poderia descansar
Com eles, cujo grande prêmio é apenas zombaria:
Ou onde os tumultos ameaçadores de grandes guerras
Terminam em acordos ou em vasos de palavras.
Alma Humana! Suas guerras poderosas, elas pressentiram
Sua felicidade ou seu pesar e aquele mundo acabaria:
Pelo que ela deve se preocupar mais do que aqueles
Cujos medos começam e terminam no mesmo dia;
Ou onde nenhum outro mal poderá se achegar a ele
Que está envolvido, além de perda de sua vida
      ou de um membro,
Como todos que precisam confessar que agora habitam
No Universo, e podem esta história contar.
Não me considere, então, um deles que, para maravilhar
As pessoas, fazem-nas olhar para as estrelas,
Insinuando, com muita certeza,
Que cada uma delas é agora a residência
De bravas criaturas: um mundo que terão
Em cada estrela, embora seja além de sua capacidade
Fazê-lo manifesto a qualquer homem,
Que há razão, ou que seus dedos podem contar.
Mas eu já o mantive muito tempo na varanda,
E o mantive do sol com uma tocha,
Bem, agora vá adiante, entre pela porta,
E lá veja quinhentas vezes mais
Todos os tipos de raridades interiores

Que irão agradar à mente e alimentar os olhos
Com aqueles que, se for um cristão, você irá ver
Não pequenas, mas coisas de grandes momentos.
Não vá também trabalhar sem minha chave;
(Os homens logo perdem seus caminhos pelos mistérios.)
E também vire à direita, se quiser saber
Minha charada, e arar com meu novilho;
Está ali pela janela. Pague-o bem,
Meu próximo pode ser para tocar o sino que anuncia a morte.

John Bunyan

# Um alerta para o leitor

Alguns dizem que *O peregrino* não foi escrito por mim,
Insinuando que eu brilhe
Em nome e fama pelo trabalho de outra pessoa,
Como alguém que ficou rico ao roubar de seu irmão.
Ou que me agrada tanto ser um progenitor,
Que adotarei bastardos; ou, se preciso for,
Contarei uma mentira por escrito para receber um aplauso.
Eu desprezo isso: John nunca foi um monte de sujeira
Desde que Deus o converteu. Que isso seja o bastante
Para demonstrar por que sou paternal com meu Peregrino.
Ele veio de meu próprio coração, para então minha mente.
Para depois gotejar para meus dedos;
E, então, para minha caneta, de onde imediatamente
Sobre o papel delicadamente pingou.
A maneira e o modo, também, são meus próprios,
E não foi conhecido por nenhum mortal
Até que eu o terminasse; nem nenhum deles, seja
Por livros, por depoimentos, por línguas, ou mãos, ou caneta,
Acrescentou a ele cinco palavras, ou escreveu metade
    de uma linha
Portanto, o todo e cada parte são meus.
E também para ESTE, sobre o qual seus olhos repousam,
A forma e o assunto não vieram de nenhum outro
Senão o mesmo coração, e mente, dedos e caneta,
Assim como o outro. Testemunhe todo bom homem;
Pois ninguém em todo o mundo, sem mentir,
Pode dizer que isso é meu, a não ser por mim
Eu não escrevo isso para minha ostentação,

Ou porque procuro de homens a aprovação;
Eu o faço para preveni-los de tal suposição,
Pois eles tentam meu nome difamar.
Testemunhe meu nome, feito em anagrama,
As letras formam – "Nu hony in a B".*

John Bunyan

---

* Essa frase soa em inglês como "new honey in a bee" (novo mel em uma abelha). A figura da abelha é muito usada em discussões literárias como sinal de imitação ou agrupamento de ideias de outros autores. Aqui, Bunyan aproveita para dizer que tanto O peregrino quanto A Guerra Santa são como o novo mel de uma única abelha, ou seja, sua própria criação e produção. (N.T.)

# UMA NARRAÇÃO SOBRE A
# Guerra Santa

## Capítulo um

Em minhas viagens, enquanto andava por muitas regiões e países, tive a oportunidade de adentrar o famoso continente chamado Universo. Era um país muito grande e espaçoso: localizava-se entre os dois polos e no meio dos quatro pontos do céu. Um lugar bem irrigado, e ricamente adornado com montes e vales, bravamente colocados, e, em sua maior parte, pelo menos onde eu me encontrava, muito frutífero, além de bem povoado e com ar muito doce.

As pessoas não tinham o mesmo aspecto nem o mesmo idioma, hábitos ou religião, sendo, em verdade, muito diferentes entre si, como os próprios planetas. Alguns estavam certos e outros, errados, assim como ocorria em regiões menores.

Por esse país, como eu disse, foi minha sorte viajar; e por lá viajei por tanto tempo que até aprendi boa parte de sua língua materna, assim como os costumes e hábitos daqueles entre os quais eu habitava. E, para falar a verdade, agradou-me bastante ver e ouvir muito do que vi e ouvi entre eles. Sim, eu até teria vivido e morrido como um nativo (por estar tão envolvido com as pessoas e seus costumes) se meu senhor não tivesse me chamado para sua casa, a fim de realizar deveres para ele e supervisionar os negócios acordados.

Havia, então, nesse elegante país chamado Universo, uma cidade bela e delicada, uma comunidade chamada Alma Humana; uma cidade interessante pelas construções, cômoda pela localização, vantajosa pelos privilégios (digo isso em relação às suas origens), que posso dizer dela o mesmo que foi dito anteriormente sobre o continente onde está localizada: não há outra igual sob todo o céu.

Essa cidade localizava-se entre os dois mundos; e o seu primeiro fundador e construtor, de acordo com os melhores e mais autênticos registros que pude obter, era Shaddai; e ele a construiu para o próprio deleite. Ele a fez como espelho e glória de tudo o que criara, mesmo sua melhor obra, além de qualquer outra coisa que fizera naquele país. Sim, Alma Humana era uma cidade tão maravilhosa quando ele a construiu que alguns dizem que os deuses, em sua fundação, desceram para vê-la e cantaram de alegria. E Shaddai a fez bela aos olhos e também poderosa, para dominar sobre todo o país. Sim, todos receberam a ordem de reconhecer Alma Humana como sua metrópole, e todos deveriam prestar honras a ela. A própria cidade recebeu a ordem e a autoridade de seu Rei para governar sobre todos e também para subjugar aqueles que se negassem a fazê-lo.

No meio da cidade, foi edificado um majestoso e notável palácio; pela força, poderia ser chamado de castelo; pela satisfação, de paraíso; pela amplitude, de um lugar tão abundante que poderia conter todo o mundo. Esse lugar foi planejado por Shaddai somente para ele, e ninguém mais; em parte, para sua própria satisfação e, em parte, para que o terror dos desconhecidos estivesse sobre a cidade. Shaddai também fez desse lugar um forte, mas confiou a proteção dele somente aos homens da cidade.

Os muros da cidade foram bem construídos, sim, costurados e unidos tão rapidamente e de maneira tão firme que, se não fosse pelos próprios cidadãos, eles não poderiam nunca ser abalados ou destruídos. Afinal, ali estava a excelente sabedoria daquele que construiu Alma Humana: os muros nunca poderiam ser derrubados ou destruídos nem mesmo pela potestade mais poderosamente adversa, a menos que os próprios cidadãos o permitissem.

Essa notável cidade de Alma Humana possuía cinco portões, para sair e entrar; foram feitos da mesma forma responsável dos muros, com inteligência, inexpugnáveis, e também não poderiam ser abertos ou forçados se não fosse pela vontade e permissão dos habitantes. Os nomes dos portões eram: Ouvidos, Olhos, Boca, Nariz e Tato.

Havia outros itens que pertenciam à cidade de Alma Humana, os quais, se adicionados a esses, demonstrariam ainda mais para todos a glória e a força do lugar. Sempre havia provisão dentre os muros; a cidade possuía a melhor, mais completa e excelente lei vigente em todo o mundo. Não havia um malandro, um desonesto ou traidor entre os muros; todos eram homens honestos e logo se uniram; e isso, você sabe, é algo muito importante. Todos eles sempre podiam contar (contanto que se mantivessem fiéis a Shaddai, o Rei) com seu favor e sua proteção, e eram a satisfação dele.

Bem, certa vez, alguém chamado Diabolus, um poderoso gigante, atacou essa notável cidade de Alma Humana para tomá-la e fazer dela sua própria habitação. Esse gigante era o rei dos clandestinos, além de um príncipe muito delirante. Vamos primeiro, se você permitir, falar sobre a origem de Diabolus, e depois sobre a tomada dessa famosa cidade de Alma Humana.

Diabolus é de fato um grande e poderoso príncipe, e, ainda assim, pobre e miserável. Quanto à sua origem, no início ele era um dos servos do Rei Shaddai, criado, conduzido e colocado por ele em uma posição alta e de grande autoridade; sim, foi colocado sobre os principados que pertenciam aos melhores territórios e domínios. Diabolus foi feito o "filho da manhã", e possuía um lugar de prestígio: proporcionava-lhe grande glória e muito destaque, algo que poderia ter contentado seu coração luciferiano, se este não fosse insaciável e amplo como o próprio Inferno.

Bem, ao ver-se exaltado a tal grandiosidade e honra, e gritando em sua mente por mais autoridade e posição, ele começou a pensar como poderia ser nomeado senhor sobre tudo e possuir o único poder abaixo de Shaddai. (Algo que o Rei já reservara a seu filho, sim, e já lhe concedera.) Primeiro, Diabolus consultou a si próprio sobre o que de melhor havia de ser feito; em seguida, compartilhou os pensamentos com seus companheiros, que com ele concordaram. Enfim, chegaram à conclusão de que deveriam ir contra o Filho do Rei para destruí-lo, a fim de que a herança fosse deles. Bom, para resumir, a traição, como eu disse, foi concluída, o momento decidido, a palavra dada, os rebeldes preparados e o ataque iniciado. Entretanto, como estavam sempre vigiando, o Rei e seu filho podiam ver todas as passagens de seus domínios, e Shaddai, amando tanto seu filho como a si mesmo, sentiu-se provocado e ofendido: portanto, capturou-os na primeira caminhada em direção ao seu objetivo, condenou-os por traição, terrível rebelião e conspiração que haviam planejado e tentavam colocar em prática e os lançou para fora de todo o território de confiança, benefício, honra e privilégio. Feito isso, Shaddai os baniu do tribunal, e lançou-os em seus poços horríveis, amarrados com correntes, para que nunca mais experimentassem sequer o menor favor daquelas mãos, e para que suportassem o julgamento que ele havia determinado, para sempre.

Depois de eles serem lançados para fora de todo o alcance da confiança, benefício e honra, e sabendo também que haviam perdido o favor de seu príncipe para sempre (sendo banidos de seu tribunal e lançados em poços), você pode ter certeza de que eles acrescentariam ao próprio orgulho toda a malícia e raiva que pudessem contra Shaddai e seu filho. Pretendiam, vagando e esbravejando com muita fúria de um lugar para o outro, encontrar algo que fosse do Rei, para destruir e vingar-se dele; por fim, chegaram a esse amplo país do Universo, e seguiram seu curso em direção à cidade de Alma Humana; ao observar que a cidade era uma das obras-primas e maiores satisfações do Rei Shaddai, após uma reunião, decidiram atacá-la. Eles sabiam que Alma Humana pertencia a Shaddai, pois estavam lá quando ele a construiu para si. Então, assim que encontraram o lugar, gritaram de alegria, e rugiram sobre ele como um leão sobre sua presa, dizendo:

– Agora encontramos o prêmio e poderemos nos vingar do Rei Shaddai pelo que ele fez contra nós.

Então, eles sentaram-se e convocaram um conselho de guerra, e consideraram entre si quais seriam as melhores formas e métodos que poderiam utilizar para ganhar a cidade de Alma Humana; quatro pontos foram propostos e levados em consideração.

Primeiro. Se seria melhor que todos eles se mostrassem dessa maneira na cidade de Alma Humana.

Segundo. Se seria melhor entrar e atacar Alma Humana em seu novo disfarce, maltrapilhos e miseráveis.

Terceiro. Se seria melhor mostrar suas intenções a Alma Humana e com qual objetivo eles estavam ali, ou atacá-la diretamente com palavras e enganos.

Quarto. Se não seria mais conveniente que alguns de seus companheiros dessem ordens privadas, para tirar vantagem quando um ou mais dos principais moradores da cidade disparassem contra estes, caso acreditassem que sua causa pudesse ser promovida por meio deles.

1. A primeira dessas propostas recebeu uma resposta negativa, ou seja, que não seria bom todos eles se apresentarem à cidade, porque a aparência de muitos deles poderia alarmar e aterrorizar o local, considerando que apenas alguns deles estavam dispostos a fazê-lo. E, para reforçar que isso aconteceria, foi acrescentado que, se Alma Humana se assustasse ou ficasse alarmada, "Seria impossível", nas palavras de Diabolus (pois agora era ele quem falava), "tomar a cidade, pois ninguém pode entrar ali sem consentimento. Vão, então, poucos, ou mesmo um, para atacar Alma Humana; e, em minha opinião, permitam que eu o faça". E todos concordaram com isso.

2. Para a segunda proposta que surgiu, se seria melhor entrar e atacar Alma Humana com o novo disfarce de maltrapilhos e miseráveis, a resposta também foi negativa:

– De jeito nenhum.

Isso porque, embora a cidade de Alma Humana fosse conhecida e estivesse relacionada àquilo que não se vê, eles ainda não haviam visto seus companheiros de criação de forma tão triste e miserável; e esse foi o conselho do corajoso Alecto. Então, disse Apoliom:

– Esse conselho é pertinente, pois, mesmo se apenas um de nós aparecer para eles como estamos agora, deveríamos despertar e multiplicar certos pensamentos neles e os deixar com o espírito consternado, colocando-os em alerta. E, se isso acontecer, então, como meu senhor Diabolus disse agora mesmo, seria em vão pensar em tomar a cidade.

Em seguida, pronunciou-se o poderoso gigante Belzebu:
– O conselho que foi dado é seguro. Embora os cidadãos de Alma Humana já tenham visto criaturas como nós éramos, nunca viram criaturas como agora somos. Em minha opinião, é melhor, então, irmos até a cidade com um disfarce comum e muito familiar entre eles.

Após concordarem, o que deveria ser considerado a seguir era qual forma, artimanha ou disfarce Diabolus deveria usar ao tentar tomar Alma Humana para si. Então alguém disse algo, e, em seguida, outro disse o contrário. Por fim, Lúcifer opinou que seria melhor que seu senhor assumisse a forma de alguma daquelas criaturas que os cidadãos já dominassem.

– Pois – disse ele – tais criaturas não são apenas familiares para eles, mas, como já estão dominadas por eles, nunca imaginarão que elas tentariam tomar a cidade; e, para cegar a todos, que Diabolus tome a forma de um daqueles animais selvagens que Alma Humana julga serem mais sábios em relação aos demais.

O conselho foi aplaudido por todos. Então, determinou-se que o gigante Diabolus assumiria a forma de um dragão. Naquela época, esse animal era tão familiar para a cidade de Alma Humana quanto o pássaro é agora para um menino; afinal, nada que estivesse em seu estado primitivo era admirável para eles. Então, seguiram para a terceira decisão.

3. Se era melhor revelarem as intenções, ou o motivo de sua ida a Alma Humana, ou não. Essa pergunta também recebeu

resposta negativa, devido ao peso dos acontecimentos anteriores, ou seja, o povo de Alma Humana era forte, um povo forte em uma cidade forte, cujos muros e portões eram instransponíveis (sem mencionar o seu castelo), e que não poderiam ser vencidos de modo algum, a não ser com seu próprio consentimento.

– Além disso – disse Legião (pois ele respondeu desta vez) –, a descoberta de nossas intenções pode fazê-los recorrer ao Rei por ajuda e, se isso for feito, sei bem o que acontecerá conosco. Portanto, vamos atacá-los com uma justiça fingida, encobrindo nossas intenções com todo tipo de mentiras, elogios, palavras enganadoras; inventando coisas que nunca ocorrerão, e prometendo a eles o que nunca vão obter. Essa é a maneira de ganhar Alma Humana, e fazê-los abrir os próprios portões para nós; sim, e desejar que entremos por eles. Acredito que esse projeto dará certo porque o povo de Alma Humana é simples e inocente, todos honestos e verdadeiros; nenhum deles sabe o que é ser atacado pelo engano, pela fraude e hipocrisia. Eles desconhecem o que são lábios mentirosos e dissimulados; portanto, não podemos, se estivermos disfarçados, ser reconhecidos por eles; nossas mentiras passarão como verdades, e nossas dissimulações, por falas corretas. Eles acreditarão no que nós prometermos, principalmente se, em todas as nossas mentiras e palavras falsas, fingirmos não apenas sentir amor por eles, mas também termos como nosso único objetivo seu benefício e honra.

Nesse momento, não houve sequer um comentário contra; foi aceito rapidamente, como a água correndo por um solo íngreme. Em seguida, consideraram a última proposta.

4. Se era bom, ou não, que eles dessem ordens a alguns de seus companheiros para mirar em alguns dos principais cidadãos de Alma Humana, caso acreditassem que sua causa pudesse ser promovida por meio deles. Essa proposta recebeu resposta afirmativa, e o homem escolhido para ser destruído por esse estratagema foi o Sr. Resistência, já chamado de Capitão Resistência, um grande homem de Alma Humana, mais

temido pelo gigante Diabolus e seu grupo do que a cidade inteira. Agora, quem seria o agente para realizar o assassinato? Isso foi decidido em seguida, e eles apontaram Tisífone, a fúria do lago, para fazê-lo.

Tendo encerrado seu concílio de guerra, eles se levantaram e planejaram colocar em prática o que haviam decidido; marcharam, então, em direção a Alma Humana, todos de maneira invisível, exceto um e apenas um. No entanto, ele não se aproximou da cidade em sua forma comum, mas sob a forma e a sombra de um dragão.

Então os homens organizaram-se e sentaram-se diante do Portão dos Ouvidos, pois esse era o local onde toda a cidade conseguia ouvir, assim como o Portão dos Olhos era o lugar para a vigilância. Então, como eu disse, ele veio com seu grupo até o portão e preparou a emboscada para o Capitão Resistência a uma distância de um tiro de flecha. Feito isso, o gigante se aproximou do portão, e chamou a cidade de Alma Humana para uma audiência. Ele não levou ninguém consigo a não ser Pausa Para Lamentos, seu orador em todos os assuntos difíceis. Desse modo, depois de se aproximar do portão (como era feito naquela época), ele soou sua trombeta pedindo uma audiência; ao som, vieram o chefe da cidade de Alma Humana, assim como meu Sr. Inocente, meu Sr. Vontade Seja Feita, meu Sr. Prefeito, Sr. Registro e o Capitão Resistência até o muro para ver quem era e do que se tratava. Quando meu Sr. Vontade Seja Feita olhou e viu quem estava no portão, perguntou o que ele era, de onde viera e por que alarmara a cidade de Alma Humana com um som tão incomum.

Diabolus, então, como se fosse um cordeiro, começou seu discurso:

– Senhores da famosa cidade de Alma Humana, eu sou, como podem perceber, um habitante não tão distante de vocês, e fui enviado pelo Rei para prestar minha homenagem e qualquer serviço que eu possa fazer; entretanto, para ser fiel a mim mesmo e a vocês, tenho uma preocupação a compartilhar.

Concedam-me uma audiência, e ouçam-me pacientemente. Em primeiro lugar, garanto que não é para meu próprio benefício – e sim para vocês – que quero fazer o que faço, assim será manifesto um bem completo, e abro minha mente a vocês. Pois, senhores, estou aqui (para dizer a verdade) a fim de mostrar-lhes como obter uma libertação ampla e maravilhosa de uma escravidão de que, sem saber, vocês são cativos e prisioneiros. Nesse momento, a cidade de Alma Humana começou a levantar seus ouvidos. E diziam:
– O que é? Por favor, o que é?
– Tenho algo a dizer para vocês sobre seu Rei, a respeito de suas leis, e que afeta todos. Sobre seu Rei, sei que ele é grande e poderoso, mas, mesmo assim, nada do que ele diz a vocês é verdadeiro e nem traz benefício algum. Primeiro, não é verdadeiro, porque o que ele usou para assustá-los não irá acontecer, nem se cumprir, ainda que vocês façam o que ele proibiu. Mesmo se houvesse perigo, que escravidão seria viver sempre com medo do maior dos castigos por fazer algo tão pequeno e comum como comer uma pequena fruta. Em segundo lugar, sobre suas leis, como disse antes, elas são sem razão, complexas e intoleráveis. Sem razão, pois a punição não é proporcional à ofensa; há uma grande diferença entre a vida e uma maçã. No entanto, na lei de seu Shaddai, uma vale em troca da outra. Mas também é complicado, porque primeiro ele diz que você pode comer de tudo, e depois os proíbe de comer uma delas. E, por último, é intolerável, pois o fruto que vocês foram proibidos de comer (se é que foram) é bem o que pode, ao ser consumido, oferecer-lhes um bem ainda desconhecido. Isso é demonstrado pelo próprio nome da árvore: ela é chamada de "árvore do conhecimento do bem e do mal". Vocês já possuem esse conhecimento? Não, não. Nem conseguirão conceber como é bom, agradável e desejável se tornar sábio enquanto seguirem o mandamento do Rei. Por que vocês devem ser mantidos em ignorância e cegueira? E por que não podem receber mais conhecimento e compreensão? E agora, ó habitantes da famosa

cidade de Alma Humana, para falar de modo mais particular a cada um, vocês não são um povo livre! São mantidos em servidão e escravidão, e isso sob uma terrível ameaça, por nenhum outro motivo além de "Assim eu desejo, assim será". E não é terrível imaginar que exatamente o que vocês são proibidos de fazer é o que irá trazê-los sabedoria e honra? Então seus olhos serão abertos e vocês serão como deuses. Portanto, é isto: vocês podem ser mantidos por algum príncipe em qualquer escravidão e servidão maior do que a que já estão agora? Vocês foram feitos serviçais, enrolados em inconveniências, como acabei de revelar. Pois qual escravidão é maior do que ser mantido na cegueira? A razão não lhes dirá que é melhor ter olhos do que viver sem eles? Então, viver em liberdade é melhor do que ser preso em uma caverna escura e fedorenta?

Enquanto Diabolus discursava para a cidade de Alma Humana, Tisífone atirou no Capitão Resistência, que se encontrava sobre o portão, ferindo-o mortalmente na cabeça, então ele, para o espanto dos cidadãos, e felicidade de Diabolus, caiu morto sobre o muro. Agora, com o Capitão Resistência morto (e ele era o único homem de guerra na cidade), a pobre Alma Humana estava completamente desencorajada, e não tinha forças para resistir. Exatamente como o diabo queria. Então, à frente veio ele, Sr. Pausa Para Lamentos, o orador que Diabolus trouxera consigo, e começou a falar com a cidade de Alma Humana; aqui está o teor do discurso:

– Senhores – disse ele. – É a alegria do meu mestre ter hoje uma plateia quieta e ensinável, e esperamos que influenciemos vocês a não desperdiçar um bom conselho. Meu mestre tem muito amor por todos aqui, e, apesar de, como ele bem sabe, correr o risco de sofrer a ira do Rei Shaddai, pelo amor que sente por vocês fará mais do que isso. Não há necessidade de que alguma palavra mais seja dita a fim de confirmar de fato o que ele disse; a palavra em si carrega em seu interior a evidência; o próprio nome da árvore coloca um fim a toda controvérsia nesse assunto. Eu, portanto, devo acrescentar apenas este conselho para vocês, com a permissão do meu senhor. – Com isso, ele fez uma longa reverência a Diabolus. – Considere suas palavras. Olhem para a árvore e para o seu promissor fruto. Lembrem-se também de que sabem pouco, e essa é a maneira de saber mais. E se sua razão não for convencida a aceitar tão bom conselho, vocês não são os homens que pensei que fossem.

Quando os cidadãos viram que a árvore era não apenas boa para ser comida, mas também agradável aos olhos, além de ser desejada para fornecer sabedoria, seguiram o conselho de Pausa Para Lamentos: pegaram seu fruto e o comeram. Bom, eu deveria ter dito isso a vocês antes, mas, mesmo enquanto o Pausa Para Lamentos discursava para a cidade, meu Sr. Inocente (por um tiro vindo do acampamento do gigante ou por alguma terrível aflição que o atingiu repentinamente, ou pelo hálito fedorento daquele terrível vilão Pausa Para Lamentos, que me impediu de pensar) desmaiou no lugar onde estava e não pôde ser ressuscitado novamente. Portanto, dois bravos homens morreram – chamo-os de bravos, pois eles eram a beleza e a glória de Alma Humana enquanto ali viveram. Agora não havia mais nenhum espírito nobre em Alma Humana. Todos caíram e obedeceram a Diabolus, tornando-se seus escravos e vassalos, como vocês acompanharão em seguida.

Com esses homens mortos, o que o restante dos cidadãos poderia fazer a não ser, como homens que encontraram o paraíso dos tolos, como citado anteriormente, seguir para provar as palavras do gigante? Primeiro, agiram como Pausa Para Lamentos lhes ensinara; eles olharam, consideraram que foram enganados com o fruto, pegaram e comeram. Ao comer, ficaram imediatamente bêbados. Então abriram os portões, tanto o Portão dos Ouvidos quanto o Portão dos Olhos, e permitiram que Diabolus e seus companheiros entrassem, esquecendo seu bom Shaddai, suas leis e o julgamento que viria com elas, com ameaças solenes, até destruí-los.

# CAPÍTULO dois

DIABOLUS, AO CONSEGUIR ENTRAR nos portões da cidade, começou a marchar em direção ao centro, para tornar sua conquista tão certa quanto possível; ao descobrir que o afeto das pessoas estava inclinado a ele, pensou que seria melhor realizar o golpe enquanto o ferro ainda estava quente e fez seu discurso enganoso para os cidadãos, dizendo:

– Ai, minha pobre Alma Humana! Prestei esse serviço a vocês, para promover sua honra e aumentar sua liberdade. Mas alas! Alas! Pobre Alma Humana, você queria alguém para defendê-la, mas tenha certeza de que, quando Shaddai ouvir o que aconteceu, ele virá! Ele lamentará que você quebrou suas correntes, e lançou suas cordas para longe. O que você fará? Irá você, após crescer, sofrer os privilégios de ser invadida e levada, ou o que decidirá?

Eles, então, em concordância, responderam:
– Reine você sobre nós.

Então, Diabolus aceitou e tornou-se o rei da cidade de Alma Humana. Feito isso, o passo seguinte era entregar a ele a posse do castelo e, portanto, toda a força da cidade. Sendo assim, ele dirigiu-se ao castelo. Shaddai havia construído aquele castelo em Alma Humana para sua própria alegria e satisfação, e agora o local se tornara uma habitação para o gigante Diabolus.

Naquele momento, em posse do majestoso palácio ou castelo, fez dele sua base, e o fortaleceu e fortificou com todos os tipos de provisão contra o Rei Shaddai, ou contra aqueles que tentariam reconquistá-lo para o Rei e seu controle novamente.

Feito isso, mas sem ainda se achar seguro o bastante, começou a pensar consigo mesmo em remodelar a cidade, e o fez, construindo uma e destruindo a outra, a seu bel-prazer. Meu Sr. Prefeito, cujo nome era Sr. Entendimento, e o Sr. Registrador, cujo nome era Sr. Consciência, foram retirados de seus cargos e autoridade.

Quanto ao Sr. Prefeito, embora fosse um homem compreensivo, e um dos que também haviam concordado com o restante dos moradores de Alma Humana em aceitar o gigante na cidade, Diabolus não achou certo mantê-lo em sua antiga posição de brilho e glória, pois ele era um homem vigilante. Então, o gigante o deixou na escuridão, não apenas ao retirá-lo de seus deveres e autoridade, mas também ao construir uma torre alta e forte entre os raios do sol e as janelas do palácio, o que significa que sua casa, bem como toda a habitação, ficou tão escura quanto às próprias trevas. Portanto, ao ser alienado da luz, ele tornou-se semelhante a um cego de nascença. Assim, permaneceu em casa como confinado em uma prisão, e não conseguia ir além dos próprios limites. E agora, se quisesse fazer algo por Alma Humana, o que poderia fazer? Ou no que poderia ser útil para ela? Então, enquanto Alma Humana ficou sob o poder e o governo de Diabolus (e ficaram sob sua obediência durante tanto tempo, que somente por uma guerra a cidade foi libertada de suas mãos), também meu Sr. Prefeito foi mais um impedimento do que um benefício para a maravilhosa cidade.

O Sr. Registrador, antes de a cidade ser tomada, era um profundo conhecedor das leis de seu Rei e também um homem de coragem e fidelidade para falar a verdade em todas as ocasiões; sua língua era tão afiada, assim como sua cabeça era repleta de julgamentos. Agora, Diabolus não poderia conviver com ele, pois, embora esse homem tivesse dado seu consentimento para que o gigante entrasse na cidade, ele não poderia, de maneira alguma, com seus julgamentos, estratagemas e artimanhas, tornar-se completamente de Diabolus. Verdade, o Sr. Registrador se afastara muito de seu antigo Rei, e se agradou muito com as leis e os trabalhos do gigante, mas isso não seria o bastante, pois ele não era do gigante por completo. Vez ou outra, ele pensava em Shaddai e temia suas leis sobre ele, e então falava contra Diabolus com uma voz tão forte quanto o rugido de um leão. Sim, e também, quando suas terríveis garras estavam sobre ele (pois você deve saber que, às vezes, ele tinha garras terríveis), fazia a cidade inteira de Alma Humana tremer com a voz: e o então rei de Alma Humana não conseguia suportá-lo.

Portanto, Diabolus temia o Sr. Registrador mais do que qualquer outro que ainda permanecia vivo na cidade de Alma Humana, pois, como eu disse, suas palavras abalavam toda a cidade; eram como o barulho de trovões e como estalos. Pelo fato de o gigante não conseguir conquistá-lo completamente, pôde apenas estudar tudo o que poderia fazer para debochar do velho homem e, com o deboche, entorpecer-lhe a mente e endurecer-lhe o coração nos caminhos da vaidade. E, assim que ele tentou e alcançou seu objetivo, ele corrompeu o homem, e pouco a pouco o atraiu para o pecado e para a perversidade, a ponto de, no fim, ele não estar apenas corrompido, como no início, e, por consequência, contaminado, mas quase (por fim, eu digo) além de toda e qualquer consciência de pecado. E foi o mais longe que Diabolus chegou. A partir daí, começou um novo projeto, o de convencer os homens da cidade de que o Sr. Registrador estava louco, e não deveria ser levado em consideração. E, para isso, ele estimulou seus ataques e disse:

– Se ele ainda é ele mesmo, por que não permanece assim sempre? Mas, assim como todos os homens loucos têm seus momentos de ataques, e com eles sua linguagem delirante, assim está esse velho e caduco cavalheiro.

Desse modo, ele rapidamente conseguiu que Alma Humana desdenhasse, negligenciasse e desprezasse tudo o que o Sr. Registrador dissesse. Pois, além de tudo o que você já observou, Diabolus possuía uma maneira de fazer o ancião negar, quando estava feliz, tudo o que dissera durante seus ataques. E, de fato, isso era o próximo passo para ridicularizar o homem, e para fazer com que ninguém o levasse a sério. Agora o Sr. Registrador não falava nunca livremente pelo Rei Shaddai, mas também por força e obrigação. Além disso, em alguns momentos ele se irava contra a situação, e, em outros, ficava em paz, pois tão inconstante estava em todos os seus atos. Às vezes, parecia que dormia profundamente, e, em outras, parecia estar morto, mesmo quando a cidade inteira de Alma Humana estava em seu caminho atrás da vaidade e em sua dança atrás do gigante.

Por isso, quando Alma Humana começava a se assustar com a voz de trovão do Sr. Registrador, e quando falavam sobre isso com Diabolus, ele respondia que o que o velho cavalheiro dizia não era nem por amor a ele, nem por dó deles, e sim por uma tola afeição que possuía por tagarelar. E isso acalmava, sossegava e silenciava a cidade novamente. E para que Diabolus não deixasse nenhum argumento sem resposta que pudesse fazê-los duvidar, ele disse, e o dizia com frequência:

– Ó Alma Humana! Considere que, apesar da ira desse velho homem, e da perturbação de suas palavras altas como trovão, nada do que ele fala vem do próprio Shaddai.

Embora Diabolus fosse mentiroso e enganador, e cada grito do Sr. Registrador contra o pecado de Alma Humana fosse a voz de Deus falando para a cidade por meio dele, o gigante continuou e disse:

– Vocês veem que ele não valoriza a perda ou a rebelião da cidade de Alma Humana, nem irá se perturbar ao chamar a cidade para um ajuste de contas por ter se entregado a mim. Ele sabe que, apesar de antes vocês pertencerem a ele, agora são, por lei, meus; então, abandonando-nos uns com os outros, agora nos tira de suas mãos. Além do mais, ó Alma Humana – continuou ele –, pensem em como eu tenho servido vocês até o máximo do meu poder, e com o melhor que tenho, que posso conseguir ou buscar para vocês no mundo inteiro. E mais, eu me atrevo a dizer que as leis e os costumes que agora os governam, e pelos quais vocês servem a mim, proporcionam-lhes mais conforto e contentamento do que o antigo paraíso que vocês possuíam. Sua liberdade também, como já sabem muito bem, foi largamente ampliada por mim, pois eu os considerava um povo aprisionado. Não lhes coloquei restrição alguma; vocês não têm lei, nem estatuto, nem julgamentos de minha parte para aterrorizá-los. Não convoco nenhum de vocês para prestar contas por seus atos, exceto aquele homem louco, vocês sabem sobre quem estou falando. Eu lhes garanti a vida como se cada um fosse seu próprio príncipe, ainda que tenha um pouco de controle sobre vocês, como vocês têm sobre mim.

E, assim, Diabolus calava e aquietava a cidade de Alma Humana quando o Sr. Registrador os incomodava. Sim, e com discursos amaldiçoadores como esse, levantava a ira da cidade inteira contra o velho homem. O grupo de malandros queria destruí-lo. Eles desejavam, como eu mesmo ouvi, que o homem vivesse a milhares de quilômetros de distância deles. Sua companhia, suas palavras, sim, a presença dele, principalmente quando lembravam como nos tempos antigos o Registrador costumava ameaçá-los e condená-los (pois agora ele estava muito corrompido), isso os aterrorizava e afligia.

Todos esses desejos, entretanto, foram em vão, porque, não sei como, a não ser pelo poder de Shaddai e sua sabedoria, o homem foi preservado entre eles. Além disso, sua casa era forte como um castelo e estava firme ao lado de uma fortaleza da cidade; se algum dos malandros ou da multidão tentasse expulsá-lo, ele poderia puxar as comportas e permitir que as águas entrassem, inundando tudo ao redor.

No entanto, deixemos o Sr. Registrador e falemos sobre o Sr. Vontade Seja Feita, outro entre o senhorio da maravilhosa cidade de Alma Humana. Esse homem era tão nobre como qualquer outro em Alma Humana, e tão proprietário da cidade como os outros, senão mais. Aliás, se me lembro bem de minha história, ele possuía alguns privilégios peculiares na cidade. Com tudo isso, o homem tinha grande força, firmeza e coragem, e assim ninguém conseguia ignorá-lo. Eu, porém, digo, não sei se ele se orgulhava de seus bens, privilégios, força ou o que (mas com certeza ele se orgulhava de alguma coisa), porém ele desprezou a ideia de ser um escravo em Alma Humana e, portanto, resolveu fazer parte do grupo de Diabolus, para que fosse um líder mesquinho e um governador em Alma Humana. E que homem obstinado Sr. Vontade Seja Feita era! E logo ele começou, pois esse homem, quando Diabolus fez seu discurso no Portão dos Ouvidos, foi um dos primeiros a concordar com suas palavras e aceitar seus conselhos completamente, e foi a favor de abrir o portão e de permitir que ele entrasse na cidade. Por esse motivo, Diabolus sentia afeição por ele e, portanto, deu-lhe um cargo. Ao perceber seu valor e sua firmeza, ele desejou tê-lo entre seus grandes homens, para agir e opinar em assuntos de grande importância.

Então, o homem foi enviado a Diabolus e eles conversaram sobre aquele assunto secreto que estava em sua mente, mas não precisou de muita persuasão, pois, de início, o Sr. Vontade Seja Feita estava disposto a permitir que Diabolus entrasse na cidade, e agora estava disposto a servi-lo ali. Então, quando o tirano percebeu a disposição do homem, e que sua mente estava inclinada a servi-lo, imediatamente o tornou o capitão do castelo, governador do muro e guarda dos portões de Alma Humana. Sim, havia uma cláusula em seu acordo de que nada deveria ser feito na cidade sem a presença dele. Quem havia, então, em toda a cidade de Alma Humana, ao lado de Diabolus se não o meu Sr. Vontade Seja Feita? Tudo na cidade de Alma Humana deveria ser feito de acordo com sua vontade e satisfação. Ele também contava com o Sr. Mente em seu escriturário, um homem para falar em tudo como seu mestre. Em princípio, ele e o seu senhor eram como um, e não tão separados na prática. E assim Alma Humana foi submetida a esse propósito, e feita para saciar os desejos da vontade e da mente.

No entanto, não sai de meus pensamentos como esse homem, Vontade Seja Feita, ficou desesperado quando teve poder nas mãos. Primeiro, negou categoricamente que devia qualquer respeito ou serviço ao seu antigo príncipe e seu senhor feudal. Em seguida, fez um juramento e prometeu fidelidade ao seu grande mestre Diabolus e, assim, tendo declarado tudo e ocupado seu lugar, escritório, promoção e prioridades, ah, você não pode imaginar, a não ser que tenha visto, a obra estranha que esse homem trabalhador realizou na cidade de Alma Humana. Primeiro, condenou o Sr. Registrador à morte. Ele não suportava vê-lo, ou ouvir as palavras de sua boca; fechava os olhos quando o via, e tampava os ouvidos quando o escutava falar. Ele também não suportava a ideia de que sequer um fragmento da lei de Shaddai pudesse ser visto em algum lugar da cidade. Por exemplo, seu escriturário, Sr. Mente, possuía alguns pergaminhos velhos, desgastados e despedaçados da lei de Shaddai em sua casa, mas, quando Vontade Seja Feita os viu, lançou-os para longe. Verdade, o Sr. Registrador possuía algumas das leis em seu escritório, mas meu senhor não podia, de forma alguma, chegar até elas. Também pensava e dizia que as janelas da casa do Sr. Prefeito eram sempre claras demais para a cidade de Alma Humana. Ele não suportava nem mesmo a luz de uma vela. Agora, Vontade Seja Feita só se agradava com o que agradava a seu senhor, Diabolus.

Não havia ninguém como ele para anunciar pelas ruas da cidade a natureza corajosa, a conduta sábia e a grande glória do rei Diabolus. Ele percorria as ruas da cidade e perambulava por elas para louvar seu nobre senhor, tornando-se até mesmo desprezível entre o grupo de biltres para gritar sobre seu valoroso príncipe. E conto a vocês, sempre e onde quer que ele encontrasse um desses vassalos, tornava-se como um deles. O homem agia maldosamente sem que ordenassem e provocava danos sem que mandassem.

O Sr. Vontade Seja Feita também contava com um delegado abaixo de si, o Sr. Afeição, outro homem que foi grandemente corrompido em seus princípios, o que afetou sua vida diretamente: ele se entregou por completo à carne, e por isso começaram a chamá-lo de Afeição Vil. Ele e Luxúria Carnal, filha do Sr. Mente, apaixonaram-se, casaram-se e tiveram diversos filhos, como Sem-Vergonha, Boca Suja e Repreensão Odiosa.

Esses três eram meninos negros. Além deles, tiveram três filhas: Despreza A Verdade e Menospreza Deus; a mais nova chamava-se Vingança. Eles também se casaram na cidade e geraram muitos filhos ruins, filhos demais para ser citados aqui. Mas vamos passar direto por isso.

Quando o gigante conseguiu ocupar a cidade de Alma Humana e retirar homens de seus cargos, colocando aqueles que julgava bons, começou a realizar a desfiguração. Havia, no mercado em Alma Humana e também sobre os portões do castelo, uma figura do bendito Rei Shaddai. Essa imagem, tão perfeitamente esculpida (e entalhada em ouro), era o item mais parecido com Shaddai, mais do que tudo o que existia no mundo. Então, Diabolus ordenou, de modo baixo, que ela fosse desfigurada, e assim foi feito pelas mãos do Sr. Sem Verdade. Você deve imaginar que, assim como a imagem de Shaddai foi destruída pelas mãos do Sr. Sem Verdade, Diabolus também deu ordens para que Sr. Sem Verdade colocasse em seu lugar a horrenda e formidável imagem dele próprio, em desrespeito ao antigo Rei e para humilhação de sua cidade de Alma Humana.

Além disso, Diabolus destruiu todos os vestígios das leis e estatutos de Shaddai que poderiam ser encontrados na cidade de Alma Humana, ou seja, todos que continham as doutrinas de moral e todos os documentos civis e naturais. Também tentou extinguir todo o rigor que os acompanhavam. Para resumir, não havia vestígio algum do bem de Alma Humana que ele e Vontade Seja Feita não procuraram destruir, pois seu objetivo era transformar Alma Humana em algo estúpido e conferir a ela um aspecto sensual, tudo pelas mãos do Sr. Sem Verdade.

Após ter destruído todas as leis e boas ordenanças que conseguiu, para concluir seu objetivo, ou seja, apartar Alma Humana de seu Rei Shaddai, ele ordenou e os homens estabeleceram os próprios decretos, estatutos e leis em todos os lugares de ajuntamentos e multidões em Alma Humana. Esses decretos davam liberdade às luxúrias da carne, dos olhos e aos orgulhos da vida, as quais não pertencem a Shaddai, e sim ao mundo. Ele encorajou, aprovou e promoveu a lascívia e toda forma de impiedade. Diabolus ainda fez muito mais para encorajar a maldade na cidade de Alma Humana: ele lhes prometeu paz, satisfação, alegria e contentamento caso obedecessem a suas leis, e afirmou que nunca teriam de prestar contas caso não o fizessem. E que isso sirva de exemplo para aqueles que amam ouvir sobre o que é feito em outros países sem seu conhecimento.

Com Alma Humana completamente às suas ordens e totalmente sob seu controle, tudo o que era ouvido ou falado dentro da cidade deveria ter relação com ele.

Agora ele, após depor o Sr. Prefeito e o Sr. Registrador de suas posições em Alma Humana, ao ver que antes de tomar a cidade ela era uma das mais antigas organizações do mundo, e temendo que, se ele não mantivesse sua grandeza, os cidadãos protestassem dizendo que ele lhes insultara, então, eu digo (para que eles pudessem ver que Diabolus não pretendia diminuir sua grandeza ou retirar deles qualquer um de seus benefícios), ele mesmo escolheu um prefeito e um registrador para eles, e assim satisfez seu coração e também se agradou muito.

O nome do prefeito escolhido por Diabolus era Sr. Desejos, um homem que não tinha olhos nem ouvidos. Tudo o que ele fazia, seja como homem ou como funcionário, fazia naturalmente, assim como um animal. E o que o deixava ainda mais ignóbil, embora não para Alma Humana, mas para aqueles que contemplavam suas ruínas e lamentavam, era o fato de ele nunca conseguir provar o bem, só o mal.

O registrador, um homem chamado Esqueça O Bem, era um homem muito melancólico. Ele só conseguia se lembrar de maldades, e de realizá-las com prazer. Era naturalmente inclinado a ter atitudes danosas; mesmo para a cidade de Alma Humana e para todos os seus habitantes. Esses dois, portanto, por seu poder e prática, exemplo e sorrisos para o que é mau, influenciaram a mente das pessoas e as acomodaram nos caminhos maus. Há alguns que não sabem, mas, quando aqueles em altas posições são maus e corruptos, eles corrompem toda a região e o país onde estão.

Além deles, Diabolus estabeleceu diversos deputados e conselheiros em Alma Humana, dentre os quais a cidade, quando necessário, pudesse escolher para si oficiais, governadores e magistrados. E aqui estão os nomes dos chefes entre eles: Sr. Incredulidade, Sr. Arrogância, Sr. Ofensa, Sr. Prostituição, Sr. Coração Duro, Sr. Impiedoso, Sr. Fúria, Sr. Sem Verdade, Sr. Defende Mentiras, Sr. Falsa Paz, Sr. Embriaguez, Sr. Traição, Sr. Ateísmo – treze ao todo. O Sr. Incredulidade era o mais velho, e o Sr. Ateísmo, o mais novo da companhia.

Houve também uma eleição de vereadores e outros, como meirinhos, sargentos, guardas, e todos eles, como os já citados, eram pais, irmãos, primos ou sobrinhos, cujos nomes não irei mencionar, para ser breve.

Quando o gigante continuou com seu trabalho, começou a construir algumas fortalezas pela cidade; construiu três, que pareciam intransponíveis. A primeira ele chamou de Forte da Rebeldia, porque foi criada para comandar toda a cidade, e para afastá-la do conhecimento de seu antigo Rei. A segunda ele chamou de Forte da Meia-noite, porque foi construída com o propósito de manter Alma Humana longe do verdadeiro autoconhecimento. A terceira foi chamada de Forte do Doce Pecado, porque, por meio dela, o gigante fortaleceu Alma Humana contra todos os desejos pelo bem. A primeira dessas fortalezas localizava-se próximo ao Portão dos Olhos, para que toda luz pudesse escurecer ali. A segunda foi construída ao lado do antigo castelo, para que tudo se tornasse mais cego, se possível. E a terceira estava localizada no mercado.

O homem que Diabolus designou governador sobre os primeiros deles era chamado de Ódio A Deus, um blasfemo miserável. Ele chegou com toda a turba daqueles que se levantaram contra Alma Humana de início, e era um deles. O homem colocado como governador do Forte da Meia-noite era o Não Ama A Luz, que também fazia parte do grupo que se levantou contra a cidade. O homem que foi feito governador da fortaleza chamada Forte do Doce Pecado era Ama A Carne. Ele também era um homem muito lascivo, mas não vinha do país de onde vieram os outros. Esse companheiro encontrava mais doçura ao provar uma luxúria do que em todo o Paraíso de Deus.

Agora Diabolus pensava estar seguro: ele tomara Alma Humana; estabelecera-se dentro da cidade, depusera os antigos líderes e elegera novos; ele havia desfeito a imagem de Shaddai e erguido a sua própria. Havia destruído todos os antigos livros da lei e promovido as próprias mentiras vãs; construíra novos magistrados e estabelecera novos conselheiros, construíra novas fortalezas e havia tripulado cada uma delas para si. E fez tudo isso para se sentir seguro caso o bom Shaddai, ou seu filho, tentassem invadir a cidade.

# CAPÍTULO três

AGORA, VOCÊ PODE BEM IMAGINAR que, muito antes disso, a notícia de que sua Alma Humana, no continente de Universo, estava perdida haveria de chegar ao bom Rei Shaddai, e que o gigante desertor chamado Diabolus, que já fora um dos servos de Sua Majestade, tinha, em rebelião contra o Rei, feito questão de tomá-la para si. As informações foram levadas ao Rei, e relatadas detalhadamente.

Primeiro, como Diabolus agiu sobre Alma Humana – um povo simples e inocente – com artimanhas, sutilezas, mentiras e fraude. Como ele matara o nobre e valioso capitão, seu Capitão Resistência, enquanto este estava sobre o portão, com o restante dos líderes. Também, como o Sr. Inocente caiu morto – de tristeza, alguns dizem, ou ao ser envenenado com o fétido hálito de Pausa Para Lamentos, como dizem outros – ao ouvir seu Justo Senhor e Príncipe Shaddai ser tão ofendido pelos lábios de um diaboliano tão imundo quanto aquele patife de Pausa Para Lamentos. Em seguida, o mensageiro contou que após Pausa Para Lamentos fazer um curto discurso para os cidadãos no lugar de Diabolus, seu mestre, a inocente cidade, acreditando que o que era dito era verdade, com um único consentimento, abriu o Portão dos Ouvidos, o principal portão da sociedade, e permitiu que ele e seu grupo tomassem posse da maravilhosa cidade de Alma Humana. Ele também demonstrou como Diabolus tratara o Sr. Prefeito e o Sr. Registrador, ou seja, como ele os havia retirado da posição de poder e confiança. Além disso, contou também que o Sr. Vontade Seja Feita se transformara em um homem rebelde e traidor, o que também aconteceu com o Sr. Mente, seu escriturário, além do fato de que eles dois caminhavam pela cidade e ensinavam seus caminhos para os maus. O homem também falou que Vontade Seja Feita fora colocado em uma posição de grande confiança; e, particularmente, que Diabolus havia entregado nas mãos de Vontade Seja Feita todas as fortalezas de Alma Humana; e que o Sr. Afeição fora feito deputado de Vontade Seja Feita em seus assuntos mais rebeldes. Sim, dizia o mensageiro, esse monstro, Sr. Vontade Seja Feita, repudiara abertamente seu Rei Shaddai, e havia entregado sua fé e jurado sua fidelidade a Diabolus.

– E também – disse o mensageiro –, além de tudo isso, o novo rei, ou melhor, o tirano rebelde, estabeleceu seu próprio prefeito e registrador sobre a cidade de Alma Humana, que um dia foi maravilhosa, mas que agora perece. Para prefeito, colocou o Sr. Desejos, e para registrador, o Sr. Esqueça O Bem; dois dos piores homens de Alma Humana.

Esse fiel mensageiro também continuou e contou que tipo de deputados ele formara, e também que havia construído diversos fortes, torres e fortalezas em Alma Humana. Além disso, contou (e quase me esqueci) como Diabolus armara os cidadãos, para capacitá-los a resistir a Shaddai, seu Rei, caso ele tentasse reduzi-los à sua antiga obediência.

O portador de notícias não entregou essas informações em particular, e sim em tribunal aberto, para o Rei e seu filho, altos senhores, capitães e nobres; todos estavam lá para ouvir. No entanto, após terem escutado toda a história, maravilharia quem tivesse visto, se alguém pudesse estar lá para ver, tamanha tristeza e pesar, e contrição de espírito, que houve no meio de todos ao pensar que a maravilhosa cidade de Alma Humana fora tomada; apenas o Rei e seu filho já tinham previsto tudo isso muito antes e providenciaram o alívio para Alma Humana, embora não houvessem falado sobre o assunto com ninguém. Ainda assim, como eles também compartilhavam do pesar sobre a miséria de Alma Humana, também lamentaram a perda de Alma Humana, e isso em voz alta. O Rei disse claramente que isso lhe cortou o coração, e você pode ter certeza de que seu filho sentia o mesmo (Gn 6:5,6). Isso deu a todos a convicção de que eles tinham amor e compaixão pela maravilhosa Alma Humana. Bem, quando o Rei e seu filho se retiraram para um aposento particular, conversaram sobre o que haviam combinado anteriormente, ou seja, que Alma Humana em dado momento se perderia, tão certo quanto seria recuperada; recuperada, eu digo, de tal maneira que tanto o Rei quanto seu filho receberiam fama e glória eternas pelo que fariam. Após essa conversa, o Filho de Shaddai, uma pessoa doce e graciosa, e que sempre teve grande afeição por aqueles que estavam aflitos, mas que nutria em seu coração uma inimizade mortal contra o Diabolus porque ele foi designado para isso e porque o homem ansiava sua coroa e glória, esse Filho de Shaddai, apertando as mãos de seu Pai, prometeu que seria seu servo para recuperar Alma Humana, manteve-se firme em sua decisão e não se arrependeria dela (Is 49:5; 1Tm 1:15; Hb 13:14). O teor desse acordo era o seguinte: que a em certo momento, determinado por ambos, o Filho do Rei deveria passar por uma jornada no país de Universo; e lá, com justiça e equidade, para promover a reconciliação com os loucos de Alma Humana, ele deveria completar sua libertação de Diabolus e de sua tirania.

Além disso, Emanuel decidiu organizar, no momento conveniente, uma guerra contra o gigante Diabolus enquanto ele ainda possuísse a cidade de Alma Humana; e afirmou que iria, pela força de sua mão, retirá-lo de seu abrigo, seu ninho, e tomá-lo para si, para ser sua própria habitação.

Depois de decidir isso, foi dada uma ordem ao secretário--chefe para que ele elaborasse um relato preciso sobre o que ficou determinado e para que o fizesse ser publicado em todos os cantos do reino de Universo. Você pode, se assim desejar, ler um breve resumo do seu conteúdo, como segue:

*A todos os homens a quem interessar possa, o Filho de Shaddai, o grande Rei, está comprometido em aliança com seu Pai a reconquistar Alma Humana. Sim, e a colocá-la, por meio de seu amor incomparável, em uma condição muito melhor e mais feliz do que estava antes de ser tomada por Diabolus.*

Então, esses papéis foram publicados em diversos lugares, para o grande incômodo do tirano Diabolus, pois, pensou ele: *Agora serei atacado, e minha habitação será tomada de mim.* No entanto, quando esse assunto, quero dizer, esse propósito entre o Rei e seu filho alcançou o tribunal pela primeira vez, quem pode dizer como os altos oficiais, os capitães e os nobres príncipes receberam a notícia? Primeiro, eles sussurraram uns para os outros e logo ela começou a se espalhar por todo o palácio do Rei; todos imaginando o glorioso projeto que estava em curso entre o Rei e seu filho para a miserável cidade de Alma Humana. Sim, os cortesãos podiam fazer pouco pelo Rei ou pelo reino, mas misturavam o que faziam com um som sobre o amor que o Rei e seu filho sentiam pela cidade de Alma Humana.

Os oficiais, os capitães e os príncipes não ficaram satisfeitos em guardar essa notícia no tribunal, e, antes de os registros serem aperfeiçoados, eles mesmos foram espalhar a notícia em Universo. Por fim, como eu disse, o assunto chegou aos ouvidos de Diabolus, para seu grande descontentamento. Você pode pensar que o gigante se surpreenderia ao ouvir sobre tal esquema contra ele, mas, após realizar alguns cálculos em sua mente, ele chegou a quatro conclusões.

Primeiro. Que as notícias, essas boas informações, se possível, deveriam ser mantidas longe dos ouvidos da cidade de Alma Humana, pois, se soubessem que Shaddai, seu antigo Rei, e Emanuel, seu filho, estavam planejando algo bom para a cidade de Alma Humana, perguntou ele:

– O que poderei esperar a não ser que Alma Humana inicie uma revolta contra minhas mãos e meu governo e volte para ele?

Para cumprir esse objetivo, ele renova seus privilégios com o Sr. Vontade Seja Feita, e lhe entrega responsabilidades e ordens estritas de que deveria vigiar todos os portões da cidade dia e noite, principalmente os portões de Ouvidos e Olhos.

– Pois eu ouvi sobre um plano – disse ele –, um plano para nos fazer traidores e para que Alma Humana seja reduzida à sua antiga escravidão novamente. Espero que sejam histórias vãs – ele continuou –, no entanto, não permita que tais notícias entrem em Alma Humana de forma alguma, a fim de que as pessoas não desanimem. Eu acredito, meu senhor, que essas notícias não são boas para você, assim como não são para mim. E penso que neste momento devemos usar nossa sabedoria e cuidado para cortarmos a cabeça de tais rumores que querem perturbar nosso povo. Portanto, meu senhor, desejo que você faça o que digo e coloque guardas fortes todos os dias em cada portão da cidade. Pare também e examine de onde vêm aqueles que querem se aproximar, não permitindo de maneira alguma que eles sejam aceitos em Alma Humana a não ser que você tenha certeza de que são apoiadores de nosso excelente governo. Eu ordeno também – disse Diabolus – que espiões caminhem continuamente por toda a cidade de Alma Humana, e permita que tenham a autoridade para eliminar e destruir qualquer um que eles percebam que está tramando contra nós ou que possa tagarelar sobre o que Shaddai e Emanuel pretendem fazer.

E isso foi feito conforme ordenado. Meu Sr. Vontade Seja Feita ouviu com atenção ao seu senhor e mestre, e seguiu prontamente suas ordens e, com toda a diligência que podia, afastou qualquer um que vinha de fora da cidade ou que queria levar essas notícias para Alma Humana.

Segundo. Feito isso, Diabolus, para deixar Alma Humana o mais segura possível, criou e impôs um novo juramento e um terrível acordo para os cidadãos: Que eles nunca o abandonassem, ou seu governo, ou o traíssem, ou tentassem alterar suas leis; e que pudessem ter, confessar, defender e reconhecê--lo como seu rei por direito, em oposição a todos que queriam, ou poderiam querer, por meio de qualquer pretexto, lei ou título, tomar posse da cidade de Alma Humana, pensando que Shaddai não poderia absolvê-los dessa aliança com a morte e acordo com o inferno (Is 28:15). A inocente Alma Humana não se assustou nem um pouco com esse monstruoso acordo, e, assim como um pequeno peixe na boca de uma baleia, eles o engoliram sem mastigar. Se ficaram incomodados com o novo acordo? Não, eles começaram a gabar-se e a orgulhar-se de sua corajosa fidelidade ao tirano, seu suposto rei, jurando que nunca trocariam de lugar ou abandonariam seu antigo Senhor por outro. Assim, Diabolus rapidamente prendeu Alma Humana.

Terceiro. A inveja, no entanto, que nunca se acha forte o bastante, fez o homem dar o passo seguinte em direção à sua próxima façanha, que era, se possível, corromper ainda mais a cidade de Alma Humana. Então, ele fez com que o Sr. Imundície registrasse por escrito algumas palavras odiosas, indecentes e lascivas para serem colocadas sobre os portões do castelo, e deu permissão para seus súditos confiáveis em Alma Humana fazerem tudo o que seu apetite luxurioso os compelisse, e nenhum homem deveria contê-los ou controlá-los, sob o risco de provocar a insatisfação de seu príncipe.

Ele fez isso pelas seguintes razões:

1. Para que a cidade de Alma Humana ficasse cada vez mais fraca e, portanto, mais incapaz de acreditar, de ter esperança ou de concordar com a verdade, caso as notícias sobre o plano para sua redenção a alcançassem. Pois a razão diz: quanto maior o pecador, menos espaço há para a esperança de obter misericórdia.

2. A segunda razão era a seguinte: talvez Emanuel, Filho de Shaddai seu Rei, ao ver os terríveis e profanos atos da cidade de Alma Humana, pudesse se arrepender de cumprir o pacto da redenção da cidade, ainda que o prometera. Ele sabia que Shaddai era Santo, e que seu filho Emanuel era Santo; sim, ele sabia por sua própria experiência terrível, pois, por sua iniquidade e pecado, Diabolus foi expulso das mais altas esferas. Portanto, o que seria mais óbvio para ele a não ser concluir que, por causa do pecado, o mesmo aconteceria com Alma Humana? No entanto, temendo que isso pudesse talvez não funcionar, ele elaborou mais um plano.

Quarto. Empenhar-se em convencer todos os corações de Alma Humana de que Shaddai estava preparando um exército para arruinar e depois destruir a cidade, e ele fez isso para antecipar-se a qualquer notícia capaz de chegar aos ouvidos deles sobre sua libertação; *Pois, pensou ele, se eu espalhar esse boato, as notícias que chegarem depois serão engolidas por ele. Pois o que mais Alma Humana poderá dizer quando ouvirem sobre sua libertação, a não ser que o significado é que Shaddai quer destruí-los?* Assim, ele convocou toda a cidade para o mercado e ali, com uma língua enganadora, falou com eles:

– Senhores, meus bons amigos, todos vocês são, como já sabem, meus súditos por direito, e cidadãos da maravilhosa cidade de Alma Humana. Sabem como tenho me comportado com vocês, desde o primeiro dia até agora, e sabem qual liberdade e grandes privilégios vocês têm desfrutado debaixo de meu governo, espero que para sua honra e também para minha, e para seu contentamento e satisfação. Agora, minha maravilhosa Alma Humana, há aí fora um barulho perturbador para a cidade. Desculpe se falo isso para o seu bem. Pois eu recebi agora mesmo uma notícia de meu Sr. Lúcifer, e ele possuía muita inteligência, de que seu antigo Rei Shaddai está preparando um exército para vir contra vocês, para destruí-los, raiz e galhos; e isso, ó Alma Humana, é o motivo por eu ter chamado vocês até aqui: para alertá-los sobre o que é melhor ser feito. De minha parte, sou apenas um, e posso muito bem me virar sozinho se eu procurasse minha própria proteção, deixando Alma Humana em meio a todo o perigo. Mas meu coração está tão firmemente unido ao de vocês, e não quero deixá-los, que estou disposto a permanecer aqui e cair com vocês, até o último mal que vier sobre mim. O que vocês dizem, ó Alma Humana? Vocês agora abandonarão seu amigo ou ficarão do meu lado?

Então, como um só homem, em uma só voz, eles gritaram juntos:

– Deixe-o morrer a morte que não sofreremos.

Então, novamente falou Diabolus:

– É vão esperarmos clemência, pois esse Rei não sabe como demonstrá-la. É verdade que, talvez, em sua primeira conversa conosco ele finja misericórdia e assim, com mais calma e menos confusão, tente se tornar novamente o mestre de Alma Humana. No entanto, o que quer que ele diga, não acreditem em nenhuma palavra ou traço, pois tal linguagem é só para nos enganar e nos fazer de troféus de sua vitória impiedosa enquanto nadamos em nosso próprio sangue. Minha sugestão é que decidamos, até o último dos homens, resistir e não acreditar nele de modo algum, pois por essa porta entrará toda a nossa ruína. Devemos, porém, estagnar nossa vida? Espero que vocês saibam mais sobre os rudimentos da política do que deixar que os tratem de modo tão miserável. Mas vamos supor que ele mereça, caso consiga que nos entreguemos, receber um pouco de nossas vidas, ou da vida daqueles que são estranhos para Alma Humana, que bem isso faria a vocês, que são os chefes da cidade? Principalmente a vocês, a quem eu escolhi, e cuja grandeza tem sido obtida por vocês durante todo o tempo em que foram fiéis a mim? E vamos supor mais uma vez que ele seja clemente com cada um de vocês; tenham certeza de que ele trará sobre vocês a mesma escravidão sob a qual estavam cativos antes, ou até pior. E que bem lhes trará sua própria vida? Será que com ele vocês viverão com a mesma satisfação de agora? Não, não. Estarão presos a leis que irão oprimi-los e obrigá-los a fazer o que agora lhes é odioso. Eu estou do lado de vocês, e vocês estão do meu. É melhor morrer como valentes do que viver como escravos desprezíveis. Mas eu digo: a vida de um escravo será considerada boa demais para Alma Humana; sangue, sangue e nada além de sangue está em cada toque da trombeta de Shaddai contra a pobre Alma Humana. Orem, preocupem-se, ouço que ele está chegando em breve; armem-se, pois agora que vocês têm oportunidade eu posso ensinar-lhes alguns truques de guerra. Tenho armaduras para vocês, feita por mim, e é suficiente para proteger Alma Humana da cabeça aos pés; vocês não serão feridos por tudo o que a força dele pode fazer se a mantiverem amarrada e bem presa. Venham, então, para o meu castelo, sejam bem-vindos, e preparem-se para a guerra. Há capacetes, peitorais, espadas e escudos, e isso lhes fará lutar como homens.

Então, Diabolus continuou:

– Em primeiro lugar, meu capacete, também chamado de testeira, é a esperança de ficar tudo bem no final, sem importar que tipo de vida você viveu. É isso que eles usavam quando disseram que deveriam ter paz mesmo ao caminhar pela rebeldia de seus corações, para trazer "desgraça tanto à terra irrigada, quanto à terra seca" (Dt 29:19). Essa é uma peça aprovada de armadura, e quem a tiver e conseguir mantê-la não será ferido por flecha, dardo, espada ou escudo algum. Por isso, mantenham-na no corpo e afastarão muitos golpes, minha Alma Humana. Em segundo lugar, meu peitoral é feito de ferro; ele foi forjado em meu próprio país, e todos os meus soldados estão armados com ele. Em linguagem clara, é um coração duro, duro como ferro e tão sensível quanto uma pedra. Se vocês conseguirem usá-lo, a misericórdia não lhes alcançará e o julgamento não os atemorizará (Ap 9:9). Portanto, essa é uma parte extremamente necessária da armadura para todos os que odeiam Shaddai, e irão lutar contra ele sob meu comando. Terceiro, minha espada é uma língua incendiada pelo fogo do inferno (Sl 57:4), e que pode se inclinar para falar contra Shaddai, seu filho, seus caminhos e seu povo (Sl 64:3). Usem-na. Ela foi usada inúmeras vezes. Quem a empunhar e usá-la da mesma forma que eu usaria, nunca será conquistado por meu inimigo (Tg 3:3-5). O quarto ponto é que meu escudo é a incredulidade, ou o questionamento sobre a verdade da Palavra ou de qualquer comentário sobre o julgamento que Shaddai determinou para os ímpios. Usem esse escudo (Jó 15:26). Muitos já tentaram contra ele, é verdade, e às vezes ele ficou danificado (Sl 76:3). Mas aqueles que escreveram sobre as guerras de Emanuel contra meus servos testemunharam que ele não pôde fazer muito por causa de sua incredulidade (Mc 6:5,6). Agora, para usar essa minha arma corretamente, é necessário não acreditar nas coisas só porque são verdade, independentemente do tipo ou de quem quer que tenha falado. Se ele falar sobre julgamento, não dê ouvidos; se ele falar sobre misericórdia, não dê ouvidos; se ele prometer e jurar que fará apenas bem para Alma Humana, não preste atenção no que for falado; questione tudo, pois é assim que se usa corretamente o escudo da incredulidade, e assim que meus servos devem agir. Aquele que não me ama não passa de um inimigo para mim.

Continuando seu discurso, Diabolus acrescentou:

– Em quinto lugar, outra parte ou peça de minha excelente armadura é um espírito calado, que não ora, um espírito que se recusa a clamar por misericórdia. Tenha certeza de usar isso, minha Alma Humana. O quê? Nunca peçam clemência se quiserem ser meus; sei que vocês são homens resistentes, e tenho certeza de que lhes equipei com o que há de melhor em armaduras; portanto, que esteja longe de vocês o clamar a Shaddai por misericórdia. Além de tudo isso, tenho marretas, tições, e morte, todas boas armas de mão, e, como tais, poderão matar.

Após equipar os homens com armaduras e armas, falou com eles usando palavras como estas:

– Lembrem-se de que sou seu rei por direito, e vocês fizeram um pacto e uma aliança de serem fiéis a mim e à minha causa. Digo de novo, lembrem-se, e mostrem-se como homens fortes e valentes de Alma Humana. Recordem-se também da bondade que sempre mostrei a vocês, e isso sem pedirem: concedi-lhes bens materiais, portanto, as regalias, os privilégios, as imunidades, os benefícios e as honras que doei a vocês pedem de suas mãos como retorno a lealdade, meus ferozes homens de Alma Humana. E que melhor momento para mostrar essa lealdade do que quando outra pessoa quer tomar meu domínio sobre vocês? Mais uma palavra e eu encerrarei: O que podemos fazer a não ser nos manter firmes e superar esse ataque e crise? Acredito que em pouco tempo o mundo inteiro será nosso; e, quando esse dia chegar, meus queridos, farei de vocês reis, príncipes e capitães. Que dias maravilhosos teremos, então!

Diabolus, após armar e preparar seus servos e vassalos em Alma Humana contra seu bom e legítimo Rei Shaddai, dobrou o número de guardas nos portões da cidade e dirigiu-se ao castelo, sua fortaleza. Seus vassalos também, a fim de mostrar sua boa vontade e suposta, mas ignóbil, bravura, treinavam em suas armas todos os dias e ensinavam os truques de guerra uns para os outros. Também desafiavam os inimigos e cantavam os louvores de seu tirano; pensavam que homens seriam se tudo chegasse a ponto de uma guerra entre Shaddai e seu rei.

# Capítulo quatro

NESSE MOMENTO, o bom Rei, o Rei Shaddai, estava preparando um exército para recuperar a cidade de Alma Humana novamente de debaixo da tirania de seu falso rei Diabolus. No entanto, ele pensou ser melhor, de início, não enviar o exército pela mão de seu corajoso Filho Emanuel, e sim pela mão de alguns de seus servos, para ver primeiro, por meio deles, o estado de Alma Humana e se seriam conquistados pela obediência ao seu Rei. O exército era formado por mais de quarenta mil homens valorosos, vindos da própria corte do Rei, e faziam parte daqueles que ele mesmo havia escolhido.

Chegaram a Alma Humana seguindo quatro valentes generais, cada um sendo capitão de dez mil homens; o nome do primeiro general era Boanerges; o nome do segundo era Convicção; o nome do terceiro era Capitão Julgamento; e o nome do quarto era Capitão Execução. Esses eram os capitães que Shaddai enviou para recuperar Alma Humana.

O Rei, como já dito, pensou que seria melhor enviar a Alma Humana os quatro capitães, em primeiro lugar para que tentassem reconquistá-la. De fato, em todas as suas guerras, ele costumava enviar à frente esses quatro capitães, pois eram homens muito valentes e rudes, perfeitos para despedaçar o gelo e abrir o caminho pela força da espada, e seus homens eram também como eles (Sl 60:4).

Para cada um desses capitães o Rei entregou uma bandeira que deveria ser mostrada em virtude da bondade de sua causa e do direito que ele possuía sobre Alma Humana.

Primeiro para o Capitão Boanerges, pois ele era o chefe. Para ele, foram dados dez mil homens. Sua flâmula era o Sr.

Trovão: ele usava cores negras, e seu escudo eram três raios com trovões (Mc 3:17). O segundo capitão, o Convicção, recebeu também dez mil homens. O nome de sua flâmula era Sr. Pesar; ele tinha cores pálidas e seu escudo era o livro da lei bem aberto, de onde saía uma chama de fogo (Dt 33:2). O terceiro, o Capitão Julgamento, contava, assim como os outros, com dez mil homens. O nome de sua flâmula era Sr. Terror; suas cores eram avermelhadas e seu escudo era uma fornalha ardente (Mt 13:40,41). O quarto era o Capitão Execução e a ele foram dados também dez mil homens. Sua flâmula era o Sr. Justiça. Ele também usava as cores avermelhadas, e seu escudo era uma árvore sem frutos, com um machado na raiz (Mt 3:10).

Cada um desses quatro capitães, como eu disse, contava com dez mil homens sob seu comando. Todos fiéis ao Rei e valentes em seus atos militares.

Bem, os capitães e suas forças, seus homens e subordinados, já há um dia enviados para o campo por Shaddai e ali chamados cada um pelo seu nome, foram colocados em armaduras equivalentes aos seus cargos e ao serviço que agora fariam para seu Rei.

Então, depois que o Rei reuniu todas as tropas – pois era ele quem comandava a batalha –, entregou diversas incumbências a cada capitão, com responsabilidade e ordens, na presença de todos os soldados, para que eles as executassem com cautela, fidelidade e coragem. Suas incumbências eram, por essência, as mesmas: título, local e posição dos capitães, com algumas, mas bem poucas diferenças. E aqui, permita que eu relate o conteúdo e o tema do que estava escrito em seu comissionamento.

UMA COMISSÃO DO GRANDE SHADDAI, REI DE ALMA HUMANA, PARA SEU FIEL E NOBRE CAPITÃO BOANERGES, POR SUA GUERRA CONTRA A CIDADE DE ALMA HUMANA.

*Ó Boanerges, um de meus bravos e fortes capitães, colocado sobre dez mil de meus valentes e fiéis servos; vá você em meu nome, com sua força, até a miserável cidade de Alma Humana; ao chegar lá,* ofereça-lhes primeiro acordos de paz *(Mt 10:11; Lc 10:5)*, e ordene a eles, livrando-se do jugo e da tirania do perverso Diabolus, que retornem a mim, seu legítimo Príncipe e Senhor; ordene-lhes também que se purifiquem de tudo que é dele na cidade de Alma Humana e olhem para você, que tem satisfação ao ver a verdade de sua obediência. Se depois que você emitir essa ordem eles em verdade se submeterem a você, com o máximo de seu poder, estabeleça para mim uma fortaleza na maravilhosa cidade de Alma Humana. Não machuque nenhum habitante que se move ou respira dentro da cidade se eles se submeterem a mim, mas trate-os como se fossem seus amigos ou irmãos – pois eu os amo, e são preciosos para mim –, e diga-lhes que separarei um tempo para estar com eles e fazê-los saber que sou misericordioso *(1Ts 2:7-10)*. Mas, se eles resistirem – apesar de seu chamado e da demonstração de sua autoridade – levantando-se contra você e rebelando-se, então ordeno que você faça uso de toda sua astúcia, poder, autoridade e força, para conquistá-los pela força de sua mão. Até breve.

Aqui você vê o conteúdo de suas comissões, pois, como eu disse antes, elas eram as mesmas que as dos outros nobres capitães.

Após cada comandante receber sua autoridade, sob as ordens de seu Rei, quando o dia chegou e o local de seu encontro foi indicado, todos os capitães surgiram em aparente bravura, que se tornou sua causa e chamado. Então, depois de uma apresentação de Shaddai com cores flutuantes, eles começaram a marchar em direção à famosa cidade de Alma Humana. O Capitão Boanerges liderava o grupo. O Capitão Convicção e o Capitão Julgamento ocupavam o corpo central e o Capitão Execução ia atrás *(Ef 2:13-17)*. Com um longo caminho a percorrer, já que a cidade de Alma Humana era muito distante do reino de Shaddai, eles marcharam por regiões e países de muitos povos, sem ferir ou incomodar ninguém, mas abençoando a todos por onde passavam. Em todos os lugares aonde iam, as pessoas também viviam à custa do Rei.

Tendo viajado por muitos dias, finalmente conseguiram avistar Alma Humana, e, com essa visão, os capitães não conseguiram, em seus corações, fazer mais nada a não ser lamentar a condição da cidade. Logo perceberam que ela estava entregue às vontades de Diabolus, bem como a seus caminhos e desígnios. Bem, para ser breve, os capitães alcançaram a cidade, foram até o Portão dos Ouvidos, e sentaram-se ali, pois era o local para escutar. Então, depois de armarem suas tendas e fortificarem-se, prepararam-se para realizar o ataque.

Os cidadãos, ao verem companhia tão galante, bravamente equipada e disciplinada de modo tão excelente, com suas armaduras reluzentes e cores flamejantes, saíram de casa para admirar. Mas a esperta raposa, Diabolus, temendo que o povo, após essa visão, pudesse, em um ímpeto, abrir os portões para os capitães, desceu com toda a pressa de seu castelo e fez a cidade se reunir no centro de Alma Humana. Quando os cidadãos lá chegaram, fez este discurso mentiroso e enganoso:

– Cavalheiros – disse ele. – Apesar de serem meus amigos fiéis e amados, ainda assim preciso repreendê-los pela última atitude imprudente de sair para admirar aquele grande e poderoso exército que chegou ontem e agora já se instalou a fim de sitiar a maravilhosa cidade de Alma Humana. Vocês sabem quem são, de onde vêm e qual é o propósito deles ao se estabelecerem diante da cidade de Alma Humana? Eles são aqueles de quem falei há muito tempo, aqueles que viriam para destruir esta cidade, e contra quem já equipei vocês, com uma armadura para o corpo e fortalecendo-lhes a mente. Por que então vocês não gritaram, dispararam os sinalizadores e deram a toda a cidade um aviso sobre eles, a fim de que pudéssemos ficar na defensiva e prontos para recebê-los com atos de coragem? Assim teriam se mostrado homens do meu gosto. Agora, considerando a atitude de vocês, deixaram-me um pouco temeroso; eu digo um pouco, pois, será que quando de fato nós os enfrentarmos, eu irei descobrir que vocês não têm coragem para suportar? Não ordenei vigilância e que dobrassem o número de guardas sobre os portões? Não me esforcei para deixá-los duros como o ferro, e seus corações insensíveis como um pedaço de pedra de moinho? Será que estão se mostrando como umas donzelas, e saindo como uma companhia de ingênuos para observar seus inimigos mortais? Que vergonha! Coloquem-se em posição de defesa, rufem os tambores, e reúnam-se como em uma batalha, para que seus inimigos saibam, antes de atacarem esta sociedade, que há homens valentes na cidade de Alma Humana. Agora vou parar de repreendê-los e não os reprovarei mais; mas ordeno que, daqui para frente, não permitam que eu presencie mais condutas como as que tiveram. De agora em diante, que nenhum homem entre vocês sequer mostre sua cabeça sobre o muro da cidade de Alma Humana sem primeiro receber uma ordem direta minha. Vocês já me ouviram, agora façam como ordenei, e, desse modo, habitarei seguramente entre vocês, e cuidarei de sua segurança e honra como se fossem minhas. Até breve.

Neste momento, os cidadãos ficaram estranhamente alterados, como homens atacados pelo pânico; correram de um lado para outro pelas ruas da cidade de Alma Humana, gritando:

– Socorro, socorro! Os homens que viraram o mundo de cabeça para baixo estão vindo para cá também!

Nenhum deles conseguiu se aquietar depois, mas, como homens privados de juízo, clamavam:

– Os destruidores da nossa paz e do povo estão chegando. Isso chegou até Diabolus.

– Ah! – suspirou ele. – Isso me agrada, pois é como eu gostaria que fosse. Agora, demonstrem obediência ao seu príncipe, permaneçam aqui, e deixem-nos tomar a cidade, se conseguirem.

Antes de chegar ao terceiro dia de acampamento das forças do Rei diante de Alma Humana, o Capitão Boanerges ordenou ao tocador de trombeta que fosse até o Portão dos Ouvidos e lá, em nome do grande Shaddai, convocasse Alma Humana para ouvir a mensagem que ele, em nome de seu Mestre, foi ordenado a entregar-lhes. Então, o mensageiro, chamado

Escute Atentamente O Que Ouvir, dirigiu-se até o Portão dos Ouvidos, como fora ordenado, e ali soou sua trombeta; no entanto, ninguém apareceu para responder a seu chamado, pois assim Diabolus havia ordenado que fizessem. Então, o tocador de trombeta voltou para seu capitão, contando-lhe o que fizera e como se apressara em voltar. O capitão lamentou, mas disse ao mensageiro que voltasse para sua tenda.

Novamente, o Capitão Boanerges enviou o mensageiro para o Portão dos Ouvidos, a fim de soar sua trombeta, como antes, pedindo uma audiência. Entretanto, novamente os portões continuaram fechados, ninguém saiu e ninguém lhe respondeu, tão obedientes estavam às ordens de Diabolus, seu rei.

Desse modo, os capitães e outros oficiais convocaram um conselho de guerra para discutir o que deveria ser feito em seguida para reconquistar a cidade de Alma Humana. Após debaterem muito e pensarem bem sobre o conteúdo de suas comissões, concluíram que deveriam dar à cidade, por meio do já citado mensageiro, outro chamado para uma audiência. No entanto, caso eles recusassem e a cidade permanecesse como estava, então consideraram necessário enviar o mensageiro informar aos cidadãos que os capitães iriam empenhar-se, por todos os meios possíveis, para obrigá-los a obedecer a seu Rei (Lc 14:23).

Então, o Capitão Boanerges ordenou ao mensageiro que fosse até o Portão dos Ouvidos mais uma vez e, em nome do grande Rei Shaddai, convocasse, em alta voz, toda a cidade a ir sem demora até aquele local para dar atenção aos mais nobres capitães do Rei. O mensageiro, portanto, agiu conforme ordenado. Dirigiu-se até o Portão dos Ouvidos e soou sua trombeta, entregando a terceira convocação para Alma Humana. Além disso, declarou que, caso se recusassem a fazer o que ele dizia, os capitães de seu Príncipe os atacariam com poder, e os obrigariam a submeter-se a eles à força (Is 58:1).

Então se levantou o Sr. Vontade Seja Feita, o governador da cidade. Esse homem era aquele apóstata já mencionado anteriormente, e o guarda dos portões de Alma Humana. Ele, portanto, falando alto e irritado, perguntou ao mensageiro quem ele era, de onde vinha e qual era o motivo de fazer um barulho tão medonho nos portões e usar palavras tão intoleráveis contra a cidade de Alma Humana.

O tocador de trombetas respondeu:

– Eu sou servo do mais nobre capitão, o Capitão Boanerges, general das forças do grande Rei Shaddai, contra quem tanto você quanto toda a cidade de Alma Humana se rebelaram e a quem abandonaram. Meu mestre, o capitão, tem uma mensagem especial para esta cidade e para você, como habitante dela. Todos vocês de Alma Humana devem ouvir pacificamente a mensagem e aceitar o que se seguirá.

Então, disse o Sr. Vontade Seja Feita:

– Levarei suas palavras até meu Senhor e ouvirei o que ele dirá.

No entanto, o mensageiro logo respondeu, dizendo:

– Nossa mensagem não é para o gigante Diabolus, e sim para a miserável cidade de Alma Humana. Não queremos saber qual resposta será dada por ele, ou por qualquer outro em nome dele. Nós fomos enviados para esta cidade a fim de retirá-la dessa cruel tirania, e para persuadi-la a render-se, como já fez em outros tempos, ao mais excelente Rei Shaddai.

O Sr. Vontade Seja Feita rebateu:

– Passarei seu recado para a cidade.

– Senhor, não nos engane, pois, ao fazê-lo, vocês enganam mais a si mesmos. Nós estamos decididos; se não se renderem a nós pacificamente, então entraremos em guerra contra vocês, e os reconquistaremos à força. E como sinal de que digo a verdade, vocês verão amanhã a bandeira negra, com seus trovões e relâmpagos, erguida sobre o monte, como um símbolo de nosso desafio contra o seu príncipe e como demonstração de nossa resolução de submetê-los ao seu Senhor e Rei legítimo – informou o mensageiro.

Então o Sr. Vontade Seja Feita afastou-se do muro e o mensageiro retornou ao acampamento. Quando chegou, os capitães e oficiais do poderoso Rei Shaddai se reuniram para saber se ele conseguira uma audiência e qual havia sido o efeito de seu recado. O mensageiro contou-lhes:

– Quando soei minha trombeta e chamei toda a cidade para uma audiência, o Sr. Vontade Seja Feita, governador da cidade e responsável pelos portões, apareceu ao me ouvir chamar. Olhou por cima do muro, perguntou-me quem eu era, de onde eu vinha e qual era o motivo daquele barulho. Então, dei a ele meu recado, e disse pela ordem de quem eu o trouxera. Em seguida, ele disse que iria transmiti-lo para o governador e para Alma Humana, e eu voltei para vocês.

Então, o bravo Boanerges disse:

– Vamos aguardar um pouco em nossas trincheiras para ver o que esses rebeldes farão.

Quando se aproximou o tempo em que Alma Humana deveria conceder uma audiência a Boanerges e seus companheiros, uma ordem foi dada para que todos os homens de guerra, em todo o acampamento de Shaddai, ficassem preparados com suas armas como se fossem um único homem, caso a cidade de Alma Humana desse ouvidos, para recebê-los com misericórdia, mas, senão, para forçar uma rendição. Quando o dia chegou e as trombetas soaram, em todo o acampamento, os homens de guerra estavam prontos para o que tivesse de ser feito. Entretanto, quando os que estavam na cidade de Alma Humana ouviram o som das trombetas por todo o acampamento de Shaddai, pensando que seria para invadir a cidade, de início ficaram com o espírito atribulado, mas depois de se acalmarem também fizeram todas as preparações necessárias para uma guerra, a fim de se protegerem caso fossem atacados.

Quando o prazo máximo chegou, Boanerges estava decidido a ouvir a resposta da cidade; assim, enviou o mensageiro novamente, para convocar Alma Humana a ouvir a mensagem que eles haviam trazido da parte de Shaddai. Então, ele soou a trombeta, e os cidadãos apareceram, mas protegeram o Portão dos Ouvidos o máximo que conseguiram (Zc 7:11). Quando já haviam alcançado o topo do muro, o Capitão Boanerges desejou ver o Sr. Prefeito, mas o Sr. Incredulidade era o prefeito, pois havia ocupado o lugar do Sr. Desejos. Então Incredulidade se aproximou e apareceu sobre o muro; mas, quando o Capitão Boanerges o viu, perguntou em voz alta:

– Esse não é ele. Onde está o Sr. Entendimento, o antigo prefeito da cidade de Alma Humana, para entregar a ele minha mensagem?

Então disse o gigante – pois Diabolus também estava lá – para o capitão:

– Senhor Capitão, por sua ousadia você já entregou a Alma Humana pelo menos quatro avisos de que iria submetê-la ao seu Rei, cuja autoridade não conheço, nem vou discutir agora. Portanto, eu pergunto, qual é a razão de todo esse barulho? O que quer fazer, se é que você sabe?

Então, o Capitão Boanerges, a quem pertenciam as cores negras e cujo escudo eram os três trovões com relâmpagos, sem dar atenção ao gigante ou ao discurso dele, dirigiu-se à cidade de Alma Humana:

– Que seja conhecido por vocês, ó infeliz e rebelde Alma Humana, que o mais benevolente Rei, o grande Rei Shaddai, meu Mestre, enviou-me a vocês com uma missão. – E assim ele mostrou para toda a cidade seu largo selo. – A missão de submetê-los à obediência dele. E ordenou que eu, caso vocês se rendessem aos meus chamados, tratasse-os como se fossem meus amigos ou irmãos. Mas ele também ordenou que, se depois dos chamados à rendição vocês resistissem e se rebelassem, deveríamos nos empenhar para tomá-los à força.

Apresentou-se, então, o Capitão Convicção – suas cores eram pálidas, e como escudo ele possuía o livro da lei bem aberto (de onde saía uma chama de fogo) – e disse:

– Ouça, ó Alma Humana! Você, ó Alma Humana, certa vez foi conhecida por sua inocência, mas agora está degenerada em mentiras e enganos (Rm 3:3; 10-23; 16:17,18). Vocês ouviram o que meu irmão, o Capitão Boanerges, disse, e é sua sabedoria, e será sua felicidade humilhar-se e aceitar as condições de paz e misericórdia quando oferecidas, principalmente quando são oferecidas por aquele contra quem vocês se rebelaram e aquele que tem o poder de despedaçá-los, pois assim é Shaddai, nosso Rei. Quando ele se ira, nada pode segurá-lo (Sl 1:21,22). Se vocês disserem que não pecaram, ou que não agiram de forma rebelde contra nosso Rei, todos os seus atos desde que dispensaram seu serviço – e aí foi o início de seu pecado – já testificaram contra vocês. O que mais pode explicar vocês darem ouvidos ao tirano, e recebê-lo como rei? O que mais significa vocês rejeitarem as leis de Shaddai e obedecerem a Diabolus? Sim, o que significa o que fazem agora, armarem-se e fecharem os portões contra nós, fiéis servos de seu Rei? Decidam-se, então, e aceitem o convite de meu irmão, e não deixem passar o tempo da misericórdia, mas concordem rapidamente com seu inimigo (Lc 12:58,59). Ah, Alma Humana! Não sofra ao se afastar da misericórdia e ao mergulhar em milhares de misérias pelas astúcias de Diabolus. Talvez esse pedaço de engano tente fazê-los acreditar que buscamos nosso próprio benefício nisso que fazemos, mas saibam que é a obediência ao nosso Rei e amor à sua felicidade que são o motivo de nossa empreitada. Novamente digo a vocês, ó Alma Humana, considerem se não é por uma graça maravilhosa que Shaddai se humilha como ele tem feito. Ele, por meio de nossos argumentos com vocês, com súplica e doces persuasões, deseja que vocês se submetam a ele. Será que ele precisa de vocês como vocês precisam dele? Não, não. Mas Shaddai é misericordioso, e não quer que Alma Humana morra, e sim que volte para ele e viva (2Co 5:18-21).

Então, adiantou-se o Capitão Julgamento, cujas cores eram vermelhas, e que tinha como escudo uma fornalha ardente, e disse:

– Vocês, habitantes da cidade de Alma Humana, que viveram tanto tempo em rebelião e atos de traição contra o Rei Shaddai, saibam que não viemos até este lugar, desta forma, com uma mensagem de nossa própria mente, ou para vingar nossa própria batalha; foi o Rei, meu Mestre, que nos mandou para submetê-los à obediência dele, a quem vocês se recusam a render-se pacificamente, e temos a incumbência de fazê-los cumprir isso. Não pensem vocês, e nem permitam que o tirano Diabolus os persuada a pensar também, que nosso Rei, por seu poder, não é capaz de vencê-los e humilhá-los. Ele é o criador de todas as coisas, e, se toca as montanhas, elas fumegam. A porta de clemência do Rei não ficará sempre aberta, pois o dia em que queimará como um forno está diante dele, sim, e vem apressadamente, não dormirá (Ml 4:1 e 2Pe 2:3). Ó Alma Humana! É pouco aos seus olhos que o nosso Rei lhes ofereça sua misericórdia, e isso depois que tantas provocações? Sim, seu cetro dourado continua estendido para vocês, e ainda não fechará suas portas sobre vocês. Irão provocá-lo a fazê-lo? Se sim, considerem o que digo: Para vocês, a porta não estará para sempre aberta (Jó 36:14). Se disserem que não querem vê-lo, o julgamento está diante dele; portanto, confiem nele. Sim, porque há furor, guarda-te de que não sejas atingido pelo castigo violento, pois nem com resgate algum te livrarias dele (Jó 36:18). Estimaria ele suas riquezas? Não, nem ouro, nem todas as forças do poder. Ele já preparou seu trono para julgar (Sl 9:7). Ele virá com fogo, e com suas carruagens como um redemoinho, para retribuir com sua fúria e sua repreensão como chamas de fogo (Is 66:15). Portanto, ó Alma Humana, preste atenção, a fim de que a justiça e o julgamento não controlem vocês após o julgamento dos ímpios.

Então, enquanto o Capitão Julgamento discursava para a cidade de Alma Humana, alguns observaram que Diabolus tremeu, mas o capitão continuou em sua fala:

– Ó lamentável cidade de Alma Humana! Vocês ainda não abrirão seus portões para nos receber, nós, representantes do seu Rei, e que se alegrariam ao vê-los viver? Estará firme o seu coração? Estarão fortes as suas mãos, nos dias em que eu lidarei com vocês em julgamento? (Ez 22:14). Vocês suportarão ser forçados a beber, como quem bebe um vinho doce, da ira que nosso Rei tem preparado para Diabolus e seus anjos? Pensem logo, pensem.

Então, foi à frente o quarto capitão, o nobre Capitão Execução, e declarou:
– Ó cidade de Alma Humana! Certa vez maravilhosa, mas agora como um ramo sem frutos; antes, a satisfação dos nobres, mas, agora, uma habitação para Diabolus: ouçam-me atentamente também, e escutem as palavras que falarei a vocês em nome do grande Shaddai. Observem que o machado está colocado na raiz das árvores: portanto, toda árvore que não produzir bons frutos será cortada e lançada no fogo (Mt 3:7-10). Você, ó cidade de Alma Humana, tem sido essa árvore sem frutos; produz apenas espinhos e arbustos espinhosos. Esse fruto ruim já anuncia que vocês não são uma boa árvore. Suas uvas são uvas de fel, e seus cachos são amargos (Dt 32:32). Vocês se rebelaram contra seu Rei e vejam! Nós, o poder e a força de Shaddai, somos o machado colocado sobre as raízes de vocês. O que dizem? Para quem se voltarão? Falo novamente: digam-me, antes que o primeiro golpe seja dado, para quem se voltarão? Nosso machado deve primeiro ser colocado perto de suas raízes antes de diretamente nelas. Primeiro perto de suas raízes como forma de ameaças, antes de ser colocado nelas, como forma de execução. Entre esses dois momentos, é necessário seu arrependimento, e agora é todo o tempo que vocês têm. O que farão? Vocês se arrependerão, ou devo golpeá-los? Se eu desferir meu golpe, Alma Humana, vocês serão derrotados, pois tenho a incumbência de colocar meu machado perto de suas raízes e também nelas, e nada, além de vocês se submeterem ao nosso Rei, impedirá que eu realize a execução. A que estão dispostos, ó Alma Humana, à misericórdia ou serão derrubados, lançados ao fogo e queimados? Ó Alma Humana, paciência e tolerância não duram para sempre; um ano ou dois, ou três, talvez; mas, se alguém estimular uma rebelião por mais de três anos – e vocês já fizeram muito mais do que isso –, então o que mais se pode fazer a não ser cortá-lo? Sim, depois disso, você deverá cortá-lo (Lc 13:9). E vocês devem pensar que são apenas ameaças, ou que nosso Rei não tem poder para executar suas palavras?

Ó Alma Humana! Você descobrirá que, nas palavras do nosso Rei, quando há pecadores que as desprezam e menosprezam, não há apenas ameaças, e sim brasas ardentes. Vocês têm sido um peso morto há bastante tempo, e vão continuar a ser? Seu pecado trouxe este exército até seus muros, e deverá ele trazer julgamento e execução para dentro da cidade? Vocês ouviram o que os capitães disseram, mas seus portões permanecem fechados; fale, Alma Humana, vocês continuarão assim ou aceitarão as condições de paz?

A cidade de Alma Humana recusou-se a ouvir os corajosos discursos dos quatro nobres capitães, e um som rompeu contra o Portão dos Ouvidos, embora sua força não tenha conseguido abri-lo. A cidade desejou ter um tempo a fim de se preparar para responder a essas exigências. Então, os capitães disseram:

– Se os cidadãos entregarem Pausa Para Lamentos, que está na cidade, para nós o recompensarmos segundo suas obras, então daremos tempo para a cidade pensar; mas se não o lançarem sobre o muro de Alma Humana, então não daremos nada, pois nós sabemos que enquanto Pausa Para Lamentos estiver vivo em Alma Humana todas as boas considerações serão confundidas, e não haverá nada além de engano.

Então Diabolus, que estava presente, relutante em perder Pausa Para Lamentos, por ele ser seu porta-voz (e tinha certeza de que o perderia assim que os capitães colocassem as mãos sobre ele), estava decidido em responder-lhes por si só. Mas então, ao mudar sua mente, ele ordenou ao Sr. Prefeito, o Sr. Incredulidade, que o fizesse, dizendo:

– Meu senhor, dê uma resposta a esses vagabundos; e fale alto, para que Alma Humana consiga ouvi-lo e compreendê-lo.

Então Incredulidade, sob as ordens de Diabolus, começou a dizer:

– Cavalheiros, como podemos observar, e para a perturbação de nosso príncipe e incômodo da cidade de Alma Humana, vocês acamparam aqui contra nós. Mas não acreditamos de onde vocês vieram, e nem em quem são. De fato, afirmam em seu terrível discurso que têm essa autoridade de Shaddai, mas por qual direito ele os ordena a fazer isso, também não sabemos. Vocês também, pela autoridade já citada, intimaram esta cidade a abandonar o seu senhor; e, por proteção, a render-se ao grande Shaddai, seu Rei, elogiosamente dizendo-lhe que, se ela fizer isso, ele os ignorará e não os condenará por suas ofensas. Além disso, vocês também ameaçaram, para o terror da cidade de Alma Humana, com grande e dolorosa destruição, punir esta sociedade se não aceitarmos fazer como vocês querem. Agora, capitães, de onde quer que tenham vindo, e apesar de seus desígnios não serem tão corretos, saibam que nem meu Senhor Diabolus, nem eu, seu servo Incredulidade, nem nossa valente Alma Humana, daremos atenção a vocês, à sua mensagem ou ao Rei que vocês afirmam tê-los enviado: de seu poder, sua grandeza, sua vingança – nós não temos medo. E não iremos nos render ao seu chamado. Quanto à guerra que vocês ameaçam trazer contra nós, iremos nos defender como pudermos; e saibam que temos maneiras de lutarmos contra vocês. E, em resumo (pois não quero ser tedioso), digo a vocês que os consideramos um grupo de vagabundos que, livrando--se de toda a obediência ao seu Rei, reuniram-se de forma tumultuada e estão indo de um local a outro para ver se, por meio de elogios feitos com habilidades de um lado e, de outro, ameaças que pensam assustar, conseguem fazer alguma cidade, ou país, tola abandonar seu lugar e deixá-lo para vocês. Mas Alma Humana não é uma coisa nem outra. Para concluir, não tememos, não temos medo, e não vamos obedecer a suas convocações. Nossos portões permanecerão fechados para vocês, vamos manter distância; tampouco iremos tolerar que fiquem acampados diante de nós. Nosso povo deve viver em paz; sua presença não deve incomodá-lo (Lc 11:21). Portanto, levantem acampamento com todas as suas bagagens e vão embora, ou os atacaremos por cima dos muros.

 O discurso, feito por Incredulidade, foi seguido pelo desesperado Vontade Seja Feita:

– Cavalheiros, ouvimos suas exigências, e o barulho de suas ameaças, e o som de sua convocação, mas não temos medo de sua força. Não os vemos como ameaças, e permaneceremos como vocês nos encontraram. E ordenamos a vocês que, no período de três dias, parem de aparecer por essa região, ou saberão o que é ousar despertar o leão Diabolus quando este estava dormindo em sua cidade de Alma Humana.

O registrador, cujo nome era Esqueça O Bem, também acrescentou:

– Cavalheiros, meus senhores, como vocês podem ver, responderam seus discursos severos e raivosos com palavras leves e gentis. Além disso, ao meu ver, eles também lhes deram a oportunidade de partir da forma que vieram. Aceitem, portanto, sua bondade, e vão embora. Nós poderíamos tê-los atacado com nossas forças e tê-los feito sentir o golpe de nossas espadas; mas, como amamos a calmaria e o silêncio, não gostamos de ferir ou incomodar os outros.

Então, a cidade de Alma Humana gritou de alegria, como se Diabolus e seu grupo tivessem grande vantagem sobre os capitães. Também soaram os sinos e se alegraram, e dançaram sobre os muros. Diabolus também retornou para o castelo, e o Sr. Prefeito e o Sr. Registrador ao seu lugar. Mas o Sr. Vontade Seja Feita tomou o cuidado de verificar que os portões estivessem seguros com o dobro de guardas, de ferrolhos e trancas e de barras. E também, principalmente para que o Portão dos Ouvidos fosse o mais vigiado – pois era por ele que as forças do Rei queriam entrar –, o Sr. Vontade Seja Feita escolheu o Sr. Preconceito, um companheiro nervoso e com temperamento ruim, para capitão da guarnição daquele portão, e, sob sua autoridade, colocou mais sessenta homens, chamados Surdos, homens proveitosos por seu serviço, visto que não ouviam palavra alguma dos capitães ou de seus soldados.

# Capítulo cinco

Quando os capitães ouviram a resposta dos líderes e souberam que não conseguiriam uma audiência com os antigos moradores da cidade, além do fato de Alma Humana estar decidida a lutar com o exército do Rei, eles se prepararam não apenas para recebê-los, mas também para tentar conquistá-los pelo poder das armas. Primeiro, fortaleceram seu grupo contra o Portão dos Ouvidos, pois sabiam que, a menos que conseguissem penetrá-lo, nada de bom poderia ser feito pela cidade. Depois disso, posicionaram o restante de seus homens, e depois espalharam a palavra, que era: "É NECESSÁRIO NASCER DE NOVO". Então, soaram a trombeta e aqueles na cidade responderam, grito contra grito, acusação contra acusação, e a batalha começou. Os moradores da cidade haviam colocado duas grandes armas na torre acima do Portão dos Ouvidos, uma chamada Pretensão, e a outra, Precipitação. Eles confiavam muito nessas duas armas. Ambas foram criadas no castelo pelo ajudante de Diabolus, cujo nome era Soberba, e eram peças maquiavélicas. No entanto, quando os capitães as viram ficaram tão vigilantes e atentos que, embora alguns tiros passassem raspando em suas orelhas, não os feriam. Com essas armas, os cidadãos fizeram questão de incomodar o acampamento de Shaddai, e também de proteger o portão, mas eles não tinham muito para gabar-se pelo que fizeram, em virtude do que será descrito a seguir.

A famosa cidade de Alma Humana também possuía outras pequenas armas, e usaram algumas delas contra o acampamento de Shaddai.

Os homens do acampamento também agiram com bravura, e com muito valor, disparando contra a cidade e o Portão dos Ouvidos, pois perceberam que, a menos que conseguissem abri-lo, quebrariam o muro em vão. Os capitães do Rei haviam levado diversas atiradeiras e aríetes; com as atiradeiras, eles bombardearam as casas e pessoas da cidade, e, com os aríetes, tentaram abrir o Portão dos Ouvidos.

O acampamento e a cidade enfrentaram várias disputas e fortes encontros enquanto os capitães, com suas ferramentas, tentavam abrir o Portão dos Ouvidos ou derrubar a torre que estava sobre ele, para entrar. No entanto, Alma Humana o defendia tão vigorosamente, por meio da ira de Diabolus, da coragem do Sr. Vontade Seja Feita e da direção de Incredulidade, o prefeito, e do Sr. Esqueça O Bem, o registrador, que a carga e o dispêndio com essa guerra, do lado do Rei, mostrava-se quase perdida, e a vantagem parecia voltar para Alma Humana. Entretanto, quando os capitães viram como estava, resolveram recuar, e se fortificarem em seu acampamento de inverno. Para essa guerra, é necessário observar que houve muita perda dos dois lados, e espero que seja o bastante este breve relato que se segue.

Os capitães do Rei, quando marcharam da corte a fim de se levantarem contra Alma Humana para uma guerra, enquanto cruzavam o país, encontraram três jovens que tinham vontade de acompanhá-los como soldados. Eram homens distintos, e, aparentemente, homens de coragem e habilidade. Seus nomes eram Sr. Tradição, Sr. Sabedoria Humana e Sr. Invenção Do Homem. Desse modo, eles foram até os capitães e ofereceram seus serviços a Shaddai. Então, os capitães lhes contaram seus desígnios e os aconselharam a não se apressassem em sua oferta; os rapazes, entretanto, disseram-lhes que já haviam pensado nisso antes, e que, ao ouvirem que estavam em seu caminho para tal objetivo, foram até lá com o propósito de encontrá-los, a fim de que pudessem se alistar em suas forças. O Capitão Boanerges, ao ver que eram homens de coragem, alistou-os em sua companhia, e assim dirigiram-se para a guerra.

Quando ela começou, em um dos conflitos mais acirrados, ocorreu que uma companhia dos homens do Sr. Vontade Seja

Feita investiu contra a porta de saída da fortaleza, ou portão dos fundos da cidade, e atacou a retaguarda dos homens de Capitão Boanerges, no local onde estavam esses três homens, e os levou como prisioneiros para dentro da cidade. Estando presos há não muito tempo, começou um rumor pelas ruas da cidade de que o Sr. Vontade Seja Feita levara três notáveis homens como prisioneiros do acampamento de Shaddai. Logo a notícia sobre o que o Sr. Vontade Seja Feita realizara e sobre quem levara como prisioneiro chegou ao castelo de Diabolus. Então, Diabolus chamou Vontade Seja Feita para saber de fato o que havia acontecido. Ele lhe perguntou e este lhe respondeu. Em seguida, o gigante chamou os prisioneiros e lhes perguntou quem eles eram, de onde vinham e o que faziam no acampamento de Shaddai; os homens lhe responderam, e foram enviados para a prisão novamente. Poucos dias depois, Diabolus os chamou de novo, e perguntou se eles estavam dispostos a servi-lo, contra seus antigos capitães. Eles lhe disseram que não viviam tanto pela religião, e sim pelos passos da sorte, e, como ele estava disposto a recebê-los, eles deveriam estar dispostos a servi-lo. Enquanto isso acontecia, havia o Capitão Qualquer Coisa, um grande executor na cidade de Alma Humana, e Diabolus enviou os três homens para ele, com um bilhete em mãos que lhe dizia que aceitasse os homens em sua companhia. Este era o conteúdo da carta:

*Qualquer Coisa, meu querido, os três homens que carregam esta carta têm o desejo de me servir na guerra, e não há ninguém melhor que você para conduzi-los. Receba-os, pois, em meu nome e, conforme surgir a necessidade, use-os contra Shaddai e seus homens. Até breve.*

Ele, então, recebeu os homens e tornou dois deles sargentos, mas fez do Sr. Invenção Humana seu escudeiro. Mas já basta sobre isso, vamos voltar ao acampamento.

Os homens do acampamento também realizaram alguns ataques contra a cidade. Conseguiram destruir o telhado da casa do Sr. Prefeito, e o deixaram mais desprotegido do que antes. Com uma atiradeira, quase mataram o Sr. Vontade Seja Feita, mas este conseguiu se recuperar. No entanto, conseguiram matar alguns homens importantes entre os conselheiros da cidade. Com apenas um tiro, assassinaram seis deles: Sr. Ofensa, Sr. Prostituição, Sr. Fúria, Sr. Defende Mentiras, Sr. Embriaguez e Sr. Traição.

Eles também desmontaram as duas armas que estavam na torre sobre o Portão dos Ouvidos, e as derrubaram sobre o chão.

Eu lhes disse antes que os capitães do Rei haviam recuado para seu acampamento de inverno e lá fortaleceram a si mesmos e as suas carruagens, então, com mais vantagem para seu Rei, e grande incômodo para o inimigo, eles puderam emitir alertas adequados para a cidade de Alma Humana. E esse objetivo surtiu tanto efeito que fizeram tudo o que podiam para incomodar a cidade.

Assim, Alma Humana já não conseguia dormir tão seguramente como antes, e também não conseguia ir para sua libertinagem com o mesmo sossego de antes, pois do acampamento de Shaddai soavam alarmes frequentes, altos e assustadores; sim, um atrás do outro, primeiro em um portão, depois em outro, em seguida mais uma vez em todos os portões simultaneamente, e a cidade não conseguia ter paz. Sim, os alarmes eram tão frequentes, e isso quando as noites eram mais longas, o clima mais frio e, por consequência, a estação mais difícil de suportar, que o inverno para a cidade de Alma Humana foi incomparável. Algumas vezes as trombetas soavam, e, outras, as atiradeiras lançavam pedras na cidade. Às vezes, dez mil soldados do Rei corriam em volta dos muros de Alma Humana à meia-noite, gritando e erguendo a voz para a batalha. Às vezes, novamente, alguns dos cidadãos ficavam feridos, e sua voz de choro e lamento podia ser ouvida para a grande perturbação da agora abatida cidade de Alma Humana. Sim, os cidadãos estavam tão aflitos com aqueles que os atacavam que, ouso dizer, naqueles dias, o descanso de seu rei Diabolus fora quebrado.

Nesses dias, como fui informado, novos pensamentos, e pensamentos que iam um contra o outro, começaram a ocupar a mente dos homens da cidade de Alma Humana. Alguns diziam:
– Não há como viver assim.
Outros respondiam:
– Isso logo vai acabar.
Então, um terceiro homem se levantava e afirmava:
– Vamos voltar para o Rei Shaddai, e, assim, colocar um fim nesses problemas.
E um quarto homem se levantava, com temor, dizendo:
– Duvido que ele não nos receba.

O velho senhor também, o registrador da cidade antes de Diabolus tomar Alma Humana, começou a falar em voz alta, e suas palavras dirigiam-se à cidade de Alma Humana como estalos de um trovão. Não havia um som tão terrível para Alma Humana como esse, com o barulho dos soldados e gritos dos capitães.

Tudo começou a ficar raro para Alma Humana; tudo o que sua alma desejava estava afastando-se dela. Havia uma explosão sobre tudo o que era agradável nela, e fogo em vez de beleza. Rugas e alguns sinais da sombra da morte estavam sobre os habitantes de Alma Humana. E como Alma Humana seria feliz de desfrutar a tranquilidade e a satisfação da mente, mesmo na pior condição no mundo!

Durante esse mais profundo inverno, os capitães também enviaram, pelos lábios do mensageiro de Boanerges, uma convocação para Alma Humana render-se ao Rei, o grande Rei Shaddai. Fizeram isso uma, duas e três vezes; sem saber que em alguns momentos havia em Alma Humana uma disposição para render-se, se apenas recebesse um convite para fazê-lo. Sim, até onde consegui me informar, a cidade já teria se rendido para eles antes, se não fosse pela oposição de Incredulidade e a leviandade dos pensamentos do Sr. Vontade Seja Feita. Diabolus começou a enfurecer-se, pois Alma Humana não possuía um único pensamento quanto a render-se, e, desse modo, eles continuavam a sofrer com esses medos desconcertantes.

Eu disse há pouco que o exército de Alma Humana enviou essa convocação três vezes para a cidade, a fim de que ela se rendesse.

A primeira vez que o mensageiro foi até lá, levou palavras de paz, dizendo para a cidade:

– Os capitães, os nobres capitães de Shaddai, tiveram compaixão e lamentaram a miséria da desfalecente Alma Humana; e ficaram atribulados ao ver a cidade ficar no caminho de sua própria libertação. – E continuou dizendo: – Os capitães mandaram lhes dizer que, se a pobre Alma Humana se humilhasse, e retornasse, suas rebeliões e piores traições seriam perdoadas, e também esquecidas, pelo seu misericordioso Rei. – E os alertou: – Cuidado para que não fiquem em seu próprio caminho, para que não vão contra si mesmos e se transformem em perdedores por sua própria culpa. – E depois voltou para o acampamento.

Da segunda vez, o mensageiro os tratou com um pouco mais de severidade. Depois de soar a trombeta, declarou:

– Ao continuar em sua rebelião, apenas irritam e acendem o espírito dos capitães, e eles estão decididos a tomar Alma Humana, ou deixar seus ossos diante dos muros da cidade.

Ele foi novamente, pela terceira vez, e falou com eles de modo ainda mais severo, afirmando:

– Agora, como vocês foram tão terrivelmente profanos, eu não sei, não com certeza, se os capitães estão inclinados à misericórdia ou ao julgamento; eles apenas me enviaram para ordenar a vocês que abram o portão para eles. – E então retornou para o acampamento.

Essas três convocações, e principalmente as duas últimas, angustiaram tanto a cidade, que eles formaram um conselho, e o resultado foi o seguinte: que o Sr. Vontade Seja Feita deveria ir até o Portão dos Ouvidos e lá, com o som de uma trombeta, chamar os capitães do acampamento para uma negociação. Bem, o Sr. Vontade Seja Feita soou a trombeta sobre os muros, e os capitães se aproximaram em suas armaduras, assim como seus dez mil homens a seus pés. Então, os cidadãos disseram aos capitães que eles ouviram e consideraram suas convocações, e, assim, chegaram a um acordo com eles e com seu Rei Shaddai, mas em certos termos, artigos e propostas que, com seu príncipe e sob as ordens dele, foram escolhidos para apresentar – ou seja, sob esses termos, eles concordariam em ser um único povo.

1. Se os homens de sua própria companhia, como o então Sr. Prefeito e Sr. Esqueça O Bem, com seu corajoso Sr. Vontade Seja Feita, pudessem, abaixo de Shaddai, continuar como governadores da cidade, castelo e portões de Alma Humana.

2. Que nenhum homem que servia seu grande gigante Diabolus fosse expulso, por Shaddai, de sua casa, abrigo ou da liberdade que desfrutava na famosa cidade de Alma Humana.

3. Que lhes fosse garantido que toda a cidade de Alma Humana poderia desfrutar certos direitos e privilégios, como já fora dado a eles anteriormente e com os quais já conviviam sob o reinado de seu rei Diabolus, que agora era e por muito tempo havia sido seu único Senhor e grande defensor.

4. Que nenhuma lei, oficial e executor da lei novo tivesse poder algum sobre eles sem ser por sua própria escolha e consentimento.

– Essas são nossas propostas ou condições de paz; e, sob esses termos, nós nos submeteremos ao seu Rei – disseram eles.

No entanto, quando os capitães ouviram essa oferta fraca e medíocre da cidade de Alma Humana, bem como suas demandas altas e ousadas, fizeram novamente um discurso por meio de seu nobre capitão, o Capitão Boanerges:

– Ó habitantes da cidade de Alma Humana, quando ouvi sua trombeta soar para uma conversa conosco, posso dizer verdadeiramente que fiquei feliz; e, quando disseram que estavam dispostos a se submeter ao nosso Rei e Senhor, fiquei ainda mais feliz. No entanto, quando, por meio de suas cláusulas tolas e sofismas insensatos, vocês colocaram o enorme obstáculo de sua iniquidade diante de nossos olhos, então minha felicidade se transformou em tristeza e minha esperança de seu retorno, em temores desfalecentes. Imagino que Pausa Para Lamentos, o antigo inimigo de Alma Humana, tenha elaborado essas propostas que agora vocês apresentam para nós como termos de um acordo, mas elas não merecem ser ouvidas por nenhum homem que pretenda prestar serviço a Shaddai. Portanto, em conjunto, e com o mais alto desprezo, rejeitamos e recusamos tais coisas como a maior das iniquidades (2Tm 2:19). Mas, ó Alma Humana! Se vocês se entregarem em nossas mãos, ou melhor, nas mãos de nosso Rei, e confiarem que ele coloque as condições com vocês e para vocês, como parecer bom aos seus olhos – e ouso dizer que vocês as acharão muito vantajosas –, então os receberemos, e estaremos em paz com vocês. Mas, se não quiserem se entregar aos braços de Shaddai, nosso Rei, então tudo está igual a antes, e também sabemos o que devemos fazer.

Então Incredulidade, o Sr. Prefeito, gritou e disse:

– E quem, estando fora das mãos de seus inimigos, como vocês podem ver que estamos agora, seria tão tolo de retirar o bastão de sua própria mão para entregar a um desconhecido? Eu, de minha parte, nunca me submeterei a tal proposta sem limites. Nós conhecemos os modos e o temperamento de seu Rei? Alguns dizem que ele se ira com seus súditos se eles, por um fio de cabelo, saírem do caminho; e outros dizem que ele pede muito mais do que os homens podem dar. Portanto, parece, ó Alma Humana, ser sábio o que vocês fazem, de prestar muita atenção ao que fazer nesse assunto; pois, se vocês se renderem, entregar-se-ão a outro, e não pertencerão mais a vocês mesmos! Pois entregar-se a si mesmo para um poder ilimitado é a maior tolice do mundo. Agora vocês podem se arrepender, mas nunca poderão reclamar. No entanto, vocês sabem, de fato, quando forem dele, qual de vocês o rei irá matar, e qual de vocês ele deixará viver? Ou se ele não se livrará de todos nós, e chamará pessoas de seu próprio país para habitarem nesta cidade?

O discurso do Sr. Prefeito desfez tudo e lançou por terra toda a esperança de um acordo. Assim, os capitães retornaram a seu acampamento, a suas tendas e a seus homens, e o prefeito a seu castelo, e a seu rei.

Diabolus esperava por seu retorno, pois ouvira que eles estavam em suas posições. Então, quando o prefeito entrou na sala de estado, Diabolus o saudou:

– Bem-vindo, meu senhor. Como foram os assuntos entre vocês hoje?

Então o Sr. Incredulidade, com uma reverência, contou tudo o que havia acontecido, dizendo que os capitães de Shaddai haviam dito tal e tal coisa, e tal e tal coisa dissera ele. Diabolus ficou muito feliz ao ouvir tudo aquilo e falou:

– Meu Sr. Prefeito, meu fiel Incredulidade, já provei sua fidelidade mais de dez vezes, e nunca o encontrei mentindo. Prometo a você, se passarmos por esse ataque, entregá-lo um lugar de honra, uma posição muito melhor do que o Sr. Prefeito de Alma Humana. Tornarei você meu Representante Universal, e, ao meu lado, terá todas as nações em suas mãos. Sim, você colocará suas mãos sobre as nações e elas não poderão lhe resistir, assim como nenhum de nossos vassalos poderá caminhar em liberdade a não ser os que aceitarem segui-lo.

Depois de sair da presença de Diabolus como quem tivesse obtido um grande favor, o Sr. Prefeito dirigiu-se à sua habitação contente, e se encheu de esperança até chegar o tempo em que sua grandeza seria aumentada.

Mas agora, apesar de o Sr. Prefeito e Diabolus terem concordado, isso causou repulsa nos bravos capitães de Alma Humana, que se revoltaram, pois, enquanto o velho Incredulidade ia para o castelo a fim de congratular o seu Senhor com o que acontecera, o antigo Sr. Prefeito, anterior à chegada de Diabolus, ou seja, o Sr. Entendimento, e o antigo registrador, o Sr. Consciência, ao ouvirem o que acontecera no Portão dos Ouvidos – pois você deve imaginar que eles não suportariam estar naquele debate, a fim de que não suscitassem um motim contra os capitães; mas, como disse, chegaram a inteirar-se do que ocorrera ali e ficaram muito preocupados –, reuniram alguns cidadãos, começaram a persuadi-los sobre o bom senso das exigências dos nobres capitães e sobre as más consequências que se seguiriam ao discurso de Incredulidade, o Sr. Prefeito – ou seja, como ele havia demonstrado pouco respeito tanto para com os capitães quanto para seu Rei; e, também, como os acusara implicitamente de infidelidade e traição.

– Pois o que mais pode ser depreendido de suas palavras – disseram eles – quando disse que não iria render-se às suas propostas? Além disso, acrescentou uma suposição de que iria nos destruir quando antes já nos enviara uma mensagem dizendo que seria misericordioso conosco.

Com a multidão convencida do mal que Incredulidade havia causado, as pessoas começaram a correr para todos os lugares, e em todas as esquinas das ruas de Alma Humana; primeiro, começaram a sussurrar, depois, a falar abertamente, e, depois disso, corriam de um lado para o outro, gritando:

– Ó bravos capitães de Shaddai! Queremos estar sob o governo de vocês e de Shaddai, seu Rei.

Quando o Sr. Prefeito soube que a cidade de Alma Humana encontrava-se em alvoroço, desceu para acalmar o povo, e pensava ter suprimido a fúria deste com a grandeza e a presença de seu semblante. No entanto, quando os cidadãos o viram, correram em sua direção e com certeza teriam lhe feito mal se ele não tivesse voltado para casa. No entanto, os homens da cidade atacaram a casa onde ele estava a fim de destruí-la completamente, mas, como o lugar era forte demais, fracassaram em sua tentativa. Então, tomando coragem, ele se dirigiu ao povo por uma janela, dizendo:

– Cavalheiros, qual é a razão para tal alvoroço hoje?

Então respondeu o Sr. Entendimento:

– Isso tudo é porque você e seu mestre não agiram corretamente, como deveriam, com os capitães de Shaddai, pois em três coisas vocês falharam. Primeiro, por não permitirem que eu e o Sr. Consciência estivéssemos presentes na audiência. Segundo, ao propor tais termos de paz aos capitães que de forma alguma poderiam ser concedidos, a não ser que eles pretendessem que Shaddai fosse apenas um príncipe titular, e que Alma Humana ainda possuísse pela lei o poder de viver em toda a lascívia e vaidade diante dele, e, por consequência, que Diabolus continuaria rei em poder, e o outro, apenas em nome. Terceiro, pelo que você fez por si mesmo, depois que os capitães haviam demonstrado sob quais condições eles teriam nos recebido em misericórdia, mas que você desfez com seu discurso desagradável, atípico e ímpio.

Quando o velho Incredulidade ouviu esse discurso, ele gritou:

– Traição, traição! Às armas, às armas, ó fiéis amigos de Diabolus na cidade de Alma Humana!

ENTENDIMENTO: Senhor, você pode colocar o significado que desejar sobre minhas palavras, mas estou certo de que os capitães de um Senhor tão nobre quanto o deles mereciam um tratamento melhor de sua parte.

Então o velho Incredulidade disse:

– Assim está um pouco melhor. Mas, senhor, o que falei, o fiz em nome de meu príncipe, de seu governo e para aquietar o povo, que, por meio de suas ações ilegais, você colocou em um motim contra nós.

Então respondeu o Sr. Registrador, cujo nome era Sr. Consciência:

– Senhor, você não deve retrucar tudo o que o Sr. Entendimento disse. É evidente que ele falou a verdade e que você é um inimigo para Alma Humana. Convença-se, então, do mal que há em sua língua insolente e petulante, bem como da tristeza que colocou sobre os capitães. Sim, e dos danos que, por consequência, causou a Alma Humana. Se você tivesse aceitado as condições, o som de trombetas e o alarme de guerra já teriam cessado sobre a cidade de Alma Humana; mas esse terrível som permanece, e sua busca por sabedoria em seu discurso é a causa.

Então Incredulidade disse:

– Senhor, se eu viver, levarei sua mensagem para Diabolus, e lá você terá uma resposta para suas palavras. Enquanto isso, buscaremos o bem da cidade, e não pediremos sua opinião.

ENTENDIMENTO: Senhor, você e seu príncipe são ambos estrangeiros para Alma Humana, não nativos dela. E quem pode negar que nos colocaram em maiores dificuldades? Quando vocês mesmos virem que só poderão estar seguros se voarem, talvez nos deixem para trás e defendam-se sozinhos, ou incendeiem a cidade e vão embora na fumaça, ou pela luz do fogo, e nos deixem em nossas ruínas.

INCREDULIDADE: Senhor, você se esqueceu de que está sob um governador, e de que deve se rebaixar como um súdito; e saiba você que, quando meu senhor, o rei, ouvir sobre esse dia, ele lhe dará um pequeno agradecimento por seu trabalho.

Enquanto esses cavalheiros estavam em suas gritarias, dos muros e portões da cidade desceu o Sr. Vontade Seja Feita, o Sr. Preconceito, Sr. Pausa Para Lamentos e diversos homens recém-feitos conselheiros e deputados, e perguntaram a razão do rebuliço e do tumulto. Com isso, todos começaram a contar sua própria versão, então não era possível ouvir nada claramente. Desse modo, ordenou-se que se fizesse silêncio, e a velha raposa Incredulidade começou a falar.

– Meu senhor – disse ele –, aqui estão alguns homens impertinentes, que têm, como fruto de suas más intenções e, como eu temo, por meio do conselho de um certo Sr. Descontente, tumultuosamente reunido essa multidão contra mim neste dia, e também tentaram levantar a cidade em atos de rebelião contra nosso príncipe.

Então se levantaram todos os diabolianos presentes, e afirmaram que tudo isso era verdade.

Quando aqueles que estavam ao lado de Entendimento e do Sr. Consciência perceberam que tudo iria piorar, pois a força e o poder estavam do outro lado, aproximaram-se para oferecer ajuda e alívio; então, havia uma grande companhia de ambos os lados. Assim, aqueles ao lado de Incredulidade quiseram levar os dois cavalheiros para a prisão, mas os homens do outro lado disseram que eles não deveriam fazer isso. Desse modo, começaram a gritar novamente. Os diabolianos gritavam por

Incredulidade, Esqueça O Bem, os novos líderes e seu grande Diabolus. O outro lado gritava por Shaddai, os capitães, suas leis, sua misericórdia e aplaudiam suas propostas e caminhos. Logo, a discussão foi além e passou de palavras para golpes, e agora havia pancadas nos dois lados. O bom cavalheiro, Sr. Consciência, foi derrubado duas vezes por um dos diabolianos, cujo nome era Sr. Entorpecimento; e o Sr. Entendimento teria sido morto por um arcabuz, mas quem o disparou não mirou direito. O outro lado também não escapou, pois havia o Sr. Precipitado, um diaboliano que teve o cérebro lançado para fora da cabeça pelo Sr. Mente, o servo do Sr. Vontade Seja Feita. Eu ri quando vi que o Sr. Preconceito levou um chute e caiu na lama, pois um pouco antes ele fora colocado como capitão de uma companhia de diabolianos, para o dano e prejuízo da cidade, mas agora estava sob seus pés, e, posso garantir a vocês, a coroa dele foi feita em pedaços por alguém do lado do Sr. Entendimento. O Sr. Coisa Alguma também se tornou um homem agressivo em meio à luta, mas os dois lados estavam contra ele, por não ser fiel a nenhum dos dois. Ainda assim, por sua petulância, uma de suas pernas foi quebrada, mas quem o fez gostaria que tivesse sido o pescoço. Houve muito mais danos dos dois lados, mas isso não deve ser esquecido. Era de espantar ver o Sr. Vontade Seja Feita tão indiferente; ele não parecia defender nem um lado, nem o outro, só se observou nele um sorriso ao ver o velho Preconceito ser lançado na lama. Além disso, ele mal notou quando o Capitão Coisa Alguma veio mancando em sua direção.

## CAPÍTULO seis

**QUANDO O TUMULTO ACABOU,** Diabolus chamou o Sr. Entendimento e o Sr. Consciência, e colocou os dois na prisão, como os cabeças e líderes desse pesado conflito em Alma Humana. A cidade, então, tornou-se calma novamente, e os prisioneiros foram tratados com dureza. Sim, ele pensou tê-los afastado, mas aquele momento crítico não serviu para esse propósito, pois a guerra já estava em todos os portões.

Vamos, no entanto, retornar à nossa história. Os capitães, depois que voltaram do portão para o acampamento, convocaram um concílio de guerra, a fim de consultar o que deveriam fazer em seguida. Alguns disseram:

– Vamos subir agora mesmo, e atacar a cidade.

A maioria, porém, pensou que seria melhor dar-lhes outras oportunidades para se render. E o motivo pelo qual pensavam que seria melhor fazer isso era porque, até onde conseguiam perceber, a cidade de Alma Humana estava agora mais inclinada a render-se do que antes.

– E se – disseram eles –, enquanto alguns deles estão propensos a render-se, nós, por nossa aspereza lhes desagradarmos, talvez poderíamos afastá-los da ideia de aceitar nossas convocações do que gostaríamos de fazer.

Portanto, eles concordaram com esse conselho e, chamando o mensageiro, colocaram as palavras em sua boca, prepararam o momento e o enviaram. Não haviam se passado muitas horas quando o mensageiro saiu em sua jornada. Ao subir no muro da cidade, seguiu em direção ao Portão dos Ouvidos, e lá soou a trombeta, como ordenado. Então, os que estavam dentro da cidade saíram para ver do que se tratava, e o mensageiro fez o discurso:

– Ó Alma Humana, cidade deplorável e de coração duro, por quanto tempo você ainda amará sua simplicidade pecadora e, tola, terá prazer em seu desprezo? Ainda despreza as ofertas de paz e libertação? Ainda recusará as ofertas de ouro de Shaddai, e confiará nas mentiras e falsidades de Diabolus? Vocês pensam que quando Shaddai conquistá-los a lembrança de suas ações para com ele trarão paz e conforto, ou creem que com uma linguagem ríspida vocês conseguem assustá-lo, como um gafanhoto? Deveria ele implorar a vocês, por medo? Julgam-se mais fortes que ele? Olhem para o céu, e observem as estrelas, quão altas são? Vocês podem interromper o Sol de seguir seu curso, e impedir que a Lua entregue sua luz? Vocês conseguem contar o número de estrelas ou despejar os cântaros do céu? Conseguem chamar as águas do mar e fazê-las cobrir a face da terra? Vocês conseguem ver todos os homens que são orgulhosos e humilhá-los, e cobrir seus rostos no secreto? Pois essas são algumas das obras de nosso Rei, em nome de quem vimos até vocês neste dia, para que se submetam à sua autoridade. Portanto, em seu nome, eu novamente os convoco a renderem-se aos capitães dele.

A essa convocação, os alma-humanianos pareceram ficar em dúvida, sem saber o que responder. Logo Diabolus apareceu e decidiu ele mesmo dar a resposta, e assim começou, mas fazendo seu discurso para os cidadãos de Alma Humana.

Disse ele:

– Cavalheiros e meus fiéis súditos, se é verdade o que esse mensageiro diz sobre a grandeza de seu Rei, por medo vocês sempre serão mantidos escravos, e obrigados a agir furtivamente. Sim, como vocês, agora, embora ele esteja longe, suportam pensar em alguém tão poderoso? E se não suportam pensar nele enquanto está longe, como suportarão estar em sua presença? Eu, seu príncipe, sou conhecido de vocês, e podem brincar comigo como o fariam com um gafanhoto. Considerem, então, o que é melhor para vocês, e lembrem-se das isenções que eu lhes garanti. Além disso, se tudo o que esse homem disse for verdade, como podem todos os súditos de Shaddai serem tão escravizados em todos os lugares de onde vêm? Ninguém em todo o Universo é tão infeliz quanto eles, ninguém tão maltratado quanto eles. Considere, minha Alma Humana; vocês seriam tão infelizes por me deixar quanto eu ficaria por deixá-los. Mas pensem, eu repito, a bola ainda está no seu campo; vocês têm liberdade, se souberem usá-la. Sim, também têm um rei, se puderem dizer como amá-lo e obedecer a ele.

Com esse discurso, a cidade de Alma Humana endureceu mais ainda o coração contra os capitães de Shaddai. O pensar em sua grandeza os esmagou, e o pensar em sua santidade os afundou em desespero. Assim, após uma curta conversa, os homens (da parte dos diabolianos) enviaram sua resposta ao mensageiro, dizendo que, da parte deles, estavam decididos a permanecer com seu rei e nunca se render a Shaddai, e que, portanto, era em vão oferecer-lhes mais convocações, pois eles preferiam morrer naquele lugar a se render. Assim, tudo parecia ter retrocedido, e Alma Humana estar fora de alcance, mas, os capitães, que sabiam o que o seu Senhor podia fazer, não se sentiram desanimados em seu coração. Portanto, enviaram outras convocações, mais veementes e severas do que a anterior; mas, quanto mais recebiam as convocações, mais eles se distanciavam de se reconciliar com Shaddai. "Quanto mais eram chamados, mais eles se afastavam"; sim, "embora fossem chamados ao Altíssimo" (Os 11:2,7).

Então os capitães deixaram de tratar com eles dessa maneira, e começaram a pensar em outra. Reuniram-se para uma conferência entre si, a fim de saber o que ainda deveria ser feito para conquistar a cidade, e para libertá-la da tirania de Diabolus; um dizia uma forma, outro dizia outra. Então, levantou-se o nobre Capitão Convicção e falou:

– Meus irmãos, minha opinião é esta: primeiro, vamos continuar usando nossas atiradeiras contra a cidade, e manteremos os alarmes constantes, incomodando-os dia e noite. Ao fazer isso, impediremos o crescimento de seu espírito exaltado, pois até um leão pode ser domado se for incomodado continuamente. Feito isso, aconselho que, em seguida, unidos, nós escrevamos uma petição para o nosso Senhor Shaddai, pela qual, depois de demonstrar a nosso Rei a condição de Alma Humana e a situação aqui, e depois de pedir o seu perdão por nossa missão malsucedida, imploraremos sinceramente pela ajuda de nossa Majestade, e que ele nos envie mais força e poder bélico, e algum comandante valente e de boa fala para liderá-los, a fim de que Sua Majestade não perca o benefício desses bons começos, e complete sua conquista da cidade de Alma Humana.

Todos consentiram com esse discurso do nobre Capitão Convicção, e concordaram em elaborar uma petição e enviá-la rapidamente a Shaddai. O conteúdo da petição era o seguinte:

*Gracioso e glorioso Rei, o Senhor do melhor mundo, e o construtor da cidade de Alma Humana, nós colocamos, ó Soberano, seguindo suas ordens, nossa vida em risco, e, sob sua orientação, levantamos uma guerra contra a famosa cidade de Alma Humana. Quando nos aproximamos dela, primeiro oferecemos as condições de paz, de acordo com nossa comissão. Mas eles, grande Rei, desprezaram nosso conselho e não aceitaram nossa repreensão. Escolheram fechar os portões e nos manter fora da cidade. Eles também prepararam suas armas e investiram contra nós, e nos fizeram todo dano que conseguiram; mas os persuadimos com alarme após alarme, retribuindo da mesma maneira como fomos tratados, e realizamos alguns ataques contra a cidade.*

*Diabolus, Incredulidade e Vontade Seja Feita são os grandes executores contra nós. Agora estamos em nossos abrigos de inverno, mas continuamos incomodando e enfraquecendo a cidade.*

*Se apenas tivéssemos, como havíamos imaginado, um amigo em potencial dentro da cidade, que repetisse o som de nossas convocações como deveria, o povo talvez já tivesse se rendido, mas não há ninguém além de inimigos lá, e ninguém para falar em nome de nosso Senhor dentro da cidade. Portanto, embora tenhamos feito tudo o que podíamos, Alma Humana continua em estado de rebelião contra o Senhor.*

*Agora, Rei dos reis, que apraza ao senhor perdoar ao fracasso de seus servos, que não têm sido úteis em trabalho tão desejável quanto a conquista de Alma Humana. E envie, Senhor, como nós agora pedimos, mais forças para Alma Humana, a fim de que seja subjugada, e um homem para liderá-las, o qual a cidade possa amar e temer. Não falamos porque estamos dispostos a abandonar a guerra (pois somos a favor de deixar nossos ossos contra a cidade), mas para que Alma Humana seja conquistada para Sua Majestade. Também oramos, Majestade, para que, depois dessa conquista, tenhamos liberdade para ser enviados em outras campanhas de acordo com seus graciosos desígnios. Amém.*

Escrita a petição, ela foi enviada rapidamente ao Rei pelas mãos do bom homem chamado Sr. Amor Por Alma Humana.

Quando a petição chegou ao palácio do Rei, a quem mais poderia ser entregue, a não ser ao Filho do Rei? Ele a leu, e por seu conteúdo lhe agradar, ele a corrigiu e também acrescentou algumas coisas à petição. Então, após ter feito tantas emendas e adições quanto achou conveniente, com suas próprias mãos ele a entregou ao Rei, a quem, após a entrega reverente, colocou em autoridade e falou por si mesmo.

O Rei, ao ver a petição, alegrou-se; mas imagine o quanto mais ele ficou feliz ao vê-la endossada por seu filho! Também lhe agradou saber que seus servos que acamparam contra Alma Humana estavam com o coração na missão, e firmes em suas resoluções, além de já terem ganhado algum terreno na famosa cidade de Alma Humana.

Então, o Rei chamou Emanuel, seu filho, que disse:
– Aqui estou, meu Pai.
Então disse o Rei:
– Você conhece, assim como eu, a condição da cidade de Alma Humana, e o que nós propusemos, e o que você já fez para redimi-la. Venha, meu Filho, e se prepare para a guerra, pois você deverá ir para meu acampamento em Alma Humana. E lá, deverá prosperar e prevalecer, e conquistar a cidade de Alma Humana.

Então respondeu o Filho do Rei:
– Sua lei está em meu coração: eu me agrado em fazer a sua vontade. Esse é o dia por que tanto esperei, e a obra que aguardei todo esse tempo. Conceda-me, então, a força que, em sua sabedoria, é a correta, e eu irei, e libertarei Alma Humana de Diabolus e seu poder. Meu coração tem doído dentro de mim pela miserável cidade de Alma Humana, mas agora ele se alegra, agora está feliz.

E, com isso, ele saltou as montanhas com alegria, dizendo:
– Em meu coração, não pensei em nada muito doce para Alma Humana: o dia da vingança está em meu coração, minha Alma Humana. E estou feliz que o Senhor, meu Pai, tornou-me capitão de sua salvação. E agora começarei a amaldiçoar todos aqueles que têm sido maldição para minha cidade de Alma Humana, e a libertarei das mãos deles.

Depois que o Filho do Rei falou isso a seu Pai, a notícia voou imediatamente como um raio por todas as partes do reino. Sim, o único assunto era o que Emanuel faria pela famosa cidade de Alma Humana. Mas é difícil imaginar como os cortesãos também ficaram tocados por esse desígnio do Príncipe. Sim, ficaram tão afetados por essa obra, e pela justiça da guerra, que o mais alto líder e maior membro da nobreza do reino desejou ter comissões sob a liderança de Emanuel a fim de ajudar a reconquistar a miserável cidade de Alma Humana para Shaddai novamente.

Então, concluiu-se que alguns deveriam ir e levar ao acampamento as notícias de que Emanuel iria até lá para recuperar Alma Humana, e que levaria consigo uma força tão poderosa e invencível que ninguém poderia resistir a ela. Mas, ó como os nobres da corte queriam correr como criados para levar essas notícias para o acampamento que estava em Alma Humana. Quando os capitães souberam que o Rei mandaria Emanuel, e que agradava ao Filho ser enviado nessa missão pelo grande Shaddai, seu Pai, eles também, para mostrarem como se sentiam felizes com o pensamento de sua vinda, deram um grito que fez a terra tremer. Sim, as montanhas responderam com um eco, e o próprio Diabolus agitou-se e tremeu.

Você deve saber que, apesar de a cidade de Alma Humana em si não estar muito preocupada, se é que estava, com o projeto (ai, deles! Estavam terrivelmente embriagados, pois só olhavam para seu próprio prazer e desejos), Diabolus ainda era seu governador; ele possuía espiões do lado de fora responsáveis por lhe levar informações sobre todas as coisas e dizer o que estava sendo preparado na corte contra ele, e informou-lhe que Emanuel chegaria em breve com uma força para invadir. Não havia nenhum homem na corte, e nenhum nobre no reino a quem Diabolus temia tanto quanto a esse Príncipe; pois, se você se lembra, já contei antes que Diabolus sentiu o peso de suas mãos; então, saber que ele iria até a cidade o fez temer ainda mais.

Bem, você pode ver, como eu disse, que o Filho do Rei estava envolvido em sair da corte para salvar Alma Humana, e que seu Pai o tornara Capitão das forças. Ao terminar o tempo de sua preparação, ele se dirigiu em sua marcha e levou com ele, para seu poder, cinco nobres capitães e suas forças.

1. O primeiro era aquele famoso capitão, o nobre Capitão Crédito. Suas cores eram avermelhadas, e o Sr. Promessa as carregava. Como escudo, ele tinha o cordeiro santo e um escudo dourado; contava com dez mil homens a seus pés.

2. O segundo era aquele famoso capitão, o Capitão Boa Esperança. Suas cores eram azuladas; seu porta-estandarte era o Sr. Expectativa, e como escudo ele tinha três âncoras douradas; contava com dez mil homens a seus pés.

3. O terceiro era o valente capitão, o Capitão Caridade. Seu porta-estandarte era o Sr. Compassivo. Suas cores eram verdes, e como escudo ele tinha três órfãos nus, abraçados; contava com dez mil homens a seus pés.

4. O quarto era o galante comandante, o Capitão Inocente. Seu porta-estandarte era o Sr. Inofensivo. Suas cores eram brancas, e como escudo ele tinha três pombas douradas.

5. O quinto era o verdadeiramente leal e muito amado capitão, o Capitão Paciência. Seu porta-estandarte era o Sr. Longo Sofrimento. Suas cores eram negras, e como escudo ele tinha três flechas atravessando o coração dourado.

Esses eram os capitães de Emanuel, esses eram seus porta-bandeiras, suas cores e seus escudos; e esses, os homens sob seu comando. Então, como eu disse, o bravo Príncipe começou sua marcha em direção à cidade de Alma Humana. O Capitão Crédito liderava o grupo, e o Capitão Paciência ia na retaguarda. Sendo assim, os outros três, com seus homens, formavam o corpo principal, o próprio Príncipe conduzindo sua carruagem à frente de todos.

Quando eles saíram em marcha, ó como as trombetas soavam, suas armaduras brilhavam e as cores balançavam com o vento! A armadura do Príncipe era toda de ouro, e brilhava como o sol no firmamento; as armaduras dos capitães eram firmes e pareciam estrelas reluzentes. Havia alguns cortesãos também que conduziam os voluntários pelo amor que tinham pelo Rei Shaddai e pela feliz libertação da cidade de Alma Humana.

Quando saiu para recuperar a cidade de Alma Humana, Emanuel levou consigo, sob ordens do seu Pai, cinquenta e quatro aríetes e doze atiradeiras para lançar pedras. Todos esses itens eram feitos de ouro puro, e os homens os carregavam com eles, no coração e no corpo de seu exército, durante todo o trajeto até Alma Humana.

Então marcharam até chegar a uma légua da cidade; ali, permaneceram até que os quatro primeiros capitães se aproximassem para atualizá-los com notícias. Então, continuaram a jornada até Alma Humana, e ali chegaram. No entanto, quando os antigos soldados que estavam no acampamento viram que vinham mais tropas para juntar-se a eles, deram novamente um grito diante dos muros da cidade de Alma Humana, o qual amedrontou ainda mais Diabolus. Então, sentaram-se diante da cidade, não como os quatro capitães fizeram, ou seja, somente contra os portões de Alma Humana, mas a cercaram por todos os lados, e a sitiaram por trás e por diante, dessa forma, por todos os lugares que Alma Humana quisesse olhar, ela veria força e poder sitiados contra ela. Além disso, havia montes alinhados contra a cidade. O Monte Gracioso estava em um lado, e o Monte Justiça, do outro. Também havia diversas barreiras pequenas e ondulações de solo, como o Morro da Verdade Franca e a Barreira Não ao Pecado, onde muitas das atiradeiras foram colocadas contra a cidade. Sobre o Monte Gracioso havia quatro delas, e sobre o Monte Justiça também, e o restante foi convenientemente colocado em diversas partes ao redor da cidade. Cinco dos melhores aríetes, ou seja, dos maiores deles, foram colocados sobre o Monte Ouvir Atentamente, um monte localizado bem ao lado do Portão dos Ouvidos, com a intenção de abri-lo à força.

Quando os homens da cidade viram a multidão de soldados que se levantaram contra ela, bem como as armas e atiradeiras, e os montes onde estavam plantados, e também o brilho das armaduras e o balançar de suas cores, foram obrigados a mudar seus pensamentos diversas vezes. Mas quase não alteraram seus pensamentos para outros mais valentes, e sim para mais fracos, pois, embora eles pensassem antes que estavam seguros o bastante, agora começavam a pensar que nenhum homem sabia o que seria sua sorte ou sina.

Quando o bom Príncipe Emanuel terminou de sitiar Alma Humana, ele primeiro hasteou a bandeira branca, que quis posicionada entre as atiradeiras douradas colocadas no Monte Gracioso. E ele fez isso por duas razões: 1. Para avisar Alma Humana que poderia ser, e seria, misericordioso se voltassem para ele. 2. Para que não os deixasse com dúvidas quanto à destruição deles caso continuassem em sua rebeldia.

Então a bandeira branca, com três pombas douradas, permaneceu hasteada durante dois dias inteiros, a fim de dar à cidade tempo e espaço para considerar; mas eles, como indicado anteriormente, como se não estivessem nem um pouco preocupados, não deram resposta alguma ao sinal favorável do Príncipe.

Então ele ordenou, e os homens hastearam a bandeira vermelha sobre o monte chamado Justiça. Era a bandeira vermelha do Capitão Julgamento, cujo escudo era uma fornalha ardente; essa bandeira também ficou balançando diante deles por diversos dias. Mas, assim como agiram com a bandeira branca, quando esta foi hasteada, agiram com a bandeira vermelha; e, mesmo assim, ele não se aproveitou deles.

Quando o Príncipe ordenou novamente a seus servos que hasteassem a bandeira negra, cujo escudo eram três relâmpagos flamejantes, em desafio contra eles, Alma Humana continuou indiferente a isso, como antes. Então, quando o Príncipe percebeu que nem a misericórdia nem o julgamento, nem a execução desse julgamento iria ou poderia alcançar o coração de Alma Humana, ele foi tocado por muito pesar, e disse:

– Certamente essa estranha atitude da cidade de Alma Humana é fruto da ignorância sobre as formas e esquemas de guerra, e não de uma provocação contra nós e desdém por suas próprias vidas; ou eles conhecem os próprios hábitos de guerra, e não os rituais e cerimônias das guerras em que estamos envolvidos, como as guerras que faço contra meu inimigo, Diabolus.

Assim, Emanuel enviou a mensagem para a cidade de Alma Humana, a fim de avisar-lhes o que ele queria dizer com esses sinais e cerimônias da bandeira; e também para saber deles o que escolheriam, se a graça e a misericórdia, ou julgamento e execução. Tudo isso enquanto os homens mantinham os portões fechados com trancas, ferrolhos e barras, o mais rápido que podiam. Eles também dobraram o número de guardas e reforçaram sua vigilância o máximo possível. Além disso, Diabolus reuniu toda a força que podia para encorajar a cidade a resistir.

Os cidadãos também responderam ao mensageiro do Príncipe, em resumo, com o que se segue:

– Grande Senhor, quanto ao que sinalizou para nós por meio de seu mensageiro, se vamos aceitar sua misericórdia ou cair por sua justiça, estamos limitados pela lei e costume deste lugar, e não podemos lhe dar resposta positiva, pois é contra a lei, o governo e a prerrogativa real de nosso rei fazer paz ou guerra sem ele. Mas faremos o seguinte: pediremos ao nosso príncipe que venha até o muro, e ali dê o tratamento que achar adequado e vantajoso para nós.

Quando o bom Príncipe Emanuel ouviu essa resposta e viu a escravidão e a servidão do povo, e o quanto eles estavam contentes em permanecer nas correntes do tirano Diabolus, seu coração ficou em luto. E, de fato, quando percebia, em qualquer momento, que os homens estavam satisfeitos sob a escravidão do gigante, sentia-se abalado.

No entanto, voltemos novamente ao nosso relato. Quando a cidade levou essas notícias a Diabolus, e lhe disse que o Príncipe, presente no acampamento, esperava uma resposta da parte deles, recusou-se a fazê-lo e bufou o quanto pôde, mas, em seu coração, ele estava com medo.

Então disse:

– Eu mesmo vou descer aos portões e darei a ele uma resposta que achar adequada.

Sendo assim, ele desceu até o Portão da Boca, e ali falou a Emanuel (mas em uma língua que ninguém na cidade entendia):

– Ó grande Emanuel, Senhor de todo o mundo, eu o conheço, sei que você é o Filho do grande Shaddai! Por que então vem me atormentar e me tirar de minha possessão? Esta cidade de Alma Humana, como você sabe muito bem, é minha, e isso por um direito duplo. Em primeiro lugar, ela é minha por direito de conquista; eu a ganhei em campo aberto; deverá a presa ser retirada do poderoso, ou aquele que foi preso legalmente deverá ser liberado? Em segundo, a cidade de Alma Humana é minha também por sua sujeição. Eles abriram o portão de sua cidade para mim; juraram fidelidade a mim, e escolheram abertamente que eu fosse Rei deles. Também entregaram seu castelo em minhas mãos; sim, submeteram toda a força de Alma Humana a mim. Além disso, esta cidade o negou, sim, eles rejeitaram sua lei, seu nome, sua imagem e tudo o que é seu, e deixaram para trás, e aceitaram e abriram espaço para minha lei, meu nome, minha imagem e tudo o que é meu. Pergunte a qualquer um de seus capitães e eles lhe dirão que Alma Humana já demonstrou, como resposta a todas as suas convocações, amor e lealdade para mim, mas sempre desdém, desprezo e desrespeito para o que é seu. Agora, você é O Justo e O Santo, e não deve cometer iniquidade alguma. Sendo assim, eu peço que vá embora, e deixe-me em paz com minha herança legítima.

O discurso foi feito na língua do próprio Diabolus, pois, embora ele pudesse falar no próprio idioma de qualquer homem (senão não poderia tentá-los como deveria), possuía uma língua própria, e era a língua da caverna infernal, ou do poço negro.

Sendo assim, a cidade de Alma Humana (pobres almas!) não o compreendeu, nem viu como ele se curvou e se encolheu enquanto estava diante de Emanuel, seu Príncipe.

Durante todo esse tempo, eles o consideravam aquele cujo poder e força não poderiam ser resistidos. Por isso, enquanto ele argumentava que ainda deveria ter sua residência ali, e que Emanuel não a tiraria dele por força, os habitantes se vangloriaram ainda mais de seu valor, perguntando:

– Quem é capaz de entrar em guerra contra ele?

Bem, quando esse falso rei terminou de falar, Emanuel, o Príncipe de ouro, levantou-se e falou. Estas foram suas palavras:

– A você, ó enganador, eu tenho, em nome de meu Pai, em meu próprio nome e como representante para o bem dessa infeliz cidade de Alma Humana, algo para lhe dizer. Você finge ter um direito, um direito legítimo, sobre a deplorável cidade de Alma Humana, quando está mais do que claro, para toda a corte de meu Pai, que a permissão que você obteve para entrar pelos portões de Alma Humana foi por meio de mentiras e enganos. Você mentiu sobre meu Pai, mentiu sobre a lei dele, e assim enganou o povo de Alma Humana. Finge que as pessoas aceitaram você como rei, capitão e senhor por direito; mas isso também foi consequência de engano e fraude. Agora, se a mentira, a maldade e a astúcia pecaminosa, bem como todas as formas de terrível hipocrisia, forem para o tribunal de meu Pai (onde você deve ser julgado) por equidade e direito, então eu confessarei a ele que você obteve uma conquista legítima. Mas ai de mim! Que ladrão, que tirano, que diabo há que não conquiste algo desse tipo? Eu, entretanto, posso fazer aparecer, ó Diabolus, que você, em toda a sua ambição de conquistar Alma Humana, não teve nada verdadeiro para dizer. Acha que isso foi certo? Isso que você fez ao colocar mentiras sobre meu Pai, e fazê-lo parecer (para Alma Humana) o maior enganador do mundo? E o que diz você sobre o que fez ao conscientemente perverter o verdadeiro significado e propósito da lei? E foi bom também prender a agora miserável cidade de Alma Humana por causa de sua inocência e simplicidade? Sim, você conquistou Alma Humana ao lhes prometer felicidade ao transgredir a lei do meu Pai, quando você sabia, e não tinha como não saber, tendo consultado sua própria experiência, que assim iria destruí-los. Você mesmo, ó mestre da inimizade, desfigurou a imagem de meu Pai em Alma Humana, e colocou a própria imagem no lugar, para a tristeza de meu Pai, aumento do seu pecado e para o dano intolerável da desfalecente cidade de Alma Humana. Além disso (como se todas essas coisas fossem pouco), você não apenas iludiu e destruiu este lugar, mas, por suas mentiras e ações fraudulentas, colocou-os contra sua própria libertação. Ah, como você os agitou contra os capitães de meu Pai, e os fez lutar contra aqueles enviados por ele para libertá-los de sua escravidão! Todas essas coisas e muitas outras você fez contra sua luz, e desprezo por meu Pai e Sua Lei, sim, e com o objetivo de fazê-lo desprezar a miserável cidade de Alma Humana para sempre. Portanto, venho para vingar o mal que você fez a meu Pai, e para lidar com você por causa das blasfêmias que você fez a pobre Alma Humana pronunciar sobre o nome dele. Sim, ó príncipe da caverna infernal, isso cairá sobre a sua cabeça. Quanto a mim, ó Diabolus, eu venho contra você por um poder legítimo, e para tirar, por força, Alma Humana de seus dedos em chamas, pois esta cidade é minha, ó Diabolus, e isso por um direito inquestionável, como verão todos aqueles que buscarem os registros mais antigos e mais autênticos, e vou requerer meu título, para a confusão de sua imagem. Primeiro, sobre a cidade de Alma Humana, meu Pai a construiu e a preparou com suas mãos. O palácio que está no meio da cidade também foi construído para sua própria satisfação. Portanto, Alma Humana pertence ao meu Pai, e isso pelo melhor dos títulos, e aquele que contradiz essa verdade mente contra sua própria alma.

Em seguida, Emanuel continuou:

– Em segundo lugar, ó mestre da mentira, esta cidade é minha, primeiro porque sou o herdeiro de meu Pai, seu primogênito, e o único prazer de seu coração. Portanto, venho contra você por meu próprio direito, ainda que para recuperar minha própria herança de suas mãos. Além disso, como tenho o direito e o título sobre Alma Humana por ser herdeiro de meu Pai, também tenho o presente dele. A cidade era de meu Pai, e ele a deu para mim; em nenhum momento, ofendi meu Pai para que ele a tirasse de mim e desse a você. Eu também não fui forçado, por falência, a vender minha amada cidade de Alma Humana para você. Alma Humana é o meu desejo, meu prazer e a alegria de meu coração. Alma Humana é minha pelo direito de compra. Eu a comprei, ó Diabolus, e a comprei para mim. Agora, como ela é minha e do meu Pai, e eu sendo seu herdeiro, e como também a tornei minha por uma grande compra, conclui-se que, por direito legítimo, Alma Humana é minha, e você é um usurpador, um tirano e traidor, ao possuí-la. Este foi o motivo da minha compra: Alma Humana havia transgredido contra o meu Pai, e meu Pai dissera que no dia em que ela quebrasse sua lei, deveria morrer. É mais viável o céu e a terra passarem do que meu Pai quebrar sua palavra. Portanto, quando Alma Humana pecou ao dar ouvidos à sua mentira, eu me ofereci como um seguro ao meu Pai, corpo por corpo, e alma por alma, que eu compensaria as transgressões de Alma Humana, e meu Pai aceitou. Então, quando o tempo indicado chegou, entreguei corpo por corpo e alma por alma, vida por vida, sangue por sangue, e assim redimi minha amada Alma Humana. Não fiz isso pela metade. A lei e a justiça de meu Pai, que estavam envolvidas na ameaça da transgressão, ambas encontram-se satisfeitas e muito contentes com a libertação de Alma Humana. Por último, eu não venho hoje aqui contra você, mas por ordem do meu Pai; foi ele quem disse para mim: "Vá, e liberte Alma Humana". Portanto, que você saiba, ó fonte de enganos, e que seja conhecido da tola cidade de Alma Humana também, que eu não venho contra você sem o meu Pai. E agora – disse o Príncipe –, tenho uma palavra para a cidade de Alma Humana.

No entanto, assim que mencionou que tinha uma palavra para falar com a estupefata cidade de Alma Humana, dobraram-se os guardas nos portões, e todos os homens receberam ordens de não prestar atenção. Mesmo assim, ele continuou e disse:

– Ó infeliz cidade de Alma Humana, só posso ficar tocado com piedade e compaixão por vocês. Aceitaram Diabolus como seu rei, e se tornaram guardadores e ministros dos diabolianos contra seu soberano Senhor. Vocês abriram os portões para ele, mas os fecharam rapidamente sobre mim. Vocês lhe deram atenção, mas tamparam os ouvidos ao meu clamor. Ele lhes trouxe destruição, e vocês receberam ambos: ele e a destruição. Eu vim para lhes trazer salvação, mas vocês não prestam atenção em mim. Além disso, com mãos sacrílegas, retiraram tudo o que era meu em vocês, e deram tudo ao meu adversário e ao maior inimigo de meu Pai. Vocês se curvaram e se submeteram a ele, fizeram votos e juraram ser dele. Pobre Alma Humana! O que farei com vocês? Devo salvá-los? Devo destruí-los? O que devo fazer? Devo lançar-me sobre vocês, e reduzi-los a pó ou torná-los um monumento da riqueza da graça? O que devo fazer? Ouçam atentamente, então, cidadãos da cidade de Alma Humana, prestem atenção às minhas palavras, e viverão. Sou misericordioso, Alma Humana, e me conhecerão assim. Não fechem seus portões para mim. Ó Alma Humana, não é minha incumbência, nem minha inclinação fazer mal a vocês. Por que voaram tão rapidamente para longe de seu amigo, e ficaram tão perto de seu inimigo? De fato, vou tomá-la, pois é o momento de se arrepender de seu pecado, mas não temam por sua vida; essa grande força não é para feri-los, mas para libertá-los da escravidão, e sujeitá-los à obediência. Minha missão é, na verdade, entrar em guerra contra Diabolus, seu rei, e contra os diabolianos ao seu lado, pois ele é o homem armado que guarda a casa, e eu o quero fora daí. Devo dividir seus despojos, tirar sua armadura e lançá-lo fora de sua habitação, para torná-la minha. E isso, ó Alma Humana, Diabolus verá quando for obrigado a me seguir em correntes, e quando Alma Humana se alegrar em contemplar isso. Eu poderia avançar com meu poder, pois isso faria com que ele os deixasse e partisse, mas tenho em meu coração tratar diretamente com ele, para que a justiça da guerra que farei contra Diabolus seja vista e reconhecida por todos. Ele tomou Alma Humana por fraude, e a mantém por violência e engano, e eu o deixarei despido e nu diante dos olhos de todos. Todas as minhas palavras são verdadeiras. Sou poderoso para salvar, e libertarei minha Alma Humana de suas mãos.

Esse discurso teria sido principalmente para a cidade, mas Alma Humana não ouviu nada dele. Os homens trancaram o Portão dos Ouvidos, bloquearam-no e o mantiveram trancado e com ferrolhos; além disso, estabeleceram uma guarda sobre ele e ordenaram que nenhum alma-humaniano fosse até ele, ou que qualquer um do acampamento entrasse na cidade. Eles fizeram tudo isso por estarem terrivelmente enfeitiçados por Diabolus contra seu Senhor e Príncipe legítimo. Portanto, nenhum homem, ou voz, ou som de homens que pertenciam ao glorioso anfitrião deveria entrar na cidade.

# CAPÍTULO sete

Então, quando Emanuel viu que Alma Humana estava tão envolvida em pecado, ele reuniu seu exército (já que suas palavras também foram desprezadas), e ordenou a todos eles que estivessem prontos no tempo determinado. Visto que não havia nenhuma outra maneira de tomar a cidade de Alma Humana a não ser entrando pelos portões, sendo o principal o Portão dos Ouvidos, ordenou a seus comandantes e capitães que trouxessem seus aríetes, suas atiradeiras e seus homens, e os colocassem diante do Portão dos Olhos e do Portão dos Ouvidos, para tomar a cidade.

Quando Emanuel terminou as preparações para entrar em batalha contra Diabolus, ele enviou novamente uma mensagem para saber da cidade de Alma Humana se eles se renderiam de maneira pacífica, ou se ainda estavam decididos a fazê-lo tomar medidas extremas. Então, os homens, junto com Diabolus, seu rei, convocaram um concílio de guerra, e decidiram algumas propostas que seriam oferecidas a Emanuel, e, se ele as aceitasse, então concordariam; em seguida, decidiram quem seria enviado como mensageiro. Na cidade de Alma Humana havia um ancião, um diaboliano, e seu nome era Relutante A Humilhar-se, um homem severo em seus modos, e um grande agente de Diabolus. Então, decidiram enviá-lo, e colocaram em sua boca o que ele deveria dizer. O homem dirigiu-se até o acampamento de Emanuel e, ao chegar lá, foi escolhido um momento para lhe prestarem audiência. Quando o momento chegou, após fazer algumas cerimônias diabolianas, ele começou a dizer:

– Grande senhor, para que seja conhecido de todos os homens que meu mestre é um príncipe de boa natureza, ele me enviou para falar ao seu senhorio que ele está muito disposto a entregar em suas mãos metade da cidade de Alma Humana, a fim de não entrar em guerra. Estou aqui para saber se Sua Grandeza aceitará a proposta.

Então, respondeu Emanuel:

– A cidade inteira é minha por herança e compra, portanto, não abrirei mão de metade.

Então disse o Sr. Relutante A Humilhar-se:

– Senhor, meu mestre disse que ele ficará feliz em colocá-lo como o Senhor nominal e titular de todos, contanto que ele possua uma parte.

A isso, Emanuel respondeu:

– A cidade inteira é realmente minha, não só em nome e em palavra; portanto, eu serei o único dono e senhor de tudo, ou de nada, em Alma Humana.

Desse modo, o Sr. Relutante A Humilhar-se falou novamente:

– Senhor, considere a condescendência de meu mestre! Ele disse que ficará satisfeito se puder ter algum lugar em Alma Humana onde possa viver secretamente, e você será o Senhor de todo o resto.

Então respondeu o Príncipe de ouro:

– Tudo o que o meu Pai me deu deve ser entregue a mim; e de tudo o que ele me deu, não perderei nada, não, nem uma unha, nem um cabelo. Portanto, também não concederei a ele nem mesmo o menor pedaço de Alma Humana para habitar; tudo será meu.

Relutante A Humilhar-se disse novamente:

– Mas, senhor, suponha que meu senhor entregue toda a cidade para você, apenas com esta condição: que ele possa, às vezes, quando passar por este país, pelos antigos conhecidos, ser recebido como um viajante durante dois dias, ou dez dias, ou um mês, mais ou menos. Algo tão pequeno assim não pode lhe ser concedido?

Emanuel respondeu:

– Não. Ele apareceu como um viajante para Davi, e não ficou muito tempo com ele, e, mesmo assim, quase custou sua alma. Não permitirei nunca mais que ele tenha qualquer abrigo ali.

Então disse Relutante A Humilhar-se:
– Senhor, você parece muito severo. Suponha que meu mestre entregue tudo o que você pediu, contanto que seus amigos e familiares em Alma Humana tenham a liberdade de comprar e vender na cidade, e de desfrutar suas atuais habitações. Isso pode ser concedido, senhor?

A isso, Emanuel respondeu:
– Não. Isso é contrário à vontade do meu Pai, pois todos os diabolianos, de todas as formas, que estão agora ou que sejam encontrados em qualquer tempo em Alma Humana não perderam apenas suas terras, mas também suas vidas.

Então disse novamente o Sr. Relutante A Humilhar-se:
– Mas, senhor, meu mestre e grande senhor não poderá manter nenhuma amizade em Alma Humana, nem por cartas, mensageiros ou oportunidades ocasionais, caso lhe entregue a cidade?

Emanuel respondeu:
– Não, de forma alguma, visto que qualquer companheirismo, amizade, intimidade ou familiaridade dessa forma, tipo ou modo levará à corrupção de Alma Humana, à alienação de seu afeto por mim e colocará em risco a paz com o meu Pai.

O Sr. Relutante A Humilhar-se acrescentou ainda:
– Mas, grande senhor, já que meu mestre tem muitos amigos e aqueles que são queridos para ele em Alma Humana, será que não poderá, se ele se separar deles, conceder-lhes, como achar adequado, recordações de seu amor e bondade para com eles, a fim de que Alma Humana, quando ele for embora, olhe para tais presentes de bondade recebidos de um velho amigo e lembre-se dele, que foi seu rei, e das diversas vezes que desfrutaram um do outro, enquanto viviam juntos em paz?

Então respondeu Emanuel:
– Não, pois, se Alma Humana vier a ser minha, não admitirei ou consentirei que haja nem mesmo um traço, fragmento

ou pó de Diabolus deixado para trás como símbolo de recordações concedidas a ninguém em Alma Humana, para assim lembrarem-se da terrível comunhão que havia entre eles.
– Bem, senhor – disse o Sr. Relutante A Humilhar-se. – Eu tenho mais uma coisa para propor, e então terei chegado ao fim de minha missão. Suponha que, quando meu mestre tiver ido embora de Alma Humana, alguém que continuar morando na cidade precise resolver algum assunto muito importante que, se negligenciado, poderá quebrar o acordo; e suponha, senhor, que ninguém mais possa ajudar nesse caso tão bem quanto meu mestre e senhor; meu mestre não poderá ser chamado para resolver questão tão urgente? Ou, se não puder entrar na cidade, ele e a pessoa em questão não poderão se encontrar em algum dos vilarejos próximos a Alma Humana, e ali resolver, frente a frente, tal questão?

Essa foi a última das enganosas propostas que o Sr. Relutante A Humilhar-se fez para Emanuel em nome de seu mestre Diabolus, mas Emanuel não a aceitou. Ele falou:
– Não haverá caso, ou assunto, ou problema que aconteça em Alma Humana, depois que seu mestre for embora, que não poderá ser resolvido pelo meu Pai; além disso, será um grande descrédito para a sabedoria e a habilidade do meu Pai permitir que alguém de Alma Humana busque Diabolus para aconselhar-se, quando eles são aconselhados para que em tudo, por sua oração e súplica, apresentem seus pedidos ao meu Pai. Além do mais, se isso fosse concedido, seria como permitir a abertura de uma porta para que Diabolus e os diabolianos em Alma Humana esquematizassem, tramassem e realizassem seus objetivos de traição, para a tristeza de meu Pai e minha, bem como para a destruição final de Alma Humana.

Quando o Sr. Relutante A Humilhar-se ouviu essa resposta, pediu licença da presença de Emanuel e saiu, dizendo que levaria a conversa sobre esse assunto para seu mestre. Então o homem partiu, e chegou a Diabolus em Alma Humana, contando-lhe tudo, inclusive como Emanuel não permitiria, de forma alguma, que ele, depois de deixar a cidade, tivesse algo a ver com ela ou com aqueles da cidade. Quando Alma Humana e Diabolus ouviram o relato, em concordância concluíram que usariam o máximo de sua força para deixar Emanuel longe de Alma Humana, e enviaram Pausa Para Lamentos, sobre quem vocês já ouviram falar, para informar isso ao Príncipe e a seus capitães. Então o velho cavalheiro subiu ao topo do Portão dos Ouvidos, e chamou o acampamento para uma audiência, dizendo:

– Eu tenho uma ordem de meu senhor para pedir a vocês que falem a seu Príncipe Emanuel que Alma Humana e seu rei estão decididos a permanecer e a cair juntos; e que é em vão seu Príncipe pensar em ter Alma Humana nas mãos, a menos que ele a faça por força.

Então, alguns deles saíram e contaram a Emanuel o que Pausa Para Lamentos, um diaboliano em Alma Humana, havia dito. Então disse o Príncipe:

– Precisarei usar o poder de minha espada, pois não levantarei meu exército e partirei (por todas as rebeliões e recusas que fizeram contra mim), mas com certeza tomarei minha Alma Humana, e a libertarei das mãos de seu inimigo.

Com isso, ele enviou uma ordem para que o Capitão Boanerges, o Capitão Convicção, o Capitão Julgamento e o Capitão Execução marchassem até o Portão dos Ouvidos com trombetas soando, cores tremulando e gritando pela batalha. Ele também quis que o Capitão Crédito se juntasse a eles. Além disso, Emanuel ordenou não apenas que o Capitão Boa Esperança e o Capitão Caridade fossem até o Portão dos Olhos, mas também que o restante dos capitães e seus homens se posicionassem com vantagem sobre o inimigo em volta da cidade, e tudo foi feito como ordenado.

Então ele mandou que a palavra de guerra fosse espalhada, e a palavra era "Emanuel". Soou-se o alarme, e os aríetes foram usados, e as atiradeiras lançaram pedras sobre a cidade com toda a força, e assim a batalha começou. O próprio Diabolus conduzia os cidadãos na guerra, naquele mesmo portão, sendo assim, sua resistência era cada vez mais violenta, infernal e ofensiva contra Emanuel. O bom Príncipe ficou envolvido com Diabolus e Alma Humana por diversos dias; e era algo valioso observar como os capitães de Shaddai se comportaram nessa guerra.

Primeiro, o Capitão Boanerges (sem querer desvalorizar os outros). Ele realizou três poderosos ataques, um após o outro, contra o Portão dos Ouvidos, e fez suas colunas tremerem. O Capitão Convicção também agiu com Boanerges o mais rápido que conseguiu, e, quando os dois perceberam que o portão começaria a ceder, ordenaram que os aríetes fossem lançados contra ele. Então, o Capitão Convicção, aproximando-se do portão, foi empurrado com muita força, e recebeu três ferimentos nos lábios. Desse modo, os que estavam como voluntários foram encorajar os capitães.

Pelo valor dos dois capitães, já mencionado antes, o Príncipe os chamou para sua tenda, e ordenou-lhes que descansassem um pouco e, assim, pudessem se renovar. Também cuidaram do Capitão Convicção, a fim de curá-lo de suas feridas. O Príncipe também entregou a cada um deles uma corrente de ouro, e os incentivou a ter coragem.

O Capitão Boa Esperança e o Capitão Caridade não ficaram para trás nessa luta desesperada, pois agiram tão bem no Portão dos Olhos que quase conseguiram abri-lo. Eles também receberam uma recompensa de seu Príncipe, assim como o restante dos capitães, porque cercaram a cidade valentemente.

Nesse combate, diversos oficiais de Diabolus foram mortos, e alguns dos cidadãos ficaram feridos. Entre os oficiais mortos, havia um chamado Capitão Vanglória. Este pensou que ninguém poderia abalar as colunas do Portão dos Ouvidos, ou o coração de Diabolus. Ao seu lado, foi morto o Capitão Segurança, o qual costumava dizer que até os cegos e mancos de Alma Humana eram capazes de guardar os portões da cidade contra o exército de Emanuel. O Capitão Segurança foi morto pelo Capitão Convicção com um golpe na cabeça desferido por uma espada de dois gumes, quando este foi ferido nos lábios.

Além deles, havia o Capitão Vaidade, um companheiro muito desesperado, capitão sobre o grupo que lançava tições, flechas e morte; ele também recebeu, pelas mãos do bom Capitão Boa Esperança no Portão dos Olhos, uma ferida mortal no peito.

Havia também o Sr. Sensação, mas ele não era capitão, e sim um grande defensor em encorajar Alma Humana a se rebelar. O homem foi ferido no olho pelas mãos de um dos soldados de Boanerges, e teria sido morto pelo próprio capitão, se não tivesse fugido.

Eu, entretanto, nunca vi Vontade Seja Feita tão assustado em toda a minha vida; o homem não era capaz de agir como gostaria e alguns disseram que ele também fora ferido na perna, e que alguns homens do exército do Príncipe com certeza o viram mancar enquanto andava sobre o muro.

Não relatarei a vocês as particularidades dos nomes dos soldados que foram mortos na cidade, já que muitos foram mutilados, feridos e mortos, pois quando viram que as colunas do Portão dos Ouvidos tremeram, e que o Portão dos Olhos estava quase aberto, além do fato de que seus capitães haviam sido mortos, o coração de muitos diabolianos foi afetado; eles também caíram em virtude da força dos tiros lançados pelas atiradeiras de ouro no meio da cidade de Alma Humana.

Entre os cidadãos havia um chamado Não Ama O Bem; além de cidadão, era também um diaboliano. Foi ferido mortalmente em Alma Humana, mas demorou para morrer.

O Sr. Pausa Para Lamentos, o homem que foi com Diabolus quando ele tentou tomar Alma Humana pela primeira vez, também foi ferido na cabeça; alguns disseram que seu crânio foi rachado. Eu mesmo percebi isso, pois, depois, ele nunca mais conseguiu enganar Alma Humana como fizera antes. O velho Preconceito e o Sr. Coisa Alguma fugiram.

Quando a batalha terminou, o Príncipe ordenou que mais uma vez a bandeira branca fosse hasteada sobre o Monte

Gracioso à vista da cidade de Alma Humana, a fim de mostrar que Emanuel tinha misericórdia pela miserável cidade.

Quando Diabolus viu a bandeira branca erguida novamente, e sabendo que não era para ele, mas para Alma Humana, ele pensou em pregar outra peça para ver se Emanuel reuniria seu exército e partiria, com uma promessa de reforma. Então uma tarde ele desceu até o portão, um pouco depois do pôr do sol, e pediu para falar com Emanuel, que logo se dirigiu até o portão. Diabolus lhe disse:

– Por mais que você queira mostrar por aquela bandeira branca que está totalmente entregue à paz e à tranquilidade, pensei em vir aqui a fim de avisar que estamos prontos para aceitar todos os termos que você propuser. Eu sei que você é dado à devoção, e que a santidade lhe agrada; que o grande objetivo de entrar em guerra contra Alma Humana é para que ela se torne uma habitação santa. Bem, retire suas forças da cidade, e dobrarei Alma Humana de acordo com sua vontade. Primeiro, cessarei todos os atos de hostilidade contra você, e estarei disposto a me tornar seu oficial, e, como eu estava contra você anteriormente, agora quero servi-lo na cidade de Alma Humana. E, mais especificamente, persuadirei Alma Humana a recebê-lo como seu Senhor; e eu sei que eles farão isso mais depressa se souberem que sou seu representante. Além disso, mostrarei a eles no que erraram, e os ensinarei que a transgressão atrapalha o caminho para a vida. Em seguida, mostrarei aos homens a santa lei à qual devem se submeter, incluindo aquelas que eles quebraram. Também os pressionarei com a necessidade de uma reforma de acordo com a sua lei. Além disso, para que nenhuma dessas propostas possa falhar, eu mesmo, a meu próprio custo e responsabilidade, irei estabelecer e manter um ministério e também preleções em Alma Humana. Por fim, você receberá, como um símbolo de nossa sujeição a você, todos os anos, o que achar adequado como coleta, para ser um símbolo de nossa sujeição a você.

Então disse Emanuel:

– Ó cheio de enganos! Quão inconstantes são os seus caminhos! Quantas vezes você já mudou para que ainda pudesse manter a possessão de minha Alma Humana, embora já tenha sido claramente declarado antes que eu sou o legítimo herdeiro dela! Você já fez diversas propostas, e essa última não é melhor do que as anteriores. Ao fracassar em enganar-me quando estava na escuridão, agora se mostra um anjo de luz, e quer enganar-me como um ministro da justiça. Mas saiba você, ó Diabolus, que nada que propõe deve ser levado em consideração, pois tudo o que você faz é enganar. Você não tem respeito por Deus, nem amor pela cidade de Alma Humana. De onde, então, podem surgir essas suas palavras a não ser de um pensamento pecaminoso e do engano? Aquele que cria e propõe o que lhe agrada, para que assim destrua todos os que acreditam nele, deve ser abandonado, e com tudo o que disser. Mas se a justiça é algo tão belo aos seus olhos agora, como poderia a maldade estar tão apegada a você anteriormente? Isso, no entanto, é passageiro. Você fala agora sobre uma reforma em Alma Humana, e que você mesmo, se eu quiser, será o líder dela. Tudo isso mesmo sabendo que o mais alto conhecimento que o homem pode obter sobre a lei, e sobre sua justiça, não valerá nada para retirar a maldição de Alma Humana, a qual estava sobre ela antes, sobre a suposição de haver uma brecha na lei; uma maldição pronunciada contra Deus não pode, nunca, somente pela obediência à lei, libertar a si mesma da maldição (para não falar sobre o tipo de reforma que poderia ser estabelecida em Alma Humana quando o diabo fosse o fiscal desses vícios). Você sabe que tudo o que disse sobre esse assunto não passa de fraude e engano, assim como era a primeira, já que essa é a última carta que você tem para jogar. Logo, muitos saberão quem você é quando mostrar seu verdadeiro caráter. Mas em sua pureza, sua luz e em sua transformação, você é visto por poucos. No entanto, você não fará mais isso com minha cidade, ó Diabolus, pois eu ainda amo minha Alma Humana.

Então Emanuel continuou seu discurso:

– Além disso, eu não vim a fim de entregar para Alma Humana regras que devem seguir; se eu fizesse isso, seria como você. Eu vim para que, por meio de mim e do que tenho, e do que farei por Alma Humana, eles sejam reconciliados com o meu Pai, embora tenham provocado a ira dele com seu pecado, e embora eles não possam obter misericórdia por meio da lei. Você fala sobre submeter esta cidade ao bem, quando não há desejo por bem em suas mãos. Fui enviado pelo meu Pai para possuí-la e para guiá-la pela destreza de minhas mãos a uma concordância com ele, que será agradável aos seus olhos. Portanto, eu a possuirei, e expulsarei você; estabelecerei meu próprio padrão no meio dela e também a governarei com novas leis, novos oficiais, novas causas e novos caminhos; sim, eu destruirei esta cidade e a erguerei novamente; e será como se ela nunca tivesse existido, ela será a glória do Universo.

Ao ouvir isso, Diabolus percebeu que fora descoberto em todos os seus enganos, e ficou confuso, colocando-se em embaraço; mas, tendo em si a fonte de iniquidade, raiva e malícia contra Shaddai e seu filho, e contra a amada cidade de Alma Humana, o que mais ele poderia fazer senão se fortalecer para a batalha contra o nobre Príncipe Emanuel? Assim, agora teremos outro conflito antes de Alma Humana ser tomada. Subam, então, para as montanhas, todos vocês que amam ver ações militares, e observem em ambos os lados como é dado o golpe fatal, enquanto um tenta manter seu governo e o outro busca colocar-se como mestre da famosa cidade de Alma Humana.

Diabolus, portanto, retirou-se do muro para ver sua tropa, que se encontrava no coração da cidade de Alma Humana, e Emanuel também retornou ao acampamento. Ambos, após seguirem caminhos separados, colocaram-se em uma postura adequada para iniciar uma batalha um contra o outro.

Diabolus, repleto de desespero para manter a famosa cidade de Alma Humana em suas mãos, decidiu tentar todo o engano que podia (se é que, de fato, poderia fazer qualquer coisa) contra o exército do Príncipe e contra a famosa cidade de Alma Humana, pois, veja só, não era a felicidade da tola cidade de Alma Humana o objetivo de Diabolus, mas sua total ruína e destruição, como agora estava em vista. Para isso, ele ordenou aos seus oficiais que, quando vissem que não poderiam mais proteger a cidade, fizessem todo tipo de mal e dano que conseguissem, executando e despedaçando homens, mulheres e crianças.

– Pois – disse ele – é melhor demolirmos o lugar e deixá-lo um monte de ruínas do que permitir que ele seja uma habitação para Emanuel.

Novamente, Emanuel, sabendo que a batalha seguinte terminaria com ele tornando-se mestre do lugar, entregou uma ordem real a todos os seus oficiais, altos capitães e homens de guerra, a fim de garantir que lutassem contra Diabolus e todos os diabolianos, mas que fossem favoráveis, misericordiosos e mansos com os antigos moradores de Alma Humana.

– Submetam, então, a frente mais forte da batalha contra Diabolus e seus homens – disse o nobre Príncipe.

Chegado o dia, a ordem foi dada, e os homens do Príncipe armaram-se e, como antes, posicionaram suas forças principais contra o Portão dos Ouvidos e o Portão dos Olhos. A palavra-chave era "Alma Humana está ganha!", e assim eles atacaram a cidade. Diabolus, o mais rápido que pôde, também preparou sua resistência interna com suas forças principais; e seus altos senhores e capitães lutaram cruelmente contra o exército do Príncipe durante um tempo.

No entanto, após três ou quatro golpes do príncipe e seus nobres capitães, o Portão dos Ouvidos foi arrebentado, e as barras e os ferrolhos antes usados para trancá-lo contra o Príncipe foram quebrados em milhares de pedaços. Então, as trombetas de Emanuel soaram, os capitães gritaram, a cidade tremeu e Diabolus fugiu para seu abrigo. Quando as forças do Príncipe abriram o portão, ele mesmo subiu e estabeleceu seu trono sobre ele, fincando seu estandarte ali, em um monte que antes fora usado por seus homens para colocar as atiradeiras.

O monte era chamado de Monte Ouça Bem. Ali, portanto, o Príncipe fixou-se, firme ao lado da entrada do portão. Ele também ordenou que as atiradeiras douradas ainda fossem usadas contra a cidade, principalmente contra o castelo, porque Diabolus encontrava-se refugiado ali. Partindo do Portão dos Ouvidos, a rua levava diretamente à casa do Sr. Registrador, que ocupava o cargo antes de Diabolus tomar a cidade; logo ao lado de sua casa, estava o castelo, usado durante muito tempo por Diabolus como seu covil importuno. Os capitães, então, rapidamente esvaziaram aquela rua com suas atiradeiras, para seguir caminho em direção ao coração da cidade. Em seguida, o Príncipe ordenou ao Capitão Boanerges, ao Capitão Convicção e ao Capitão Julgamento que marchassem em direção à porta do velho cavalheiro. Assim, os capitães entraram na cidade de Alma Humana como em uma guerra, marchando com suas cores, e chegaram até a casa do registrador, que era quase tão forte quanto o castelo. Eles também levaram consigo aríetes, para golpear os portões do castelo. Quando chegaram à casa do Sr. Consciência, bateram e pediram para entrar. O cavalheiro, sem saber completamente qual era o seu objetivo, manteve seu portão fechado durante toda a batalha. Assim, Boanerges ordenou-lhe que os deixasse entrar; quando ninguém respondeu, ele golpeou o portão com o aríete, e isso fez o velho homem tremer, e sua casa balançar e cambalear. Então o Sr. Registrador desceu até o portão e, como podia, com lábios tremendo, perguntou quem era. Boanerges respondeu:

– Somos os capitães e comandantes do grande Shaddai e do bendito Emanuel, e ordenamos que nos entregue sua casa, para uso de nosso nobre Príncipe.

E, em seguida, o aríete deu outro golpe. Isso fez o cavalheiro tremer ainda mais, mas, mesmo assim, ele não abriu o portão. Então as forças do Rei invadiram a casa, com os três capitães citados anteriormente. A residência do registrador era um local muito conveniente para Emanuel, não apenas por ser forte e se localizar perto do castelo, mas também por ser espaçosa e estar diante do castelo, o covil onde Diabolus ficava, pois sentia medo de sair. Quanto ao Sr. Registrador, os capitães o trataram com reservas, pois ele não tinha conhecimento algum dos grandes objetivos de Emanuel, então não sabia como julgar, nem qual seria o final de toda aquela confusão. Corria pela cidade o barulho de que a casa do registrador estava tomada, seus cômodos ocupados e seu palácio transformado no trono da guerra, e logo a informação foi além, mas eles aceitaram o alerta calorosamente e a transmitiram a seus amigos, e você sabe, como uma bola de neve não perde tamanho ao rolar, em pouco tempo toda a cidade já sabia que não poderia esperar nada do príncipe além de destruição. E a base da negociação era esta: o registrador estava com medo, ele tremia, e os capitães o trataram de forma estranha. Então muitos foram ver, mas, quando com os próprios olhos viram os capitães no palácio, com seus aríetes batendo contra os portões do local para abri-los, foram rebitados em seus temores, e isso os deixou pasmos. E, como eu disse, o homem da casa aumentaria tudo isso; pois, qualquer um que se aproximava dele, ou conversava com ele, não ouvia nada que não fossem a morte e a destruição que agora abalavam Alma Humana.

– Pois – dizia o velho cavalheiro – todos vocês estão cientes de que fomos traidores do antes desprezado, mas agora famosamente vitorioso e glorioso Príncipe Emanuel; pois agora ele, como vocês podem ver, não apenas nos cercou, mas também forçou sua entrada pelos nossos portões. Além disso, o Diabolus foge dele, e o Príncipe, como vocês observaram, fez de minha casa um forte contra o castelo onde Diabolus está. Eu, de minha parte, errei enormemente, mas, para aquele que está limpo, não há problemas. No entanto, eu digo que errei tremendamente ao ficar em silêncio quando deveria ter falado, e ao perverter a justiça quando deveria tê-la executado. Verdade, sofri um pouco nas mãos de Diabolus por ter parte com as leis do Rei Shaddai, mas isso, ai de mim! O que isso pode fazer? Irá compensar pelas rebeliões e traições que cometi e que vi sem discutir serem cometidas sobre a cidade de Alma Humana? Ó! Eu tremo ao pensar qual será o fim desse terrível e enraivecido começo!

Enquanto esses bravos capitães estavam ocupados na casa do velho registrador, o Capitão Execução ocupava-se em outras partes da cidade, protegendo as ruas no fundo da cidade e os muros. Também procurou muito o Sr. Vontade Seja Feita, e não permitiu que o homem descansasse em esquina alguma; ele o perseguiu tanto que cansou seus homens, e ficou feliz por enfiar a cabeça do senhor em um buraco. O poderoso guerreiro também derrubou três oficiais do Sr. Vontade Seja Feita; um era o Sr. Preconceito, aquele que rachou a coroa no motim. Esse homem foi escolhido por Vontade Seja Feita como o guarda do Portão dos Ouvidos, e caiu pelas mãos do Capitão Execução. Havia também o Sr. Contra Tudo E Todos, e ele, assim como os outros, era um dos oficiais de Vontade Seja Feita, além de capitão das duas armas que antes ficavam montadas no topo do Portão dos Ouvidos; ele também foi derrubado pelas mãos do Capitão Execução. Além desses dois havia outro, um terceiro, cujo nome era Capitão Traiçoeiro; um homem vil, mas em quem Vontade Seja Feita confiava muito; o Capitão Execução também o derrubou com os outros.

Além disso, realizou um grande massacre entre os soldados de Vontade Seja Feita, matando muitos que estavam resistentes e inflexíveis, e ferindo outros que, para Diabolus, estavam ágeis e ativos. Mas todos esses eram diabolianos; não houve um homem, nativo de Alma Humana, que ficou ferido.

Outras estratégias de guerra também foram realizadas por outros capitães, como no Portão dos Olhos, onde o Capitão Boa Esperança e o Capitão Caridade atacaram, executando muitos. O Capitão Boa Esperança, com as próprias mãos, matou o Capitão Cegueira, o guarda daquele portão. Cegueira era capitão de mil homens, aqueles que lutaram com marretas; então ele também perseguiu esses homens, matou vários e feriu outros, e fez o restante deles se esconder pelos cantos.

Também nesse portão estava o Sr. Pausa Para Lamentos, sobre quem vocês já ouviram falar. Ele era um idoso e tinha uma barba que ia até o seu cinto. Foi ele o orador de Diabolus: o homem provocou muitos danos à cidade de Alma Humana, e caiu pelas mãos do Capitão Boa Esperança.

O que mais devo dizer? Nesses dias, os diabolianos estavam mortos, espalhados por todos os cantos, embora ainda houvesse muitos outros vivos em Alma Humana.

# CAPÍTULO oito

O VELHO REGISTRADOR e o Sr. Entendimento, então, com alguns outros chefes da cidade, ou seja, aqueles que sabiam que permaneceriam ou cairiam com a famosa cidade de Alma Humana, reuniram-se um dia e, depois de uma conversa, decidiram conjuntamente elaborar uma petição e mandá-la para Emanuel, enquanto ele estava sentado no portão de Alma Humana. O conteúdo da petição era o seguinte: que eles, os antigos habitantes da agora deplorável cidade de Alma Humana, confessavam seus pecados e estavam arrependidos por terem ofendido Sua Majestade, e oravam para que ele poupasse suas vidas.

O Príncipe não respondeu a essa petição, e isso os incomodou mais ainda. Durante esse tempo, os capitães que ocupavam a casa de registrador ainda batiam os aríetes nos portões do castelo, a fim de derrubá-los. Então, após algum tempo, trabalho, esforço, o portão do castelo, chamado antes de Inexpugnável, foi derrubado, e quebrado em diversos pedaços, e, em seguida, aberto um caminho para ir até o lugar onde Diabolus se escondia. Enviaram notícias até o Portão dos Ouvidos, onde Emanuel continuava, para informá-lo de que um caminho fora aberto pelos portões do castelo de Alma Humana. Mas, ó, como as trombetas soaram pelo acampamento do Príncipe com essa notícia! A guerra quase chegava ao fim, e Alma Humana estava sendo liberta.

Então, o Príncipe levantou-se do lugar onde estava e levou com ele os homens de guerra mais adequados para a expedição, marchando pela rua de Alma Humana até a casa do velho registrador.

O Príncipe estava vestido com uma armadura de ouro, e assim marchou pela cidade com seu estandarte erguido diante de si; ele, entretanto, manteve seu semblante reservado durante todo o trajeto, a fim de que as pessoas não soubessem dizer o que era amor e o que era ódio em seu olhar. Enquanto marchava pela rua, os cidadãos saíam às portas para ver, e eram tomados por sua pessoa e sua glória, mas questionavam a severidade de seu semblante, pois, neste momento, ele falava mais aos homens com suas ações e obras do que antes, com suas palavras e sorrisos. Mas pobre Alma Humana, eles interpretaram a presença de Emanuel (como todos podem fazer em casos como esse) assim como os irmãos de José interpretaram sua presença contra eles, embora no sentido oposto. Pensaram eles: *Se Emanuel nos amasse, ele nos demonstraria por meio de sua palavra ou postura, mas ele não fez nada disso, então o Príncipe nos odeia. E, se ele nos odeia, então Alma Humana será destruída, e se tornará um monturo.* Os cidadãos sabiam que haviam não apenas transgredido a lei de seu Pai, mas também estado ao lado de seu inimigo, Diabolus, contra seu Pai. Também tinham consciência de que o Príncipe Emanuel conhecia tudo isso, pois estavam convencidos de que ele era um anjo de Deus para saber tudo o que era feito na terra. E isso provocou nos homens um pensamento de que sua condição era miserável, e que o bom Príncipe os desolaria.

E, pensaram eles: *Qual momento melhor para fazer isso do que agora, quando ele tem a rédea de Alma Humana nas mãos?*

E isso eu observei bem: os moradores, apesar de tudo, só podiam – e nada além disso, ao vê-lo marchar pela cidade – encolher-se, curvar-se, dobrar-se e ficar prontos para lamber o pó de seus pés. Desejaram, também, milhares de vezes que Emanuel tornasse seu Príncipe e Capitão, e também seu protetor. Falavam entre si sobre o seu esplendor, e com que tamanha glória e valor ele sobrepujara os maiores do mundo. Mas, pobres almas, seus pensamentos mudavam, e iam de um extremo a outro. Sim, com essa inconstância, indo para frente e para trás, Alma Humana tornou-se como uma bola lançada, e como algo que rola pelo vento.

Quando o Príncipe chegou aos portões do castelo, ordenou a Diabolus que aparecesse e se entregasse. Mas, ó, como o animal estava relutante! Como ele ficou paralisado! Como se encolheu! Como se dobrou! Ainda assim, foi até o Príncipe. Então Emanuel ordenou, e os homens levaram Diabolus e logo o colocaram em correntes, a fim de separá-lo para o julgamento que lhe fora designado. Diabolus, no entanto, levantou-se para suplicar em seu favor, para que Emanuel não o lançasse às profundezas, mas permitisse que ele saísse de Alma Humana em paz.

Quando Emanuel levou-o e prendeu-o em correntes, conduzindo-o até o mercado, e lá, diante de Alma Humana, retirou a armadura da qual ele se vangloriava antes, esse foi um dos atos de triunfo de Emanuel sobre seu inimigo. E, enquanto o gigante tirava sua armadura, as trombetas do Príncipe de ouro soavam com toda a força, os capitães gritavam e os soldados cantavam de alegria.

Então Alma Humana foi chamada para observar o início do triunfo de Emanuel sobre aquele em quem eles tanto confiaram, e de quem tanto se vangloriavam nos dias em que Diabolus lhes agradava.

Estando ele nu aos olhos de Alma Humana e diante de seus comandantes, em seguida o Príncipe ordenou que Diabolus fosse acorrentado às rodas de sua carruagem. E, deixando algumas de suas forças, ou seja, Capitão Boanerges e Capitão Convicção, como guardas dos portões do castelo, para que eles pudessem defendê-lo (se algum daqueles que seguiam Diabolus tentasse tomar posse dele), Emanuel conduziu a carruagem em triunfo pela cidade de Alma Humana, e para fora do Portão dos Olhos, em direção à planície onde estava seu acampamento.

No entanto, não há como imaginar, a não ser que vocês estivessem lá, como eu estive, os gritos que se ouviram no acampamento de Emanuel quando eles viram o tirano vencido pelas mãos de seu nobre Príncipe, e amarrado às rodas da carruagem!

Eles disseram:

– Ele levou cativo o cativeiro, e saqueou principados e poderes. Diabolus foi submetido ao poder de sua espada e foi feito objeto de escárnio.

Todos aqueles que eram voluntários e foram até lá para ver a batalha gritaram em alta voz e cantaram notas melodiosas, que fez com que aqueles que habitavam nas órbitas abrissem suas janelas, colocando a cabeça para fora e olhando para ver o motivo de tanta glória.

Os cidadãos de Alma Humana também, ao contemplarem, ficaram, como era de se esperar, entre a terra e o céu. É verdade que eles não conseguiam dizer como as coisas ficariam para eles, mas tudo era conduzido de forma tão excelente, e não sei dizer como, mas a maneira como tudo era feito parecia lançar um sorriso sobre a cidade. Então seus olhos, suas cabeças, seus corações, suas mentes e tudo o que tinham ficaram tomados e paralisados enquanto cumpriam a ordem de Emanuel.

Em seguida, quando o bravo Príncipe terminou essa parte de seu triunfo sobre Diabolus, seu adversário, colocou-o em meio ao seu desprezo e vergonha, tendo lhe dado o fardo de não ser mais o proprietário de Alma Humana. Então ele se afastou de Emanuel, e do meio de seu acampamento, a fim de herdar os lugares áridos em uma terra salgada, buscando descanso, mas sem encontrar.

O Capitão Boanerges e o Capitão Convicção eram, ambos, homens de grande majestade; suas faces eram como as de leões, e suas palavras, como o rugir do mar. Eles ainda estavam abrigados na casa do Sr. Consciência. Então, quando o poderoso e sublime Príncipe terminou seu triunfo sobre Diabolus, os cidadãos tiveram mais alegria ao ver e observar as ações desses nobres capitães. Estes, entretanto, agiam com terror e ameaça em tudo o que faziam (e você pode ter certeza de que eles tinham orientações particulares para agir assim), que mantinham a cidade sob uma dor contínua, e (em sua apreensão) fizeram com que o bem-estar de Alma Humana ficasse sempre incerto diante deles no futuro, então, durante um tempo considerável, eles ficaram sem saber o que significava descanso, tranquilidade, paz ou esperança.

O próprio Príncipe não habitava ainda na cidade de Alma Humana, e sim em sua tenda real no acampamento, em meio às forças de seu Pai. Assim, no momento adequado, ele enviou ordens especiais para o Capitão Boanerges convocar todos os cidadãos de Alma Humana para o jardim do castelo, e então, ali, diante deles, levar o Sr. Entendimento, o Sr. Consciência e aquele homem notável, o Sr. Vontade Seja Feita, colocando os três em guarda, e estabelecendo uma vigilância forte onde eles estavam, até que sua vontade para eles fosse conhecida.

As ordens, quando os capitães as colocaram em prática, não acrescentaram nada aos temores da cidade de Alma Humana, pois, em sua mente, seus medos de antes sobre a ruína de Alma Humana estavam confirmados. Agora, qual tipo de morte eles sofreriam, e quanto tempo levariam para morrer era o que mais preocupava suas mentes e corações. Eles tinham medo de que Emanuel os lançaria nas profundezas, o lugar que Diabolus temia, pois sabiam que mereciam. Também os atribulava muito a ideia de morrer pela espada diante da cidade, e abertamente em desgraça, pelas mãos de um Príncipe tão bom e tão santo. A cidade também estava perturbada pelos homens colocados em guarda, pois eles eram sua segurança e seus guias, e, por isso, a cidade acreditava que, se esses homens fossem mortos, sua execução seria o início da ruína da cidade de Alma Humana. Então, o que mais eles poderiam fazer além de, com os homens presos, escrever uma petição ao Príncipe, e enviá-la a Emanuel pelas mãos do Sr. Viverá. Então o homem foi, e chegou até o acampamento do Príncipe, e apresentou a seguinte petição:

*Grande e maravilhoso Poderio, vitorioso sobre Diabolus, e conquistador da cidade de Alma Humana, nós, os miseráveis habitantes desta lamentável sociedade, imploramos humildemente que possamos encontrar favor aos seus olhos, não contra nossas transgressões passadas, e nem mesmo para os pecados do líder de nossa cidade: mas poupe-nos segundo a grandeza de sua misericórdia, e não permita que morramos, mas vivamos à sua vida. Estamos dispostos a sermos seus servos, e, se achar adequado, recolheremos migalhas sob sua mesa. Amém.*

Então o mensageiro foi, com sua petição para o Príncipe; e o Príncipe a segurou, mas mandou o homem embora em silêncio. Isso afligiu a cidade de Alma Humana, mas, considerando que agora era escrever uma petição ou morrer, eles não poderiam fazer mais nada. Então, reuniram-se novamente, e enviaram outra petição muito parecida com a outra.

No entanto, quando a petição estava elaborada, a pergunta seguinte dizia respeito a quem deveriam enviar, já que não a mandariam pelo mesmo homem que enviara a primeira, pois cogitaram a possibilidade de o Príncipe ter se ofendido com os modos do mensageiro diante dele. Então, tentaram enviar o Capitão Convicção como seu mensageiro, mas ele disse que não ousaria pedir a Emanuel em nome de traidores, nem seria o advogado de rebeldes diante do Príncipe.

– Por outro lado – disse ele –, nosso Príncipe é bom, e vocês devem arriscar enviar a petição pelas mãos de alguém de sua cidade, e preparem-no para ir com uma corda sobre sua cabeça, e não peça nada além de misericórdia.

Com medo, eles demoraram o máximo que podiam, e mais do que deveriam; mas, temendo o risco dessa demora, pensaram, ainda com muitas dúvidas, em enviar a petição pelo Sr. Desperta Desejos, e assim o fizeram. Ele morava em uma cabana pobre em Alma Humana, e foi até os homens por um pedido de seu vizinho. Então eles lhe disseram não apenas o que haviam feito, mas também o que queriam fazer a respeito da petição, além de desejarem que ele fosse até o Príncipe.

O Sr. Desperta Desejos disse:
– Por que eu não faria o melhor que posso para salvar a famosa cidade de Alma Humana de sua merecida destruição?

E, assim, eles lhe entregaram a petição, e lhe disseram como deveria falar ao Príncipe, desejando ao Sr. Desperta Desejos

muita sorte. Então, ele chegou ao pavilhão do Príncipe e pediu para falar com Sua Majestade. Levaram essa informação a Emanuel, e o Príncipe dirigiu-se até o homem. Quando o Sr. Desperta Desejos o viu, ele caiu, com o rosto ao chão, e clamou:
— Ó, que Alma Humana viva diante de ti!
E com isso apresentou a petição. O Príncipe leu-a, virou-se de costas e chorou. Depois de recompor-se, virou-se novamente para o homem, que até este momento continuava chorando aos seus pés, como no início, e disse:
— Volte para o seu lugar, e eu considerarei esses pedidos.

Você pode pensar com que tamanha culpa e medo de que a petição fosse rejeitada aqueles cidadãos de Alma Humana o enviaram, e por isso mantinham o olhar distante, e com sentimentos estranhos no coração, para ver o que seria feito de sua petição. Enfim, viram o mensageiro retornar. E, quando o homem chegou, perguntaram-lhe como tudo ocorrera, o que Emanuel dissera e o que fizera da petição. Mas ele respondeu que ficaria em silêncio até chegar à prisão, com o Sr. Prefeito, Sr. Vontade Seja Feita e Sr. Registrador. Então, caminhou até a prisão, onde estavam os homens de Alma Humana. Mas, ó, que multidão o seguiu, para ouvir o que mensageiro tinha a dizer. Quando chegou lá, e se apresentou no portão da prisão, o Sr. Prefeito ficou pálido como um pedaço de pano; e o registrador também tremeu. Mas ambos perguntaram:
— Venha, bom senhor, o que o Príncipe lhe disse?
Então respondeu o Sr. Desperta Desejos:
— Quando eu cheguei ao pavilhão de meu Senhor, chamei, e ele veio. Então eu caí, prostrado aos seus pés, e entreguei a petição, pois a grandeza de sua presença e a glória de seu semblante não permitiriam que eu ficasse em pé. Então, quando o Príncipe pegou minha petição, eu clamei: "Ó, que Alma Humana viva diante de ti!". Um tempo depois de lê-la, ele virou-se e disse para mim, seu servo: "Siga o seu caminho para sua casa novamente, e eu considerarei os seus pedidos". — Além disso, o mensageiro acrescentou: — O Príncipe para quem vocês me

mandaram é tão único em beleza e glória que aquele que o vê precisa amá-lo e temê-lo. De minha parte, não há como fazer menos; mas não sei qual será o fim de tudo isso.

Com essa resposta, todos ficaram paralisados, tanto aqueles na prisão quanto aqueles que seguiram o mensageiro para ouvir as notícias. Eles também não sabiam o que – ou de que forma – interpretar do que o Príncipe havia dito. Quando a prisão ficou livre da multidão, os prisioneiros começaram a comentar entre si as palavras de Emanuel. O Sr. Prefeito disse que a resposta não parecia severa; Vontade Seja Feita, no entanto, afirmou que ela carregava maldade; e registrador acreditava ser uma mensagem de morte. Aqueles que sobraram e ficaram para trás não conseguiram ouvir direito o que os prisioneiros disseram; alguns entenderam um pedaço de uma frase, e outros, outro pedaço; alguns ouviram o que o mensageiro disse, e outros, a opinião dos prisioneiros a respeito. Então, ninguém entendeu tudo corretamente. Você, porém, não pode imaginar o que essas pessoas provocaram e a confusão que Alma Humana se tornou.

Aqueles que escutaram o que fora dito saíram correndo pela cidade, um gritando uma coisa, outro gritando o contrário; e ambos tinham certeza de que o que diziam era a verdade, pois eles ouviram, diziam eles, com seus ouvidos o que fora dito, e, portanto, não poderiam estar enganados. Um dizia:
– Vamos todos ser mortos.
Outro falava:
– Vamos todos ser salvos.
E um terceiro dizia que o Príncipe não se preocuparia com Alma Humana; e o quarto, que os prisioneiros deveriam ser mortos imediatamente. E, como eu mencionei, todos defendiam que o que diziam era o mais correto, e que todos os outros estavam enganados. Portanto, Alma Humana agora vivia incômodo após incômodo, e nenhum homem sabia em que deveria confiar, pois, nessa hora, quando um ouvia a história por um vizinho, fazia questão de contar o contrário, e os dois defendiam sua versão, afirmando ser a verdadeira. Alguns escutaram

apenas o final da história, de que o príncipe pretendia destruir Alma Humana com espada. E começou a escurecer, e a pobre Alma Humana estava perplexa de tristeza durante toda aquela noite, até amanhecer.

Mas, até onde consegui reunir as informações mais confiáveis possíveis, todo o tumulto começou pelas palavras do registrador, que lhes afirmou que, em sua opinião, a resposta do Príncipe era uma mensagem de morte. Foi isso que incendiou a cidade, e despertou o temor em Alma Humana, visto que no passado a cidade considerava o Sr. Registrador um homem de visão, e sua palavra era como a do melhor dos oradores, e isso, por si, era um terror para Alma Humana.

E assim eles começaram a sentir quais eram os efeitos da rebeldia obstinada, e da resistência ilegítima contra seu Príncipe. Eu afirmo que nessa hora começaram a sentir os efeitos disso por culpa e medo, que agora os engolia; e quem estava tão envolvido tanto em um quanto no outro, senão o chefe da cidade de Alma Humana?

Para ser breve: quando a fama desse terror deixou a cidade e os prisioneiros se recuperaram, eles se acalmaram e pensaram em pedir vida ao Príncipe novamente. Então, elaboraram uma terceira petição:

*Príncipe Emanuel, o Grande, Senhor de todos os mundos e Mestre de Misericórdia, nós, os pobres, infelizes, miseráveis e convalescentes da cidade de Alma Humana, confessamos, diante de Sua grande e gloriosa Majestade, que pecamos contra você e o seu Pai, e não somos mais dignos de ser chamados de sua Alma Humana, mas, sim, de sermos lançados no poço. Se você quiser nos matar, nós merecemos. Se quiser nos condenar às profundezas, só podemos dizer que é justo. Não podemos reclamar de nada que fizer, ou de que forma agir em relação a nós. Mas ó! Deixe a misericórdia reinar, e permita que ela se estenda até nós! Ó, deixe que a misericórdia tome posse de nós, e nos liberte de nossas transgressões, e cantaremos sobre sua misericórdia e seu julgamento. Amém.*

Quando concluída, essa petição deveria ser enviada ao Príncipe. Mas quem deveria levá-la desta vez? Essa era a questão. Alguns disseram:

– Deixe ir aquele que foi em primeiro lugar.

Outros, no entanto, pensavam que não seria uma boa alternativa, porque ele não conseguira um bom resultado. Havia um velho homem na cidade, e seu nome era Sr. Boa Obra; um homem que carregava o nome, mas não tinha nada da natureza dele. Alguns eram a favor de enviá-lo, mas o registrador mostrou-se totalmente contrário.

– Pois – disse ele – agora precisamos de misericórdia, e estamos clamando por ela. Portanto, enviar um homem com esse nome seria como cruzar a petição em si. Deveríamos fazer do Sr. Boa Obra nosso mensageiro, quando nossa petição clama por misericórdia? Além disso – continuou o cavalheiro –, e se o Príncipe, quando receber a petição, perguntar: "Qual é o seu nome?", pois lá ninguém sabe, mas ele saberá e responderá: "Velho Boa Obra", o que vocês acham que Emanuel dirá sobre isso? "Ah, o Velho Boa Obra ainda está vivo em Alma Humana? Então deixe que ele os salve de suas aflições." E, se ele disser isso, tenho certeza de que estaremos perdidos; nem mil Boas Obras poderão salvar Alma Humana.

Depois de registrador apresentar suas razões para que Boa Obra não entregasse a petição para Emanuel, os demais prisioneiros e o chefe de Alma Humana também foram contrários, e então o Velho Boa Obra foi descartado, e eles concordaram em enviar o Sr. Desperta Desejos novamente. Então, eles o mandaram chamar, e desejaram que ele aceitasse levar de novo sua petição para o Príncipe, e o homem prontamente concordou. No entanto, eles o alertaram a prestar atenção para que nenhuma palavra ou ação ofendesse o Príncipe.

– Pois ao fazê-lo, até onde sabemos, você poderá trazer uma destruição completa para Alma Humana – advertiram.

Quando o Sr. Desperta Desejos soube que deveria sair nessa missão, implorou a eles que permitissem que o Sr. Olhos

Molhados o acompanhasse. Esse senhor era um vizinho próximo do Sr. Desejos, um pobre homem, com um espírito quebrantado, e, mesmo assim, alguém que sabia como realizar uma petição; então eles permitiram que fossem juntos. Assim, eles se prepararam para sua missão: o Sr. Desejos colocou uma corda sobre a cabeça, e o Sr. Olhos Molhados cruzou as mãos. E partiram para o pavilhão do Príncipe.

Quando foram entregar a terceira petição, pensavam que, por irem até lá tantas vezes, podiam se tornar um fardo para o Príncipe. Então, quando chegaram à porta de seu pavilhão, primeiro pediram desculpas por eles mesmos e por incomodarem Emanuel tantas vezes. Explicaram que não tinham ido até lá naquele dia porque sentiam prazer em atrapalhar, ou porque lhes agradava ouvir a própria voz, mas, sim, por necessidade que se dirigiam até Sua Majestade. Relataram que não conseguiam descansar, nem de dia, nem de noite por causa de suas transgressões contra Shaddai e contra Emanuel. Também pensavam que o mau comportamento do Sr. Desperta Desejos na ocasião anterior poderia ter desagradado a Sua Alteza, e fez com que ele voltasse de um Príncipe tão misericordioso com as mãos vazias, e sem sua graça. Então, depois de se desculparem, o Sr. Desperta Desejos lançou-se prostrado ao chão, como da primeira vez, aos pés do poderoso Príncipe, dizendo:

– Ó, que Alma Humana viva diante de ti!

E entregou-lhe sua petição. Então, depois de lê-la, o Príncipe virou-se como na última ocasião e, voltando-se para onde o mensageiro estava deitado no chão, perguntou qual era o nome dele e qual era seu valor para Alma Humana, pois havia, dentre toda a multidão da cidade, sido escolhido para cumprir tal missão. O homem respondeu ao Príncipe:

– Ó, que o meu Senhor não se ire. Por que pergunta o nome de um morto como eu? Ignore, eu peço, e não dê atenção a quem sou, pois existe, como bem sabe, uma diferença muito grande entre mim e o Senhor. Por que os cidadãos escolheram me enviar em tal missão para o meu Senhor, eles o sabem, mas com certeza não é porque eles pensaram que tenho algum favor com meu Senhor. De minha parte, eu mesmo devo caridade a mim; quem, então, deveria me amar? Ainda assim, quero viver, e também querem viver meus cidadãos, e, como eles e eu somos culpados de grandes transgressões, enviaram-me, e eu vim em nome deles para implorar misericórdia ao meu Senhor. Que lhe agrade, então, inclinar-se à misericórdia; mas não pergunte quem são seus servos.

Em seguida, disse o Príncipe:

— E quem é esse que se tornou seu companheiro em um assunto tão pesado?

A essa pergunta, o Sr. Desejos disse a Emanuel que ele era um pobre vizinho seu, e um de seus amigos mais próximos.

— E o seu nome — disse ele —, se agrada Sua Majestade, é Olhos Molhados, da cidade de Alma Humana; eu sei que há muitas pessoas com esse nome que não o são, mas espero que não ofenda meu Senhor eu ter trazido meu pobre vizinho comigo.

Então o Sr. Olhos Molhados caiu com o rosto ao chão e desculpou-se por ir com seu vizinho até seu Senhor:

— Ó meu Senhor — disse ele —, não sei o que sou, nem se meu nome é falso ou verdadeiro, principalmente quando começo a pensar no que algumas pessoas falaram, de que esse nome foi dado a mim porque Arrependimento era meu pai. Bons homens têm filhos ruins, e os sinceros às vezes geram hipócritas. Minha mãe também me chamava por esse nome desde o berço, mas, por causa da umidade de meu cérebro, ou pela maciez de meu coração, não sei dizer. Vejo sujeira em minhas próprias lágrimas, e imundície em minhas orações. Mas oro — e durante todo esse tempo o homem chorava — para que você não se lembre de nossas transgressões, nem fique ofendido pelo despreparo de seus servos, mas que misericordiosamente não considere o pecado de Alma Humana, e não nos prive mais da glória de sua graça.

Com esse pedido, os homens se levantaram, e ambos tremiam diante dele, e Emanuel falou com ambos:

– A cidade de Alma Humana rebelou-se terrivelmente contra meu Pai, e o rejeitou como seu Rei, além de escolher como capitão um mentiroso, um assassino e um escravo desertor. E Diabolus, seu falso príncipe, embora antes tão respeitado por vocês, rebelou-se contra mim e meu Pai, mesmo em nosso palácio e nossa mais alta corte, pensando em se tornar um príncipe e rei. No entanto, sendo descoberto e preso a tempo, e por sua maldade colocado em correntes, e separado para as profundezas com aqueles que eram seus companheiros, ofereceu-se a vocês, e vocês o receberam. Isso é, e tem sido por muito tempo, uma grande afronta para meu Pai; por isso, ele enviou até vocês um poderoso exército, a fim de submetê-los à sua obediência. Mas vocês sabem como esses homens, seus capitães e seus conselheiros foram tratados, e o que receberam de suas mãos. Vocês se rebelaram contra eles, fecharam seus portões para eles, convocaram-nos para a batalha, combateram-nos e lutaram por Diabolus contra eles. Então eles pediram mais poder ao meu Pai, e eu, com meus homens, viemos para subjugá-los. No entanto, assim como vocês trataram os servos, trataram seu Senhor. Vocês se levantaram de maneira hostil contra mim, fecharam seus portões contra mim, taparam seus ouvidos contra mim e resistiram o máximo que puderam. Porém, agora eu conquistei a cidade. Vocês pediram misericórdia enquanto ainda tinham esperanças de que pudessem me vencer? Mas agora que tomei a cidade, vocês choram. Por que não choraram antes, quando a bandeira branca de minha misericórdia, a bandeira vermelha da justiça e a bandeira negra que ameaçava a execução foram hasteadas para incitá-los a fazê-lo? Agora derrotei seu Diabolus e vocês vêm até mim para pedir meu favor; mas por que não me ajudaram contra o poderoso? No entanto, vou considerar sua petição, e responderei a ela assim que for para minha glória.

"Vão, peçam ao Capitão Boanerges e ao Capitão Convicção que me tragam os prisioneiros para o acampamento amanhã, e digam ao Capitão Julgamento e ao Capitão Execução que fiquem no castelo, e prestem atenção para que mantenham tudo em silêncio em Alma Humana até que recebam mais notícias minhas." – E, com isso, ele se retirou da presença deles e entrou em seu pavilhão real.

Então, os mensageiros, ao receber a resposta do Príncipe, voltaram, como da primeira vez, para seus companheiros. No entanto, não haviam caminhado por muito tempo e pensamentos de que o Príncipe de Alma Humana não tinha intenção de conceder-lhes misericórdia começaram a trabalhar em suas mentes. Foram eles até o lugar onde estavam os prisioneiros, mas os pensamentos sobre o que aconteceria com Alma Humana se tornaram tão fortes sobre eles que, quando chegaram até os que os enviaram, eles mal conseguiam entregar sua mensagem.

Ainda assim, eles finalmente chegaram aos portões da cidade (agora os cidadãos esperavam sua volta com seriedade), aonde muitos foram ao seu encontro, a fim de saber qual era a resposta para a petição. Então eles gritaram para os que foram enviados:

– Quais são as notícias do Príncipe? E o que Emanuel disse?

Mas eles disseram que precisavam ir até a prisão, como antes, e lá entregar sua mensagem. Então, dirigiram-se a ela, com a multidão seguindo-os. Quando alcançaram os portões da prisão, contaram a primeira parte do discurso de Emanuel aos prisioneiros, ou seja, como ele refletiu sobre sua deslealdade para com seu Pai e para com ele mesmo, e como eles escolheram e entraram em acordo com Diabolus, e lutaram por ele, deram atenção a ele, e por ele foram governados, e como desprezaram o Príncipe e seus homens. Isso fez os prisioneiros empalidecerem; os mensageiros, entretanto, continuaram, dizendo:

– Ele, o Príncipe, disse que ainda iria considerar sua petição, e daria sua resposta quando fosse o momento de sua glória.

E, quando essas palavras foram ditas, o Sr. Olhos Molhados suspirou profundamente. Todos se sentiram como se estivessem em meio a um monte de lixo, e não sabiam o que dizer. O medo também os dominou de tal maneira, e a morte parecia pesar sobre o rosto deles. Havia na companhia um companheiro notável, afiado em seus pensamentos, um homem de estado, e seu nome

era Inquisidor. Este perguntou aos mensageiros se eles haviam contado tudo o que Emanuel dissera, e eles responderam:
– Realmente, não.
Então disse Inquisidor:
– Bem que eu imaginei. Falem, o que mais ele lhes disse? Então eles pararam um pouco; mas logo contaram tudo:
– O Príncipe ordenou ao Capitão Boanerges e ao Capitão Convicção que levassem os prisioneiros até ele amanhã; e que o Capitão Julgamento e o Capitão Execução deveriam encarregar--se do castelo e da cidade até que recebessem mais notícias dele.

Eles também disseram que, quando o Príncipe ordenou que fizessem isso, ele imediatamente virou as costas para eles e voltou para seu pavilhão.

Mas, ó, como essa resposta e principalmente essa última parte, a de que os prisioneiros deveriam ser levados para o Príncipe no acampamento, despedaçaram seus corações! Juntos, eles lançaram um clamor que alcançou até os céus. Feito isso, os três se prepararam para morrer (e registrador lhes disse: "Era isso que eu temia"), pois concluíram que, no dia seguinte, assim que o sol desaparecesse, eles seriam eliminados do mundo.

A cidade inteira também não esperava mais nada além de que, a seu tempo e ordens, todos eles bebessem do mesmo cálice. Assim, a cidade de Alma Humana passou aquela noite lamentando-se em panos de saco e cinzas. Os prisioneiros também, quando chegou o tempo de irem até o Príncipe, vestiram--se em trajes de luto, com rosas sobre a cabeça. Toda a cidade de Alma Humana também apareceu nos muros, vestida de luto, para que, talvez, se o Príncipe a visse, pudesse se compadecer. Mas, ó, como os moradores da cidade de Alma Humana estavam preocupados! Eles correram de um lado a outro pelas ruas da cidade, chorando enquanto corriam de forma tumultuada, um após o outro, e outros no caminho contrário, para a total distração de Alma Humana.

Bem, chegou o tempo de os prisioneiros descerem para o acampamento, e apresentarem-se ao Príncipe. E o fizeram desta forma: o Capitão Boanerges foi com uma guarda diante deles, e o Capitão Convicção veio pela retaguarda, com os prisioneiros ao meio, presos em correntes. Como eu disse, os prisioneiros foram no meio, e os guardas com as cores vibrantes foram antes e depois, mas os prisioneiros foram com o espírito abatido.

Ou, mais especificamente, os prisioneiros foram caminhando de luto: eles colocaram cordas sobre a cabeça; caminharam, batendo no peito, mas sem ousar erguer os olhos para o céu. Assim eles passaram pelo portão de Alma Humana até chegarem ao centro do exército do Príncipe, cuja visão e glória só aumentaram sua aflição. E não conseguiam mais se conter, e gritavam:
– Ó homens infelizes! Ó miseráveis homens de Alma Humana!

As correntes, misturando suas dolorosas notas ao lamento dos prisioneiros, deixaram o barulho ainda mais lamentável.

Então, quando chegaram à porta do pavilhão do Príncipe, lançaram-se, prostrados em seu lugar; então um dos homens entrou e disse ao seu Senhor que os prisioneiros haviam chegado. O Príncipe então levantou-se de seu trono, e pediu para os prisioneiros entrarem; quando o fizeram, eles tremeram diante de Emanuel, e cobriram o rosto de vergonha. Enquanto se aproximavam do lugar onde o Príncipe estava, eles se prostraram diante dele. Então disse o Príncipe ao Capitão Boanerges:
– Ordene que os prisioneiros fiquem em pé.

Então o fizeram, tremendo diante dele, e Emanuel disse:
– Vocês são os homens que até esta data eram servos de Shaddai?

E eles responderam:
– Sim, Senhor, sim.

Então o príncipe falou novamente:
– Vocês são os homens que se permitiram ser corrompidos e contaminados por aquele abominável, Diabolus?

E eles responderam:
– Nós fizemos mais do que permitir, Senhor; nós o escolhemos com nossa própria mente.

O Príncipe indagou:
— Vocês teriam ficado felizes se continuassem em sua escravidão, sob sua tirania, enquanto vivessem?
Então disseram os prisioneiros:
— Sim, Senhor, sim, pois esses caminhos eram agradáveis para nossa carne, e outro estado havia se tornado estranho para nós.
— E vocês — perguntou o Príncipe —, quando me levantei contra a cidade de Alma Humana, desejaram realmente em seu coração que eu nunca vencesse a batalha sobre vocês?
— Sim, Senhor, sim — responderam.
Então disse o Príncipe:
— E qual é a punição que vocês acham que merecem de minhas mãos, por esses e outros pecados mais graves que cometeram?
E eles declararam:
— A morte e as profundezas, Senhor; não merecemos nada menos.
E ele perguntou novamente se eles tinham algo para dizer por si mesmos para que, já que confessaram que mereciam, a sentença não fosse executada. E eles disseram:
— Não temos nada para dizer, Senhor. Você é justo, pois nós pecamos.
E então perguntou o Príncipe:
— E para que são essas cordas sobre a cabeça?
Os prisioneiros responderam:
— São para nos guiar para o local de execução, caso não lhe seja agradável usar de misericórdia.
Então, Emanuel perguntou se todos os homens da cidade de Alma Humana compartilhavam da mesma confissão que eles. E os homens responderam:
— Todos os nativos, Senhor; mas não podemos dizer o mesmo sobre os diabolianos que vieram para a nossa cidade depois que o tirano a tomou para si.
Então o Príncipe ordenou que chamassem um mensageiro, e que ele deveria, por todo o acampamento de Emanuel, proclamar, e isso com o som da trombeta, que o Príncipe, o filho de

Shaddai, havia, em nome de seu Pai e para a glória dele, obtido uma conquista e vitória perfeitas sobre Alma Humana; e que os prisioneiros deveriam segui-lo, e dizer Amém. Então, isso foi feito como ele ordenou. Assim, a música soou melodiosamente, os capitães que estavam no acampamento gritaram, e os soldados criaram canções de triunfo para o Príncipe; as cores balançavam no vento, e havia grande alegria em toda parte, menos no coração dos homens de Alma Humana.

Então, o Príncipe chamou novamente os prisioneiros para ficarem diante dele, e os homens vieram, tremendo. E Emanuel lhes disse:

– Os pecados, as transgressões e iniquidades que vocês, com toda a cidade de Alma Humana, cometeram de tempos em tempos contra o meu Pai e a mim, recebi dele a ordem para perdoar a ambos, tanto Alma Humana quanto vocês.

E, ao dizer isso, ele lhes deu, escrito em pergaminho e selado com sete selos, um grande e abrangente perdão, ordenando ao Sr. Prefeito, ao Sr. Vontade Seja Feita e ao Sr. Registrador que proclamassem e fizessem com que fosse proclamado, assim que o sol nascesse, por toda a cidade de Alma Humana.

Além disso, o Príncipe retirou as roupas de luto dos prisioneiros, e lhes deu coroa em vez de cinzas, óleo de alegria em vez de lamento, e vestes de louvor em vez de espírito angustiado (Is 61:3).

Então, ele entregou a cada um três joias de ouro e pedras preciosas, retirou as cordas deles e colocou-lhes correntes de ouro no pescoço, e brincos nas orelhas. Os prisioneiros, quando ouviram as palavras graciosas do Príncipe Emanuel, e contemplaram o que seria feito por eles, quase desmaiaram, pois a graça, o favor e o perdão foram repentinos, gloriosos e tão enormes que eles não foram capazes de recebê-los sem cambalear. Sim, o Sr. Vontade Seja Feita desfaleceu completamente, mas o Príncipe foi até ele e colocou seus braços eternos sobre o homem, abraçou-o, beijou-o, e disse-lhe que tivesse bom ânimo, pois tudo seria realizado de acordo com a sua palavra. Ele também beijou, abraçou e sorriu para os outros dois companheiros de Vontade Seja Feita, dizendo:

– Levem essas coisas como símbolo de meu amor, favor e compaixão por vocês; eu encarrego você, Sr. Registrador, de dizer em toda a cidade de Alma Humana o que viu e ouviu.

Seus grilhões se despedaçaram diante de seus olhos, e foram lançados no ar, e seus passos aumentaram diante deles. Então, caíram aos pés do Príncipe, e beijaram-lhe os pés, e os molharam com lágrimas: eles também clamaram com uma voz forte e poderosa, dizendo:

– Bendita seja a glória do Senhor deste lugar.

Então, ordenaram que eles se levantassem e fossem para a cidade, a fim de dizer à Alma Humana o que o Príncipe fizera. Ele também ordenou que alguém com uma flauta e um tambor fosse tocando diante deles por todo o caminho até a cidade de Alma Humana. Então, cumpriu-se o que eles nunca imaginaram, e puderam possuir aquilo com que nunca sonharam.

O Príncipe também chamou o nobre Capitão Crédito, e ordenou a ele e a alguns de seus oficiais que marchassem adiante dos nobres homens de Alma Humana com cores esvoaçantes para dentro da cidade. Ele também encarregou o Capitão Crédito de que, no momento em que o registrador lesse o perdão geral na cidade de Alma Humana, naquele exato momento, ele deveria marchar com as cores passando pelo Portão dos Olhos com seus dez mil homens, e ir pela rua principal da cidade, até os portões do castelo, e ele mesmo deveria tomar posse do local. Emanuel ordenou também ao Capitão Julgamento e ao Capitão Execução que deixassem a fortaleza para ele, e saíssem de Alma Humana, a fim de retornar para o acampamento e para o Príncipe com rapidez.

E, assim, a cidade de Alma Humana também foi liberta do medo dos quatro capitães e de seus homens.

## CAPÍTULO nove

BEM, EU JÁ DISSE A VOCÊS como os prisioneiros foram recebidos pelo nobre Príncipe Emanuel, e como se portaram diante dele. Além disso, contei também como ele os enviou para casa com flauta e tambor indo à frente deles. Você pode imaginar que aqueles que ficaram na cidade esperando todo esse tempo ouvir sobre a morte dos prisioneiros estavam repletos de tristeza em suas mentes e com pensamentos que espetavam como espinhos. Seus pensamentos não podiam mais ser guardados; o vento soprava com eles todo esse tempo grandes incertezas; sim, seu coração era como uma balança que fora mexida com uma mão agitada. Mas, enfim, ao olharem sobre os muros de Alma Humana, pensaram ter visto alguém retornando para a cidade; e pensaram novamente: *Quem pode ser?* Logo perceberam que eram os prisioneiros. Você consegue imaginar como o coração dessas pessoas ficou surpreso e maravilhado, principalmente quando viram com que companhia e honra eles voltavam? Foram para o acampamento vestidos de preto, e voltaram para a cidade vestidos de branco; foram com cordas, e voltaram com correntes de ouro; foram com os pés em grilhões, e voltaram com os pés largos; foram para o acampamento esperando a morte, mas voltaram com a certeza da vida; foram com o coração pesado, e voltaram com flautas e tambores tocando diante deles. Então, assim que chegaram ao Portão dos Olhos, a pobre e vacilante cidade de Alma Humana arriscou dar um grito; e deu um grito tão alto que os capitães do exército do Príncipe pularam com o som. Ai, pobres almas! Quem poderia culpá-los? Seus amigos mortos voltaram à vida; pois, para eles, ver os anciãos da cidade de Alma Humana brilharem com tal esplendor era como vê-los ressuscitar dos mortos. Eles não esperavam nada além do machado e do cepo; mas, veja a alegria e a felicidade, o alívio e o consolo, e tão melodiosas notas que os alcançam, suficientes para curar um homem doente.

Então, quando eles chegaram, cumprimentaram os outros com:

– Bem-vindos, bem-vindos! E bendito seja aquele que os poupou! – E também acrescentaram: – Vemos que está tudo bem com vocês, mas o que será da cidade de Alma Humana? Ficará tudo bem com Alma Humana?

Então responderam o registrador e o Sr. Prefeito:

– Ó, temos notícias! Boas notícias! Boas notícias de bem, e de grande alegria para a pobre Alma Humana!

Então, deram outro grito, que fez a terra soar novamente. Depois, perguntaram o que acontecera no acampamento e qual mensagem eles tinham de Emanuel para a cidade. Os homens lhes disseram tudo o que acontecera a eles no acampamento, e tudo o que o Príncipe fizera. Isso deixou Alma Humana maravilhada diante da sabedoria e graça do Príncipe Emanuel. Então, os homens contaram o que haviam recebido de suas mãos para toda a cidade de Alma Humana, e o registrador entregou a mensagem com essas palavras: "PERDÃO! PERDÃO! PERDÃO para Alma Humana! E Alma Humana saberá disso amanhã!". Em seguida, ordenou e convocou Alma Humana para se reunir no mercado central no dia seguinte, a fim de ouvir o que estava escrito no pergaminho.

No entanto, quem é capaz de imaginar que transformação, que mudança e que modificação esse recado operou no semblante da cidade de Alma Humana! Ninguém conseguiu dormir naquela noite tamanha alegria; em todas as casas havia júbilo e música, canções e danças; Alma Humana só conseguia falar e ouvir sobre a alegria da cidade. E esse era o conteúdo de sua canção:

– Ó! Mais dessa alegria ao nascer do sol! Mais dessa alegria amanhã!

Um dizia:

— Quem pensaria ontem que hoje seria um dia tão feliz para nós? E quem imaginaria, ao ver nossos prisioneiros em ferros, que eles voltariam em correntes de ouro? Sim! Aqueles que julgaram a si mesmos enquanto iam para serem julgados por seu juiz, foram por ele absolvidos! Não porque eram inocentes, mas por causa da misericórdia do Príncipe, e foram enviados para casa com flautas e tambores. Mas isso é um costume dos príncipes? Eles estão acostumados a demonstrar tal favor aos traidores? Não! Isso é um privilégio de Shaddai, e de Emanuel, seu filho!

A manhã chegou apressadamente; assim, o Sr. Prefeito, o lorde Vontade Seja Feita e o Sr. Registrador foram até o mercado no momento indicado pelo Príncipe, onde os cidadãos esperavam por eles. Quando ali chegaram, usavam os mesmos trajes e encontravam-se na mesma glória concedidos pelo Príncipe no dia anterior, e a rua estava iluminada com a glória deles. Então, o prefeito, o lorde Registrador e o Sr. Vontade Seja Feita desceram até o Portão da Boca, localizado no final do mercado, em seu ponto mais baixo, pois ali era o lugar que eles usavam para ler assuntos públicos. Para lá, portanto, os homens caminharam com suas vestes, e seus tamboretes foram adiante deles. A ansiedade do povo para saber toda a história era grande.

Então, o registrador ficou em pé e, primeiro fazendo sinal com sua mão para pedir silêncio, leu a carta de perdão em voz alta. No entanto, quando ele chegou a estas palavras: "O Senhor, o Senhor Deus, misericordioso e gracioso, perdoa as iniquidades, transgressões e pecados, e todas as formas de pecado e blasfêmia serão perdoados", eles não conseguiram não saltar de alegria. Afinal, você deve saber, essa declaração envolvia todos os homens em Alma Humana; além disso, os selos do perdão eram um espetáculo esplêndido.

Quando o registrador terminou de ler o indulto, os cidadãos correram para os muros da cidade, e lá pularam e saltaram de alegria, prostrando-se sete vezes com o rosto em direção ao

pavilhão de Emanuel, e gritaram em alto e bom som de júbilo, dizendo:
– Que Emanuel viva para sempre!

Foi dada uma ordem aos rapazes de Alma Humana de que eles deveriam tocar os sinos em sinal de alegria. Então os sinos tocavam, as pessoas cantavam, e a música soava em todas as casas de Alma Humana.

Quando o Príncipe enviou os três prisioneiros de Alma Humana para casa com alegria, flautas e tambores, ordenou a seus capitães, com todos os oficiais e soldados em todo o seu exército, que estivessem prontos naquela manhã em que o registrador leria o indulto em Alma Humana, para cumprir o seu desejo seguinte. Então, chegada a manhã, como relatei, assim que o registrador terminou de ler o indulto, Emanuel ordenou que todas as trombetas do acampamento fossem tocadas, que as cores fossem reveladas, metade sobre o Monte Gracioso e metade sobre o Monte Justiça. Ele também ordenou a todos os capitães que se apresentassem em toda sua armadura, e os soldados deveriam gritar de alegria. O Capitão Crédito, embora estivesse dentro do castelo, não ficou em silêncio em um dia como aquele; ele, no topo da fortaleza, mostrou-se com o som de trombeta para Alma Humana e para o acampamento do Príncipe.

Assim, mostrei a vocês a forma e a maneira com que Emanuel recuperou a cidade de Alma Humana das mãos e do poder do tirano Diabolus.

Quando o Príncipe encerrou as comemorações, ele novamente ordenou a seus capitães e soldados que demonstrassem para Alma Humana algumas estratégias de guerra. Então, eles prontamente começaram a trabalhar. Mas, ó, que agilidade, vivacidade, destreza e bravura esses homens militares demonstraram em estratégias de guerra para a agora atenta cidade de Alma Humana!

Eles marcharam, contramarcharam; foram para a direita e para a esquerda; dividiram e subdividiram; fecharam as frentes, giraram, preparam a dianteira e a retaguarda, com as alas da direita e da esquerda, e muitas outras coisas, com competência. Assim, exibiram-se e atraíram, ou melhor, arrebataram os corações que os contemplavam em Alma Humana. Além disso, somamos a maneira como manejavam suas armas e a destreza com os engenhos de guerra, que me encheram, assim como a Alma Humana, de admiração.

Quando isso terminou, a cidade inteira de Alma Humana saiu, como um único homem, em direção ao Príncipe no acampamento para agradecer a ele, louvá-lo por seu favor abundante, e implorar que fosse de sua vontade ir até Alma Humana com seus homens e lá montar seu quartel para sempre. E fizeram isso de maneira muito humilde, prostrando-se ao chão sete vezes diante dele. E o Príncipe disse:

– Que a paz esteja com vocês.

Então a cidade se aproximou e tocou a ponta de seu cetro dourado com as mãos. E eles disseram:

– Ó, que o Príncipe Emanuel, com seus capitães e homens de guerra, habite em Alma Humana para sempre; e que seus aríetes e atiradeiras permaneçam nela para uso e serviço do príncipe, e para o auxílio e força de Alma Humana. Pois – disseram os homens – nós temos espaço para eles, temos espaço para seus homens, e também temos espaço para suas armas de guerra, e um lugar para fazer uma garagem para suas carruagens. Faça isso, Emanuel, e você será o Rei e Capitão de Alma Humana para sempre. Sim, governe o senhor também segundo o desejo de sua alma, e faça de seus capitães e homens de guerra governadores e príncipes abaixo de você, e nós seremos seus servos, e suas leis serão nosso guia.

Ainda falaram e oraram para que Sua Majestade o considerasse:

– Se agora, após toda essa graça concedida a nós, sua miserável cidade de Alma Humana, você for embora, você e seus capitães, a cidade morrerá. Sim, nosso bendito Emanuel, se você se apartar de nós agora que nos fez tanto bem, e demonstrou tanta misericórdia, o que acontecerá senão que nossa alegria será como se nunca tivesse existido, e nossos inimigos virão sobre nós com mais raiva do que na primeira vez? Portanto, nós imploramos, ó desejado de nossos olhos, e força e vida de nossa pobre cidade, aceite esse pedido que fizemos para nosso Senhor, e venha habitar no meio de nós, e permita que sejamos o seu povo. Além disso, Senhor, nós não sabemos, mas até hoje muitos diabolianos ainda podem estar espreitando a cidade de Alma Humana, e eles nos atrairão, quando você nos deixar, para as mãos de Diabolus novamente; e quem sabe quais planos, esquemas ou ideias já passaram pela mente deles sobre essas coisas? Não queremos cair mais uma vez em suas terríveis mãos. Portanto, aceite nosso palácio como sua residência, e as casas dos melhores homens em nossa cidade para receber seus soldados e seus pertences.

Então questionou o Príncipe:

– Se eu for para sua cidade, vocês permitirão que eu execute o que está em meu coração contra meus inimigos e seus? Sim, vocês me ajudarão em tais realizações?

Eles responderam:

– Não sabemos o que faremos; não pensamos nenhuma vez que poderíamos ser traidores de Shaddai como demonstramos ser. O que, então, podemos dizer para o nosso Senhor? Que ele não confie em seus santos; permita que o Príncipe habite em nosso castelo, e faça de nossa cidade um forte de guerra; permita que ele estabeleça seus nobres capitães e seus soldados sobre nós; sim, permita que ele nos conquiste com seu amor, e nos domine com sua graça, e certamente ele estará conosco, e nos ajudará, como esteve e fez naquela manhã em que nosso indulto foi lido para nós. Nós consentimos com isso, nosso Senhor, e com seus caminhos, e lutaremos com sua palavra contra o poderoso. Uma palavra mais e seus servos terminarão, e isso não incomodará mais nosso Senhor. Não conhecemos a profundeza de sua sabedoria, nosso Príncipe. Quem poderia pensar que já houvesse sido julgado por sua razão, que tanta doçura como nós agora desfrutamos poderia sair daquelas amargas provas com as quais fomos provados no início! Mas, Senhor, permita que a luz vá adiante e o amor venha depois; sim, leve-nos pelas mãos, e guie-nos por seus conselhos, e permita que isso continue sobre nós, que todas as coisas sejam o melhor para seus servos, e venha para nossa Alma Humana, e faça como lhe agrada. Ou, Senhor, venha para nossa Alma Humana, faça o que quiser, e nos impeça de pecar, tornando-nos úteis para Sua Majestade.

Então, disse o Príncipe para a cidade de Alma Humana novamente:

– Vão, retornem para suas casas em paz. De boa vontade, eu atenderei aos seus desejos. Removerei meu pavilhão real, prepararei minhas forças diante do Portão dos Olhos amanhã, e marcharei em direção à cidade de Alma Humana. Possuirei o castelo de Alma Humana, e estabelecerei meus soldados sobre vocês. Sim, farei algo em Alma Humana que não se comparará a nenhuma nação, país ou reino debaixo do céu.

Então os homens de Alma Humana deram um brado, e voltaram para suas casas em paz. Eles também contaram a seus irmãos e amigos o bem que Emanuel havia prometido para Alma Humana.

– E amanhã – disseram –, ele entrará em marcha em nossa cidade, e fará sua habitação, ele e seus homens.

Então saíram os habitantes da cidade de Alma Humana com pressa para as árvores verdes e para os prados, a fim de colher ramos e flores, para espalhar pelas ruas por onde seu Príncipe, o Filho de Shaddai, passaria. Eles também fizeram coroas e outros itens para demonstrar como estavam felizes, e deveriam estar, por receber seu Emanuel em Alma Humana. Sim, eles adornaram a rua desde o Portão dos Olhos até o portão do castelo, o lugar onde o Príncipe ficaria. Eles também prepararam para sua chegada toda música que a cidade de Alma Humana poderia conseguir, a fim de que tocassem adiante dele em seu caminho para o palácio, sua habitação.

Então, no momento oportuno, ele aproximou-se de Alma Humana, e os portões foram abertos; os anciãos e idosos de Alma Humana o encontraram para saudá-lo com mil boas-vindas. Então Emanuel subiu e entrou em Alma Humana, ele e todos os seus servos. Os anciãos de Alma Humana também foram à frente do Príncipe dançando até ele chegar ao portão do castelo. E foi assim que o Filho de Shaddai chegou até lá: vestido em sua armadura dourada, conduzia sua carruagem real, as trombetas soavam diante dele, as bandeiras estavam erguidas, seus dez mil homens a seus pés, e os anciãos de Alma Humana dançando diante dele. Os muros da famosa cidade de Alma Humana estavam repletos com passos de seus habitantes, que subiram ali para ver a chegada do bendito Príncipe e de seu exército real. Batentes, janelas, varandas e telhados das casas estavam repletos de pessoas de todos os tipos, para observar como sua cidade estava prestes a encher-se de bondade.

Quando ele alcançou a casa do registrador, ordenou que alguém fosse até o Capitão Crédito, a fim de saber se o castelo de Alma Humana estava preparado para receber sua presença real (pois tal preparação estava a cargo do capitão), e chegou a informação de que estava. Então foi ordenado que o Capitão Crédito também saísse com sua força para encontrar o Príncipe, o que foi feito como ordenado; e ele o conduziu para o castelo. Feito isso, naquela noite o Príncipe hospedou-se no castelo com seus poderosos capitães e homens de guerra, para a alegria da cidade de Alma Humana.

A próxima preocupação dos cidadãos era de que forma os capitães e soldados do Príncipe iriam se dividir entre ele; e a preocupação não era sobre como deveriam ignorá-los, e sim como poderiam encher suas casas com ele; pois todos os homens em Alma Humana agora tinham apreço por Emanuel e seus homens, e nada os entristecia mais do que não serem grandes o bastante para conseguir, cada um deles, receber o exército inteiro do Príncipe em suas casas. Sim, eles consideravam um privilégio esperar por eles, e, naqueles dias, seguir suas ordens como lacaios.

Por fim, chegaram a esta conclusão:

1. O Capitão Inocência deveria ficar com o Sr. Razão.
2. O Capitão Paciência deveria ficar com o Sr. Mente. Este, anteriormente, o clérigo do lorde Vontade Seja Feita na época da rebelião.
3. Foi solicitado ao Capitão Caridade que ficasse na casa do Sr. Afeição.
4. O Capitão Boa Esperança deveria ficar com o lorde Prefeito. Na casa do registrador, segundo sua própria vontade, porque sua casa ficava próxima ao castelo, e porque havia sido pedido pelo Príncipe, caso fosse necessário soar o alarme em Alma Humana, sim, como eu disse, o Príncipe solicitara que o Capitão Boanerges e o Capitão Convicção ficassem com Registrador, eles e seus homens.
5. Quanto ao Capitão Julgamento e ao Capitão Execução, o lorde Vontade Seja Feita os levou, a eles e a seus homens, para sua casa, porque ele governaria, abaixo de seu Príncipe, e agora pelo bem da cidade de Alma Humana, como ele fizera antes, abaixo do tirano Diabolus, para o mal e dano da cidade.
6. E os exércitos de Emanuel foram divididos por toda a cidade, mas o Capitão Crédito e seus homens ainda permaneceram no castelo. Então o Príncipe, seus capitães e seus soldados hospedaram-se na cidade de Alma Humana.

Os idosos e anciãos da cidade pensaram que eles nunca se cansariam do Príncipe Emanuel; sua pessoa, suas ações, suas palavras e seu comportamento eram muito agradáveis, arrebatadores e desejáveis para eles. Então pediram que, embora o castelo de Alma Humana fosse sua residência (e eles queriam que Emanuel habitasse lá para sempre), ele pudesse visitar as ruas, as casas e as pessoas de Alma Humana.

– Pois – disseram eles –, temido Soberano, sua presença, sua aparência, seu sorriso e suas palavras são a vida, a força e a energia da cidade de Alma Humana.

Além disso, eles desejavam que pudessem ter, sem dificuldades ou interrupções, acesso contínuo a ele (e para esse propósito o Príncipe ordenou que os portões ficassem abertos), para que os homens pudessem observar seu modo de agir, as fortalezas do lugar e a casa-mansão real do Príncipe. Quando ele falava, todos fechavam os lábios e prestavam atenção; quando ele caminhava, era o prazer deles imitá-lo em seus caminhos.

Após certo tempo, Emanuel realizou um banquete para a cidade de Alma Humana; nesse dia, os cidadãos foram até o castelo para comer com Emanuel; e ele festejou com eles com todos os tipos de comida diferente: alimentos que não cresciam nos campos de Alma Humana nem em todo o reino do Universo; eram alimentos que vinham da corte de seu Pai. Então, prato após prato era colocado diante deles, e eram incentivados a comer livremente. Mas, ainda assim, quando um prato novo era apresentado, um sussurrava para o outro:

– O que é isso? – perguntavam, pois não sabiam como chamá-lo.

Os homens também beberam da água que fora transformada em vinho, e se alegraram muito com ele. Havia música em todas as partes da mesa; e eles comeram a comida dos anjos, e provaram o mel extraído da rocha. E assim os cidadãos de Alma Humana alimentaram-se da comida típica da corte até ficarem satisfeitos.

Não posso me esquecer de contar que os músicos que estavam à mesa não eram do país, nem da cidade de Alma Humana, mas eram os mestres das canções entoadas na corte de Shaddai.

Terminado o banquete, Emanuel foi entreter a cidade de Alma Humana com alguns enigmas elaborados pelo secretário de seu Pai, pela habilidade e sabedoria de Shaddai; esses enigmas foram feitos sobre o próprio Shaddai, e sobre Emanuel, seu filho, e sobre suas guerras e feitos em Alma Humana.

Emanuel também interpretou alguns enigmas e, ó, como eles foram iluminados! Viram o que nunca haviam visto; eles não haviam imaginado que tais raridades pudessem ser expressas em palavras tão simples. Eu lhes disse antes sobre o que eram esses enigmas; e quando foram revelados, o povo evidentemente também os enxergou. Sim, eles perceberam que as coisas em si eram um tipo de imagem, e do próprio Emanuel, pois, quando viam o desenho onde os enigmas foram escritos e olhavam para a face do Príncipe, ambos se pareciam tanto que Alma Humana só podia dizer:

– Esse é o cordeiro! Esse é o sacrifício! Essa é a rocha! Esse é o novilho! Essa é a porta! E esse é o caminho!

E muito mais.

Assim, Emanuel dispensou a cidade de Alma Humana. Mas você pode imaginar de que forma as pessoas foram tomadas por essa recepção! Ó, elas estavam embaladas pela alegria, mergulhadas em deslumbramento, enquanto viam e compreendiam, e consideravam o que seu Príncipe lhes apresentara, e quais mistérios lhes revelara. E quando eles estavam em suas casas, e em seus lugares mais reclusos, cantavam sobre ele e sobre suas ações. Sim, os cidadãos estavam tão arrebatados com seu Príncipe que poderiam cantar sobre ele dormindo.

Estava no coração do Príncipe Emanuel remodelar a cidade de Alma Humana, e refazê-la de acordo com o que lhe agradasse, e pudesse demonstrar o bem e a segurança que agora floresciam na cidade de Alma Humana. Ele também a preparou contra insurreições internas e contra invasões externas, tamanho era o seu amor pela famosa cidade de Alma Humana.

Em primeiro lugar, Emanuel ordenou que as grandes atiradeiras trazidas da corte de seu Pai, quando ele foi para a guerra em Alma Humana, fossem montadas, algumas sobre os parapeitos do castelo, outras sobre as torres; pois havia torres na cidade recém-construídas por Emanuel quando ele foi habitar ali. Também havia uma ferramenta, inventada por Emanuel, que servia para lançar pedras do castelo de Alma Humana para além do Portão da Boca; um instrumento invencível, e que nunca errava seu alvo. Portanto, pelas terríveis obras que realizou quando era utilizada, ficara ainda sem nome; e foi entregue aos cuidados do Capitão Crédito, e seria administrada por ele, em caso de guerra.

Feito isso, Emanuel chamou o lorde Vontade Seja Feita e incumbiu-lhe de cuidar dos portões, dos muros e das torres de Alma Humana. O Príncipe também entregou a milícia em suas mãos e o encarregou de resistir a todas as insurreições e tumultos que pudessem acontecer em Alma Humana contra a paz de nosso Senhor, o Rei, e contra a paz e tranquilidade da cidade de Alma Humana. Ele também lhe deu uma comissão para que, se encontrasse qualquer um dos diabolianos espreitando qualquer canto da famosa cidade de Alma Humana, imediatamente o prendesse e o entregasse sob uma custódia segura, para que agissem de acordo com a lei.

Então, Emanuel chamou o lorde Entendimento, o antigo prefeito, que foi retirado de sua posição quando Diabolus tomou a cidade, e o colocou em seu cargo novamente, e essa se tornou sua função por toda a vida. Emanuel também orientou que fosse construído um palácio para ele próximo ao Portão dos Olhos; e que fosse construído como uma torre de defesa. Ele também aconselhou que o Sr. Entendimento lesse a Revelação dos Mistérios todos os dias de sua vida, para saber como agir corretamente em seu posto.

Além disso, também colocou o Sr. Conhecimento como o Registrador, não para desprezo do Sr. Consciência, que fora Registrador anteriormente, mas porque já estava em sua mente colocar o Sr. Consciência em outra função, sobre a qual ele disse ao cavalheiro que saberia depois.

Então ordenou que a imagem de Diabolus fosse retirada de onde estava, e que eles a destruíssem, reduzindo-a a pó, e a lançassem ao vento fora dos muros da cidade. Ordenou, também, que a imagem de Shaddai, seu Pai, fosse estabelecida novamente, junto com a sua, sobre os portões do castelo; e que deveria ser feita com mais exatidão do que antes, pois ele e seu Pai haviam chegado em Alma Humana com mais graça e misericórdia dessa vez. Ele também ordenou que seu nome fosse gravado na frente da cidade, e isso deveria ser feito no melhor ouro para a honra da cidade de Alma Humana.

# CAPÍTULO dez

DEPOIS DE FAZER ISSO, Emanuel ordenou a prisão dos três grandes diabolianos: os dois antigos lordes prefeitos, Sr. Incredulidade e Sr. Desejos, e o registrador, Sr. Esqueça O Bem. Além desses, havia alguns que Diabolus elegera deputados e conselheiros em Alma Humana, que foram estabelecidos como guarnição pelas mãos do agora valente e legítimo nobre, o bravo lorde Vontade Seja Feita.

Estes eram os seus nomes: Conselheiro Ateísmo, Conselheiro Coração Duro e Conselheiro Falsa Paz. Os deputados eram: Sr. Sem Verdade, Sr. Impiedoso e Sr. Arrogância. Eles foram colocados sob custódia, e o nome do carcereiro era Sr. Homem Verdadeiro. Este era um entre aqueles que Emanuel trouxera consigo da corte de seu Pai no início da guerra contra Diabolus na cidade de Alma Humana.

Depois disso, o Príncipe ordenou que as três fortalezas que, sob o comando de Diabolus, haviam sido construídas pelos diabolianos em Alma Humana fossem demolidas (sobre as quais eu falei anteriormente). Isso, no entanto, foi algo demorado para terminar, por causa da grandeza desses lugares e porque as pedras, a madeira, o ferro e todo o entulho deveriam ser carregados sem a ajuda da cidade.

Quando essa tarefa foi concluída, o Príncipe ordenou que o lorde Prefeito e os conselheiros de Alma Humana convocassem um Tribunal Superior a fim de realizar o julgamento e a execução dos diabolianos na sociedade que se encontrava agora sob a responsabilidade do Sr. Homem Verdadeiro, o carcereiro.

Quando chegou o tempo determinado e o tribunal estava preparado, foi dada uma ordem para o Sr. Homem Verdadeiro, o carcereiro, conduzir os prisioneiros até o tribunal. Em seguida, os homens foram levados até lá, amarrados e acorrentados, como era o costume da cidade de Alma Humana. Assim, quando foram apresentados diante do lorde Prefeito, o Registrador e o restante dos honrados juízes, primeiro o júri foi formado, e, em seguida, as testemunhas fizeram um juramento. Os nomes dos integrantes do júri eram: Sr. Crença, Sr. Coração Verdadeiro, Sr. Honesto, Sr. Odeia O Mal, Sr. Ama A Deus, Sr. Vê A Verdade, Sr. Mente Celestial, Sr. Moderado, Sr. Grato, Sr. Bom Trabalho, Sr. Zelo Por Deus e Sr. Humilde.

Os nomes das testemunhas eram: Sr. Sabe-Tudo, Sr. Diz A Verdade, Sr. Odeia Mentiras e o meu lorde Vontade Seja Feita e seu homem, se necessário fosse.

Então, os prisioneiros foram apresentados aos juízes. Disse o Sr. Age Certo (pois ele era o secretário municipal):

– Conduza o Sr. Ateísmo até os juízes, carcereiro.

Assim, ele foi levado perante os juízes. Então disse o secretário:

– Ateísmo, erga sua mão. Você é apontado aqui pelo nome de Ateísmo (um intruso na cidade de Alma Humana), pois, perniciosa e estupidamente, ensinou e defendeu a ideia de que não há Deus, e por isso não é preciso dar ouvidos à religião. Você fez isso contra a existência, honra e glória do Rei, e contra a paz e a segurança da cidade de Alma Humana. O que tem a dizer? Você é culpado dessa acusação ou não?

ATEÍSMO: Inocente.

ARAUTO: Chame o Sr. Sabe-Tudo, o Sr. Diz A Verdade e o Sr. Odeia Mentiras para entrar no tribunal.

Os homens foram chamados e se apresentaram.

Então disse o secretário:

– Vocês, as testemunhas do Rei, olhem para o prisioneiro no cancelo; vocês o conhecem?

– Sim, meu senhor, nós o conhecemos; o nome dele é Ateísmo; ele tem sido por muitos anos um companheiro muito venenoso na miserável cidade de Alma Humana – respondeu o Sr. Sabe-Tudo.

Secretário: Você tem certeza de que o conhece?

Sabe-Tudo: Sim, meu senhor; eu já vivi até hoje muito tempo em sua companhia para agora dizer que não o conheço. Ele é um diaboliano, o filho de um diaboliano. Eu conheci seu avô e seu pai.

Secretário: Certo. Ele hoje está aqui indiciado pelo nome de Ateísmo e é acusado de ensinar e defender a ideia de que não há Deus, e por isso não é preciso dar ouvidos a nenhuma religião. O que vocês pensam sobre isso, testemunhas do Rei? Ele é culpado ou não?

Sabe-Tudo: Meu senhor, eu e ele estivemos juntos certa vez no Beco dos Vilões, e naquela época ele falou vivamente sobre opiniões diversas; e, ali, eu o ouvi dizer que acreditava que Deus não existia. "Mas", disse ele, "eu posso professar uma fé e ser religioso também, dependendo da companhia com que estou e das circunstâncias de outras coisas", falou ele, "incite-me a fazê-lo".

Secretário: Você tem certeza de que o ouviu falar isso?

Sabe-Tudo: Sob juramento: eu o ouvi falar isso.

– Sr. Diz A Verdade, o que você tem a dizer aos juízes do Rei a respeito do prisioneiro no tribunal? – perguntou o secretário.

Diz A Verdade: Meu senhor, eu antes era um grande companheiro dele, algo do qual agora me arrependo, e muitas vezes o ouvi dizer, e isso com orgulho, que ele acreditava que não existia nem Deus, anjo ou espírito.

Secretário: Onde você o ouviu dizer isso?

Diz A Verdade: No Beco da Boca Negra com a Travessa dos Blasfemos, e em muitos outros lugares além desses.

Secretário: Você o conhece bem?

Diz A Verdade: Eu sei que ele é um diaboliano, o filho de um diaboliano, e um homem terrível por negar a Divindade. O nome de seu pai era Nunca Seja Bom, e ele teve mais filhos além de Ateísmo. Não tenho mais nada a dizer.

SECRETÁRIO: Sr. Odeia Mentiras, olhe para o prisioneiro no cancelo; você o conhece?

ODEIA MENTIRAS: Meu senhor, Ateísmo é um dos miseráveis mais vis de quem já me aproximei, ou me envolvi em toda a minha vida. Já o ouvi dizer que não há Deus; eu já o ouvi dizer que não há um mundo por vir, nenhum pecado, nenhuma punição futura, e, além disso, o ouvi dizer que ir para um prostíbulo era tão bom quanto ir ouvir um sermão.

SECRETÁRIO: Onde você o ouviu dizer essas coisas?

ODEIA MENTIRAS: Na Travessa do Bêbado, logo no final da Alameda do Maroto, em uma casa onde o Sr. Impiedade morava.

SECRETÁRIO: Coloque-o para aguardar, carcereiro, e traga o Sr. Desejos para a corte. Sr. Desejos, você está aqui indiciado pelo nome de Desejos (um intruso na cidade de Alma Humana), pois ensinou, maliciosa e traiçoeiramente, pela prática e por palavras imundas, que é lícito e proveitoso para o homem se entregar aos seus desejos carnais; e que você, por sua vez, não negou a si mesmo – e nunca negará – a realização de nenhum de seus prazeres pecaminosos enquanto seu nome for Desejos. O que você diz? Você é culpado dessa acusação ou não?

Então disse o Sr. Desejos:

– Meu senhor, eu sou um homem de nascimento nobre, e estava acostumado a prazeres e passatempos de magnitude. Não quero ser repreendido por meus atos, mas fui criado para seguir minha vontade como se ela fosse lei. E me parece estranho ser hoje questionado por causa disso, já que não só eu, mas quase todos os homens fazem, amam ou aprovam o mesmo, secreta ou abertamente.

SECRETÁRIO: Senhor, nós não estamos preocupados com sua grandeza (embora quanto mais nobre, melhor você deveria ter sido), mas, sim, como já sabe, com a acusação apresentada contra você. O que diz? Você é culpado ou não?

DESEJOS: Sou inocente.

Secretário: Arauto, convoque as testemunhas para que se apresentem e entreguem suas evidências.

Arauto: Senhores, vocês, as testemunhas do Rei, entrem e mostrem suas provas para o nosso Senhor, o Rei, contra o prisioneiro que está no cancelo.

Secretário: Venha, Sr. Sabe-Tudo, olhe para o prisioneiro no tribunal. Você o conhece?

Sabe-Tudo: Sim, meu senhor, o conheço.

Secretário: Qual é o nome dele?

Sabe-Tudo: Seu nome é Desejos; ele era o filho de Bestial, e sua mãe lhe deu à luz na Rua da Carne. Ela era filha de Má Concupiscência. Eu conhecia todas as gerações da família dele.

Secretário: Certo. Você já ouviu a acusação. O que tem a falar sobre isso? Ele é culpado das coisas apresentadas contra ele ou não?

Sabe-Tudo: Meu senhor, ele tem sido, como ele disse, um grande homem de fato, e mais em sua maldade do que em seu "pedigree", e isso mais de mil vezes.

Secretário: Mas o que você sabe sobre suas ações particulares, e principalmente com relação à sua acusação?

Sabe-Tudo: Eu sei que ele é alguém transgressor, mentiroso, profanador do dia do descanso; sei que é um fornicador e um imundo; culpado de muitos males. Ele tem sido, a meu ver, um homem muito imundo.

Secretário: Mas onde ele cometia sua maldade? Em alguns lugares particulares, ou mais aberta e descaradamente?

Sabe-Tudo: Por toda a cidade, meu Senhor.

Secretário: Venha, Sr. Diz A Verdade, o que você tem a dizer por nosso Senhor, o Rei, contra o prisioneiro?

Diz A Verdade: Meu senhor, sei que é a verdade tudo o que a primeira testemunha disse, e ainda muito mais.

Secretário: Sr. Desejos, você ouviu o que estes senhores disseram?

Desejos: Eu sempre fui da opinião de que a vida mais feliz que um homem pode viver na terra aconteceria se ele não deixasse de fazer nada que desejasse; nem fui falso em nenhum momento sobre essa minha opinião, mas tenho vivido em amor por minhas convicções durante toda a minha vida. Eu também nunca fui tão grosseiro, tendo encontrado tanta doçura neles mesmos, em manter os elogios longe deles.

Então disse o juiz:

– Ele já falou o suficiente com sua própria boca para o condenarmos; portanto, deixe-o de lado, carcereiro, e traga o Sr. Incredulidade para o tribunal.

Incredulidade foi para o tribunal.

SECRETÁRIO: Sr. Incredulidade, você aqui é indiciado pelo nome de Incredulidade (um intruso na cidade de Alma Humana), pois, quando era um oficial da cidade de Alma Humana, perversa e pecaminosamente, incitou o povo contra os capitães do grande Rei Shaddai quando eles vieram e exigiram a posse de Alma Humana; sim, você desafiou o nome, as forças, e a causa do Rei, e também, como fez Diabolus, seu capitão, agitou e encorajou a cidade de Alma Humana a resistir à já citada força do Rei. O que você tem a dizer sobre essa acusação? Você é culpado ou não?

Então respondeu Incredulidade:

– Eu não conheço Shaddai; amo meu velho príncipe; pensei que o meu dever era ser fiel aos meus companheiros, e fazer o que eu pudesse a fim de possuir as mentes dos homens de Alma Humana para resistir a desconhecidos e estrangeiros com toda a força, e com poder lutar contra eles. Eu também não mudei, nem mudarei, a minha opinião por medo de arranjar problemas, embora no momento tenha a posição e o poder.

Então disse o juiz:

– O homem, como se vê, é incorrigível; ele mantém sua maldade pela altivez de suas palavras, e sua rebeldia com confiança insolente; portanto, deixe-o de lado, carcereiro, e traga o Sr. Esqueça O Bem para o tribunal.

Esqueça O Bem entrou no tribunal.

Secretário: Sr. Esqueça O Bem, você está aqui indiciado pelo nome de Esqueça O Bem (um intruso na cidade de Alma Humana), pois, quando todos os assuntos da cidade de Alma Humana estavam em sua mão, fez o que podia para esquecer de servi-los com o que era bom, e se uniu ao tirano Diabolus contra Shaddai, o Rei, contra seus capitães e todo o seu exército, e tudo isso para a desonra de Shaddai, e também pela violação de sua lei, e por arriscar a destruição da famosa cidade de Alma Humana. O que tem a dizer sobre essa acusação? Você é culpado ou inocente?

Então disse Esqueça O Bem:

– Senhores, e neste momento meus juízes, quanto à acusação pela qual sou denunciado, peço que atribuam meu esquecimento à minha idade, e não à minha obstinação, à loucura do meu cérebro, e não ao desdém de minha mente; e então espero que, por sua compaixão, eu seja perdoado de grande castigo, embora culpado.

A isso, disse o juiz:

– Esqueça O Bem, o seu esquecimento do bem não foi simplesmente uma fraqueza, mas, sim, proposital, porque absolutamente detestava manter o que era virtuoso em sua mente. Você conseguiu reter o que era mau, mas não suportou pensar no que era bom. Sua idade, portanto, e sua suposta loucura, você usou como desculpas para cegar o tribunal, e como uma capa para cobrir sua desonestidade. Mas vamos ouvir o que as testemunhas têm a dizer pelo Rei contra o prisioneiro. Ele é culpado dessa acusação, ou não? – questionou o secretário.

Odeia Mentiras: Meu senhor, eu ouvi Esqueça O Bem dizer que nunca suportaria pensar no que é bom, não, nem mesmo por quinze minutos.

Secretário: Onde você o ouviu dizer isso?

Odeia Mentiras: Na Travessa Tudo Ordinário, em uma casa vizinha à placa de Consciência marcada com ferro quente.

Secretário: Sr. Sabe-Tudo, o que você pode dizer por nosso Senhor, o Rei, contra o prisioneiro?
Sabe-Tudo: Meu senhor, eu conheço bem esse homem. Ele é um diaboliano, o filho de um diaboliano: o nome do pai era Não Amor; e sobre ele, muitas vezes o ouvi dizer que considerava os pensamentos de bondade a coisa mais onerosa do mundo.
Secretário: Onde você o ouviu dizer essas palavras?
Sabe-Tudo: Na Travessa da Carne, bem em frente à igreja.
Então disse o secretário:
– Venha, Sr. Diz A Verdade, relate suas provas sobre o prisioneiro, sobre a questão pela qual ele está aqui, como você vê, indiciado por esse honrado tribunal.
Diz A Verdade: Meu senhor, eu o ouvi dizer muitas vezes que ele preferia pensar na coisa mais vil a pensar no conteúdo das Sagradas Escrituras.
Secretário: Onde você o ouviu dizer tais palavras cruéis?
Diz A Verdade: Onde? Em muitos lugares, principalmente na Rua da Ânsia, na casa de um chamado Sem-Vergonha, e na Travessa Imunda, na placa do Réprobo, ao lado de Descendo Para o Poço.
Juiz: Senhores, vocês ouviram a acusação, sua contestação e o depoimento das testemunhas. Carcereiro, traga o Sr. Coração Duro para o tribunal.
Ele se apresentou ao tribunal.
Secretário: Sr. Coração Duro, você está aqui indiciado pelo nome de Coração Duro (um intruso na cidade de Alma Humana), pois encobriu a cidade de Alma Humana desesperada e perversamente com impenitência e teimosia; e os afastou do remorso e arrependimento de seus males, durante todo o tempo desde sua apostasia e rebelião contra o bendito Rei Shaddai. O que você tem a dizer sobre essa acusação? É culpado ou inocente?
Coração Duro: Meu senhor, eu nunca conheci o significado de remorso ou tristeza em toda a minha vida. Sou impenetrável. Não me importo com ninguém; nem posso ser

penetrado com os lamentos dos homens; seus gemidos não entram em meu coração. A quem quer que eu enganei, ou com quem errei, para mim é música, enquanto, para os outros, é luto.

Juiz: Vocês veem que o homem é realmente um diaboliano e condenou a si mesmo. Separe-o, carcereiro, e traga o Sr. Falsa Paz para o tribunal.

Falsa Paz se apresentou para o tribunal.

– Sr. Falsa Paz, você está aqui indiciado pelo nome de Falsa Paz (um intruso na cidade de Alma Humana), pois trouxe, guardou e manteve, perversa e satanicamente, a cidade de Alma Humana, tanto em sua apostasia quanto em sua rebelião infernal, em uma paz falsa, infundada e perigosa, e em uma segurança abominável, para desonra do Rei, para a transgressão de sua lei, e grande dano da cidade de Alma Humana. O que você tem a dizer? É culpado dessa acusação ou não?

Então disse o Sr. Falsa Paz:

– Senhores, e agora vocês, designados, para serem meus juízes, reconheço que o meu nome é o Sr. Paz; mas nego que meu nome seja Falsa Paz. Se Suas Excelências quiserem chamar qualquer um que me conheça intimamente, ou a parteira que fez meu parto para minha mãe, ou as fofoqueiras que estavam em meu batismo, elas irão, qualquer uma delas, ou todas, provar que meu nome não é Falsa Paz, e sim Paz. Por isso, não posso objetar essa acusação, já que meu nome não está inserido nela; e assim como é o meu nome, assim sou eu. Sempre fui um homem que amava viver em silêncio, e o que eu amava em mim mesmo, pensei que outros poderiam amar também. Por isso, quando via algum dos meus vizinhos trabalhando com uma mente inquieta, tentava ajudar-lhes no que podia. E muitos podem falar sobre meu bom temperamento; como quando, no início, a nossa cidade de Alma Humana recusou os caminhos de Shaddai, eles, alguns deles, começaram a ter pensamentos inquietantes sobre si mesmos pelo que haviam feito; mas eu, incomodado ao vê-los inquietos, rapidamente busquei formas de acalmá-los novamente. Ou quando os caminhos do velho mundo, e de Sodoma, estavam na moda, se alguma coisa incomodasse os que eram a favor dos costumes modernos, eu trabalhava para acalmá-los, e para fazê-los agir sem ser incomodados. Ou então, para chegar mais perto de casa, quando as guerras entre Shaddai e Diabolus aconteceram, se em qualquer momento eu visse alguém da cidade de Alma Humana com medo da destruição, eu normalmente utilizava uma forma, ferramenta, invenção ou qualquer outra coisa para deixá-los em paz novamente. Por isso, como sempre fui um homem de temperamento tão virtuoso como alguns dizem que um pacificador é. E se um pacificador é um homem tão merecedor como alguns têm sido ousados para afirmar, então me deixem, senhores, ser considerado por vocês, que têm um grande apreço pela justiça e equidade em Alma Humana, como um homem que não merece esse tipo de tratamento desumano, e sim a liberdade, e também uma licença para causar danos contra aqueles que têm sido meus acusadores.

Então, disse o secretário:
– Arauto, faça uma proclamação.

ARAUTO: Ai! Visto que o prisioneiro no tribunal negou que seu nome é aquele mencionado na acusação, o tribunal pede que, se há alguém neste lugar que pode nos dar informações sobre o nome original e legítimo do prisioneiro, apresente-se e mostre suas provas; pois o prisioneiro garante ser inocente.

Então vieram dois para o tribunal, e desejaram permissão para falar o que sabiam a respeito do prisioneiro: o nome deles era Busca A Verdade e Atesta A Verdade. Então, o Tribunal perguntou a esses homens se eles conheciam o prisioneiro, e o que poderiam dizer a respeito dele, pois ele estava firme em sua própria defesa.

Então disse o Sr. Busca A Verdade:
– Meu Senhor, eu...

JUIZ: Espere! Faça seu juramento.

Em seguida, ele fez o juramento, e continuou.

BUSCA A VERDADE: Meu senhor, conheço esse homem desde criança, e posso garantir que o nome dele é Falsa Paz. Eu conheço o pai dele, cujo nome era Sr. Bajulador. Sua mãe, antes de se casar, era chamada pelo nome de Sra. Conforto. Os dois, quando se casaram, viveram pouco tempo sem filhos; e quando ele nasceu, deram-lhe o nome de Falsa Paz. Eu era o seu companheiro de brincadeiras, mas um pouco mais velho do que ele; e, quando sua mãe o chamava para voltar para casa depois de brincar, ela costumava dizer: "Falsa Paz, Falsa Paz! Venha para casa rápido, ou eu vou buscá-lo". Sim, eu o conheço desde quando ele era pequeno, e, embora eu também fosse pequeno, ainda me lembro de quando sua mãe costumava sentar-se à porta com ele, ou brincar com ele em seus braços, ela o chamava, mais de vinte vezes, "Meu pequeno Falsa Paz! Meu belo Falsa Paz!" e "Ó meu doce e desonesto Falsa Paz!", e, de novo, "Ó meu pequeno pássaro Falsa Paz!" e "Como eu amo meu filho!". As fofoqueiras também sabem disso, embora ele tenha coragem de negar em audiência pública.

Então o Sr. Atesta A Verdade foi chamado para falar sobre ele. O homem fez o juramento.

Então disse o Sr. Atesta A Verdade:

– Meu senhor, tudo o que a testemunha anterior disse é verdadeiro. O nome dele é Falsa Paz, filho do Sr. Bajulador e da Sra. Conforto, sua mãe; e eu já o vi em outras ocasiões ficar nervoso com aqueles que o chamaram de qualquer outra coisa senão Falsa Paz, pois ele dizia que tais pessoas zombavam dele e lhe colocavam apelidos. Mas isso foi na época em que o Sr. Falsa Paz era um grande homem, e quando os diabolianos eram os bravos homens de Alma Humana.

Juiz: Senhores, vocês ouviram o que esses dois homens juraram contra o prisioneiro. E agora, Sr. Falsa Paz, quanto a você: negou que seu nome fosse Falsa Paz, mas vê que esses homens honestos juraram ser esse seu nome. Quanto ao seu argumento, não é relevante à acusação apresentada, pois não é por ela acusado de agir mal, ou por ser um homem de paz, ou um pacificador entre seus vizinhos; e sim porque trouxe, guardou e manteve, perversa e satanicamente, a cidade de Alma Humana, tanto em forma de apostasia quanto em sua rebelião contra seu rei, em uma paz falsa, mentirosa e abominável, contrária à lei de Shaddai, e para o azar e destruição da então miserável cidade de Alma Humana. Tudo o que você argumentou foi a negação de seu nome etc., mas aqui, como você vê, temos testemunhas para provar que é você o homem. Pois a paz que você tanto se gaba de promover entre os seus vizinhos, saiba que ela não é companheira da verdade e santidade, mas que não tem fundamento, é baseada em uma mentira, e é tanto enganosa quanto condenável, como também o grande Shaddai já disse. Portanto, seu argumento não o libertou da acusação pela qual é indiciado, e sim deixou tudo mais apertado para você. Terá um julgamento justo. Vamos chamar as testemunhas que estão aqui para tratar do assunto, e ver o que elas têm a dizer para nosso Senhor, o Rei, contra o prisioneiro.

Secretário: Sr. Sabe-Tudo, o que você tem a dizer para o nosso Senhor, o rei, contra o prisioneiro?

Sabe-Tudo: Meu senhor, esse homem há muito tempo tornou, pelo meu conhecimento, seu negócio de manter a cidade de Alma Humana em uma pecaminosa tranquilidade em meio a toda sua vileza, imundície e tumultos, e tem dito, e isso eu ouvi: "Vamos, vamos, vamos fugir de todos os problemas, quaisquer que sejam eles, e vamos viver uma vida tranquila e sossegada", ainda que lhe falte fundamento.

Secretário: Venha, Sr. Odeia Mentiras, o que tem a dizer?

Odeia Mentiras: Meu senhor, eu o ouvi dizer que a paz, mesmo com injustiça, ainda é melhor do que ter problemas e a verdade.

Secretário: Onde você o ouviu dizer isso?

Odeia Mentiras: No Jardim da Loucura, na casa de um Sr. Simples, ao lado da placa do Autoenganador. Sim, que eu saiba, ele disse isso vinte vezes naquele lugar.

Secretário: Podemos poupar as outras testemunhas; esta evidência é clara e suficiente. Separe-o, carcereiro, e traga o Sr. Sem Verdade para o tribunal. Sr. Sem Verdade, você está aqui indiciado pelo nome de Sem Verdade (um intruso na cidade de Alma Humana), pois sempre, para a desonra de Shaddai e risco da ruína da famosa cidade de Alma Humana, se dispôs a desfigurar e exterminar todo o remanescente da lei e da imagem de Shaddai que podia ser encontrado em Alma Humana após a profunda apostasia de seu rei para Diabolus, o invejoso tirano. O que você tem a dizer, é culpado ou não dessa acusação?

SEM VERDADE: Não. Não sou culpado, meu senhor.

Então, as testemunhas foram chamadas, e o Sr. Sabe-Tudo foi o primeiro a apresentar sua evidência contra ele.

SABE-TUDO: Meu senhor, este homem estava na retirada da imagem de Shaddai; sim, foi ele quem o fez com as próprias mãos. Eu mesmo estava junto e o vi fazê-lo, e ele fez isso conforme a ordem de Diabolus. Sim, o Sr. Sem Verdade fez mais do que isso, ele também ergueu a imagem com os chifres da fera Diabolus no mesmo lugar. Foi ele também que, sob as ordens de Diabolus, despedaçou, rasgou e fez com que fosse destruído tudo o que podia entre os remanescentes da lei do Rei, e mesmo qualquer coisa em que ele pôde colocar as mãos em Alma Humana.

SECRETÁRIO: Quem o viu fazer isso, além de você?

ODEIA MENTIRAS: Eu vi, meu senhor, e muito além disso; pois isso não foi feito de maneira discreta, ou em um canto, e sim à vista de todos; sim, ele mesmo escolheu fazer isso publicamente, porque tinha prazer em realizá-lo.

SECRETÁRIO: Sr. Sem Verdade, como você teve coragem de se declarar inocente quando foi o realizador de todas essas maldades tão abertamente?

SEM VERDADE: Senhor, pensei que deveria dizer alguma coisa, e como é o meu nome, assim é o meu falar. Eu fui favorecido por isso no passado, e não sabia se por não dizer a verdade não poderia colher agora os mesmos benefícios.

SECRETÁRIO: Separe-o, carcereiro, e traga o Sr. Impiedoso para o tribunal. Sr. Impiedoso, você está aqui indicado pelo nome de Impiedoso (um intruso na cidade de Alma Humana), pois agiu traiçoeira e perversamente ao calar todas as entranhas de compaixão e não permitiu que a pobre Alma Humana se compadecesse com sua própria miséria quando ela apostatou seu Rei legítimo, mas você fugiu, e sempre a afastou desses pensamentos que tinham a tendência de levá-la ao arrependimento. O que você tem a dizer sobre essa acusação? É culpado ou inocente?

IMPIEDOSO: Não culpado de impiedade: tudo que fiz foi para animar a cidade, de acordo com meu nome, porque meu nome não é Impiedoso, e sim Ânimo; e eu não suportaria ver Alma Humana inclinada à melancolia.

SECRETÁRIO: Como! Você nega o seu nome, e diz que não é Impiedoso, e sim Ânimo? Chamem as testemunhas. O que vocês, testemunhas, dizem a esse argumento?

SABE-TUDO: Meu senhor, o nome dele é Impiedoso; como ele mesmo escreveu em todos os papéis de seu interesse. Mas esses diabolianos gostam de esconder seus nomes: o Sr. Cobiça se disfarça com o nome de Boa Administração, ou algo parecido; o Sr. Orgulho pode, conforme a necessidade, ser chamado de Sr. Asseado, Sr. Bonito, ou algo assim. E o mesmo acontece com o restante deles.

SECRETÁRIO: Sr. Diz A Verdade, o que você tem a dizer?

DIZ A VERDADE: Seu nome é Impiedoso, meu senhor. Eu o conheço desde criança, e ele fez todas as maldades pelas quais é acusado; mas há um grupo deles que não está familiarizado com o perigo de condenação, portanto chamam de melancólicos todos aqueles que têm sérios pensamentos acerca de como deveriam evitar tal situação.

SECRETÁRIO: Traga o Sr. Altivez para o tribunal, carcereiro. Sr. Altivez, você é aqui indicado pelo nome de Altivez (um intruso na cidade de Alma Humana), pois agiu de forma traiçoeira e diabólica ao ensinar a cidade de Alma Humana a ignorar soberba e resolutamente todas as convocações que foram feitas pelos capitães do Rei Shaddai. Você também ensinou a cidade de Alma Humana a falar com desprezo e vilipendia a respeito de seu grande Rei Shaddai; além disso, você incentivou, por palavras e exemplos, Alma Humana a armar-se contra o Rei e seu filho Emanuel. O que você diz? Você é culpado dessa acusação ou não?

ALTIVEZ: Senhores, sempre fui um homem de coragem e valor, e não fiz, mesmo sob as nuvens mais escuras, esgueirar-me ou dobrar minha cabeça para baixo como um junco; em todo esse tempo também não me agradou ver os homens esconderem seus chapéus para aqueles que se opuseram a eles; sim, embora os seus adversários parecessem ter vantagem dez vezes sobre eles. Eu não costumava considerar quem era meu inimigo, nem em qual causa eu estava envolvido. Era o suficiente para mim se eu agisse bravamente, lutasse como um homem, e saísse vitorioso.

JUIZ: Sr. Altivez, você não está aqui sendo acusado por ter sido um homem valente, nem por sua coragem e bravura em tempos de aflição, mas pela maneira como você usou seu suposto valor para arrastar a cidade de Alma Humana em atos de rebelião contra o grande Rei e Emanuel, seu filho. Esse é o crime e o elemento pelos quais você foi convocado e indiciado.

Ele, no entanto, não deu uma resposta para isso.

Quando o tribunal já havia, até aquele momento, feito um julgamento contra os prisioneiros, então foi concluir o veredicto do júri, a quem se apresentou da seguinte maneira:

– Senhores do júri, vocês estavam aqui, e viram estes homens; vocês ouviram suas acusações, suas contestações, e o que as testemunhas disseram contra eles: agora resta a vocês se retirarem para algum lugar onde, sem confusão, possam considerar sobre qual veredicto, em verdade e em justiça, levarão para o Rei contra eles, e que seja feito conforme disserem.

Em seguida, o júri, a saber, o Sr. Crença, o Sr. Coração Verdadeiro, o Sr. Honesto, o Sr. Odeia O Mal, o Sr. Ama A Deus, o Sr. Vê A Verdade, o Sr. Mente Celestial, o Sr. Moderado, o Sr. Grato, o Sr. Humilde, o Sr. Bom Trabalho e o Sr. Zelo Para Deus, retirou-se, a fim de concluir seu trabalho. Quando estavam trancados, sozinhos, iniciaram a discussão para elaborar o veredicto.

O Sr. Crença (pois ele era o primeiro jurado) começou:
– Senhores – disse ele –, quanto aos homens, os prisioneiros no tribunal, por minha parte, acredito que todos merecem a morte.
– Muito bem – disse o Sr. Coração Verdadeiro. – Concordo plenamente com você.
– Ó, que grande misericórdia é – falou o Sr. Odeia O Mal – que criminosos como esses sejam presos!
– Ai! Ai! – disse o Sr. Ama A Deus. – Esse é um dos dias mais felizes de minha vida.
Então comentou Vê A Verdade:
– Eu sei que, se nós os julgarmos à morte, nosso veredicto será defendido por Shaddai.
– Eu também não o questiono – concordou o Sr. Mente Celestial. Ele acrescentou: – Quando todas as feras como essas forem expulsas de Alma Humana, que agradável cidade será então!
– Então – disse o Sr. Moderado –, não é meu costume passar meu julgamento com temeridade, mas esses crimes são tão notórios, e as testemunhas tão palpáveis, que alguém que diga que esses prisioneiros não devem morrer é deliberadamente cego.
– Bendito seja Deus – disse o Sr. Grato – porque os traidores estão sob custódia.
– Estou de acordo com vocês – disse o Sr. Humilde.
– Estou feliz também – afirmou o Sr. Bom Trabalho.
Então disse o homem caloroso e sincero, Sr. Zelo Para Deus:
– Corte-os; eles têm sido uma praga, e têm procurado a destruição de Alma Humana.
Assim, portanto, estando todos de acordo com seu veredicto, entraram no tribunal.
SECRETÁRIO: Senhores do júri, respondam ao ouvir seus nomes: Sr. Crença, um; Sr. Coração Verdadeiro, dois; Sr. Honesto, três; Sr. Odeia O Mal, quatro; Sr. Ama A Deus, cinco; Sr. Vê A Verdade, seis; Sr. Mente Celestial, sete; Sr. Moderado, oito; Sr. Grato, nove; Sr. Humilde, dez; Sr. Bom Trabalho, onze; e

Sr. Zelo Para Deus, doze. Homens bons e verdadeiros, estão juntos em seu veredicto? Todos estão de acordo?
Júri: Sim, meu senhor.
Secretário: Quem falará por vocês?
Júri: Nosso primeiro jurado.
Secretário: Vocês, os senhores do júri, sendo reunidos pelo nosso Senhor, o Rei, para servir aqui em uma questão de vida ou morte, ouviram os julgamentos de cada um desses homens, os prisioneiros do tribunal. O que vocês dizem? Eles são culpados por esses crimes pelos quais são acusados, ou inocentes?
Primeiro Jurado: Culpados, meu senhor.
Secretário: Olhe para seus prisioneiros, carcereiro.
Isso ocorreu na parte da manhã, e à tarde eles receberam a sentença de morte de acordo com a lei.
O carcereiro, portanto, tendo recebido tal ordem, colocou todos na prisão interna, para preservá-los lá até o dia da execução, na manhã seguinte.
No entanto, para ver o que aconteceu, um dos prisioneiros, o Incredulidade, nesse ínterim entre a sentença e o momento da execução, quebrou a prisão e fugiu, afastando-se bastante da cidade de Alma Humana, e ficando à espreita nos lugares e buracos que conseguia, até ter novamente a oportunidade de enganar Alma Humana pela maneira como o trataram.
Quando o Sr. Homem Verdadeiro, o carcereiro, percebeu que havia perdido seu prisioneiro, sentiu grande pesar, porque ele era prisioneiro, para falar a verdade, o pior de toda a gangue; então, primeiro ele foi notificar lorde Prefeito, Sr. Registrador, o meu lorde Vontade Seja Feita, a fim de obter deles ordem para começar uma busca em toda a cidade. Então, ele a conseguiu e ela foi feita, mas o homem não foi localizado em Alma Humana.
Tudo o que conseguiram reunir foi que o homem se escondera um pouco do lado de fora da cidade, e que aqui e ali um ou outro o tinham visto enquanto ele fugia de Alma Humana; uma ou duas pessoas também afirmaram que o viram fora da cidade, seguindo em ritmo bastante acelerado sobre a planície. Quando

já estava completamente desaparecido, foi afirmado por um Sr. Eu Vi que o homem estava perambulando em diversos lugares secos, até que se encontrou com Diabolus, seu amigo, e ambos deveriam estar sobre a colina do Portão Infernal. Mas, ó! Que história lamentável o velho senhor contou para Diabolus a respeito da triste mudança que Emanuel fizera em Alma Humana! Contou-lhe como, em primeiro lugar, Alma Humana recebera, após alguns adiamentos, um perdão geral das mãos de Emanuel, e que o haviam convidado para dentro da cidade, e que lhe deram o castelo para sua posse. Além disso, disse a Diabolus que eles convidaram os soldados para dentro da cidade, e disputaram quem deveria abrigar a maior parte deles; também o receberam com tamborim, música e dança.

– Mas o que para mim é mais doloroso – disse Incredulidade – foi Emanuel ter retirado, ó Pai, sua imagem e estabelecido a dele; ter deposto seus oficiais e estabelecido os próprios. Sim, e Vontade Seja Feita, aquele rebelde, sobre quem eu penso que nunca deveria ter se virado contra nós, está agora em tão grande favor com Emanuel como sempre esteve com você. Mas, além de tudo isso, Vontade Seja Feita já recebeu de seu mestre a incumbência especial de procurar, apreender e executar todos, e todos os tipos de diabolianos que encontrar em Alma Humana; sim, e Vontade Seja Feita já prendeu e condenou à prisão oito dos amigos mais fiéis de meu Senhor em Alma Humana. Não, ainda mais, meu Senhor, e com tristeza falo isso, todos eles foram acusados, condenados e, duvido, logo executados em Alma Humana. Eu disse ao meu Senhor oito, e eu era o nono, que seguramente teria bebido do mesmo cálice, mas que, com habilidade, como você vê, conseguiu escapar deles.

Quando Diabolus ouviu essa história lamentável, gritou e bufou contra o vento como um dragão, e fez o céu escurecer com seu rugido; ele também jurou que tentaria se vingar de Alma Humana. Então, ambos, ele e seu velho amigo Incredulidade, decidiram entrar em conselho para discutir como poderiam tomar a cidade de Alma Humana novamente.

Antes disso, chegou o dia em que os prisioneiros de Alma Humana seriam executados. Então, foram levados para a cruz, com tudo ocorrendo em Alma Humana de forma muito solene, pois o Príncipe disse que isso deveria ser feito pela mão da cidade de Alma Humana.

– Para que eu possa ver – disse ele – a disposição de minha agora redimida Alma Humana em guardar a minha palavra, e cumprir os meus mandamentos; e para que eu abençoe Alma Humana com esse ato. Provas de sinceridade me agradam; portanto, permita que Alma Humana coloque primeiro suas mãos sobre esses diabolianos para destruí-los.

Assim, a cidade de Alma Humana os matou, segundo a palavra de seu Príncipe. Mas quando os prisioneiros foram levados à cruz para morrer, você mal pode imaginar o trabalho que Alma Humana teve para executar os diabolianos; pois os homens, sabendo que iriam morrer, e todos sentindo uma inimizade implacável em seus corações contra Alma Humana, o que mais poderiam fazer além de tomar coragem na cruz, e ali resistir aos homens da cidade de Alma Humana? Dessa forma, os homens foram obrigados a pedir ajuda aos capitães e homens de guerra. O grande Shaddai possuía um secretário na cidade, e ele amava muito os homens de Alma Humana, e se encontrava no local da execução também; então ele, ouvindo os homens de Alma Humana gritarem contra as lutas e inquietude dos prisioneiros, levantou-se de seu lugar e colocou as mãos sobre as dos homens de Alma Humana. Então, eles crucificaram os diabolianos que haviam sido uma peste, uma dor e uma ofensa para a cidade de Alma Humana.

## Capítulo Onze

Quando esse bom trabalho estava feito, o Príncipe desceu para ver, visitar e conversar confortavelmente com os homens de Alma Humana, e para fortalecer suas mãos nesse tipo de trabalho. E ele lhes disse que, com esse ato, provaram a ele que o amam, e observam suas leis, e que também têm respeito por sua honra. Além disso, Emanuel disse (para mostrar-lhes que por esse ato não seriam perdedores, nem a sua cidade seria enfraquecida por essa perda) que estabeleceria outro capitão, e que seria um deles. E que esse capitão seria o governante de mil, para o bem e benefício da agora próspera cidade de Alma Humana.

Então, o Príncipe chamou um homem cujo nome era Espera, e ordenou:

– Vá rapidamente até o portão do castelo, e pergunte por um Sr. Experiência, que serve aquele nobre capitão, o Capitão Crédito, e peça para ele vir até mim.

Assim, o mensageiro que havia esperado pelo bom Príncipe Emanuel foi e falou conforme ordenado. O jovem cavalheiro ficou esperando para ver o capitão treinar e reunir seus homens no pátio do castelo. Então lhe disse o Sr. Espera:

– Senhor, o Príncipe deseja que você vá até ele imediatamente.

Assim ele o levou até Emanuel, e o homem fez uma reverência diante dele. Os cidadãos da cidade conheciam bem o Sr. Experiência, pois ele nascera e fora criado em Alma Humana; eles também sabiam que era um homem de boa conduta, de valor, e uma pessoa prudente em todos os assuntos; também era uma pessoa agradável, extrovertida e muito bem-sucedida em seus empreendimentos.

Portanto, o coração dos homens da cidade foi transbordado de alegria quando viram que o próprio Príncipe estava tão encantado com o Sr. Experiência, que o tornou capitão de uma tropa de homens.

Então, em união, ajoelharam-se diante de Emanuel e, com um grito, disseram:

– Que Emanuel viva para sempre!

Então disse o Príncipe ao jovem cavalheiro, cujo nome era Sr. Experiência:

– Pensei ser uma boa ideia conceder a você um lugar de confiança e honra nesta minha cidade de Alma Humana.

Então, o jovem curvou a cabeça e adorou.

– Então – disse Emanuel – você será um capitão, um capitão sobre mais de mil homens em minha amada cidade de Alma Humana.

O capitão disse:

– Viva o Rei!

Em seguida, o Príncipe ordenou ao secretário do Rei que redigisse uma comissão para o Sr. Experiência, a fim de fazer dele um sobre mais de mil homens.

– E traga-a para mim – disse ele – para que eu ponha meu selo.

E isso foi feito como ordenado. A comissão foi elaborada, levada para Emanuel, e ele colocou seu selo. Então, pelas mãos do Sr. Espera, enviou-a ao capitão.

Logo que o capitão recebeu sua comissão, soou sua trombeta procurando por voluntários, e os jovens foram até ele apressadamente; sim, os maiores e principais homens da cidade enviaram seus filhos para se alistarem ao seu comando. Assim, o Capitão Experiência ficou sob o comando de Emanuel, para o bem da cidade de Alma Humana. Ele tinha como seu tenente o Sr. Hábil, e como corneteiro o Sr. Memória. Não preciso nomear seus oficiais. Suas cores eram brancas para a cidade de Alma Humana; e seu escudo era o leão e o urso mortos. Assim, o Príncipe retornou para seu palácio real novamente.

Quando ele voltou para lá, os anciãos da cidade de Alma Humana, a saber, o lorde Prefeito, o Registrador e o lorde Vontade Seja Feita, foram parabenizá-lo, e, de maneira especial, agradecer a ele o amor, o cuidado e a terna compaixão que demonstrou por sua sempre agradecida cidade de Alma Humana. Então, após um tempo, e uma doce comunhão entre eles, os cidadãos solenemente encerraram a cerimônia, e voltaram aos seus lugares.

Nesse tempo, Emanuel também indicou um dia em que renovaria seu estatuto, sim, renová-lo e aumentá-lo, reparando diversas falhas, para que o jugo de Alma Humana fosse mais leve. E ele fez isso sem nenhum pedido por parte deles, mas, sim, por sua própria honestidade e espírito nobre. Então, quando recebeu e leu o estatuto antigo, disse:

– Ora, este estatuto fraco e envelhecido está pronto para desaparecer.

Além disso, falou:

– A cidade de Alma Humana terá outro estatuto; um melhor, renovado, e bem mais estável e firme.

Segue um resumo deste documento:

*Emanuel, Príncipe da Paz, e que ama muito a cidade de Alma Humana. Em nome de meu Pai, e de minha própria clemência, dou, garanto e deixo para minha cidade amada de Alma Humana:*

*Primeiro. Perdão livre, completo e eterno de todos os erros, danos e ofensas cometidos contra o meu Pai, contra mim, contra seu próximo, ou contra si mesmos.*

*Segundo. Eu lhes dou a santa lei e meu testamento, com todo o seu conteúdo, para seu conforto e consolação eternos.*

*Terceiro. Eu também lhes dou uma parte da mesma graça e bondade que habita no coração de meu Pai e no meu.*

*Quarto. Eu também dou, concedo e entrego livremente o mundo e o que há nele, para o bem deles; e terão esse poder sobre eles, e permanecerão com a honra de meu Pai, minha glória, e seu consolo. Sim, eu lhes concedo os benefícios da vida e morte, e das coisas presentes, e do que está por vir. Esse privilégio nenhuma outra cidade ou sociedade terá, a não ser minha Alma Humana.*

*Quinto. Eu dou e concedo a eles permissão e livre acesso a mim e ao meu palácio em todo o tempo – ao meu palácio acima e abaixo – para que eles façam seus pedidos para mim, e eu os darei uma promessa de que vou ouvir e aliviar todos os seus lamentos.*

*Sexto. Eu dou e concedo à cidade de Alma Humana, e a revisto com plenos poderes e autoridade, o direito de buscar, levar cativo, escravizar e destruir todos e todos os tipos de diabolianos que, a qualquer momento, de qualquer parte, forem encontrados dispersos pela cidade de Alma Humana ou ao seu redor.*

*Sétimo. Eu ainda concedo à minha querida cidade de Alma Humana que eles terão autoridade para permitir que nenhum estrangeiro, ou desconhecido ou sua descendência, sejam livres na abençoada cidade de Alma Humana, nem que eles compartilhem de seus excelentes privilégios. Mas que todas as concessões, privilégios e imunidades que concedo à famosa cidade de Alma Humana sejam para aqueles antigos nativos, e verdadeiros habitantes; para eles, eu digo, e para suas próximas gerações.*

*Mas todos os diabolianos, de qualquer tipo, nascimento, país ou reino que seja, devem ser impedidos de desfrutá-los.*

Assim, quando a cidade de Alma Humana recebeu da mão de Emanuel seu gracioso estatuto (que em si é infinitamente mais amplo do que esse resumo pobre que lhes foi apresentado), os cidadãos o levaram a público, isto é, para o mercado, e lá o Sr. Registrador o leu na presença de todo o povo. Isso feito, ele foi levado até os portões do castelo e gravado sobre as portas em letras de ouro, a fim de que a cidade de Alma Humana, com todos os seus moradores, pudesse sempre tê-lo à vista, ou pudesse contemplar a bendita liberdade que seu Príncipe lhe concedera, para que sua alegria fosse aumentada, e seu amor por seu grande e bom Emanuel fosse renovado.

Mas que alegria, conforto e consolo, pense você, agora ocupavam o coração dos homens de Alma Humana! Os sinos tocaram, os menestréis tocavam, as pessoas dançavam, os capitães gritavam, as bandeiras balançavam com o vento, e as trombetas de prata soavam; e os diabolianos agora ficaram satisfeitos em esconder a cabeça, porque parecia que estavam mortos havia muito tempo.

Quando isso acabou, o Príncipe mandou buscar novamente os anciãos da cidade de Alma Humana, e conversou com eles sobre um ministério que ele pretendia estabelecer; um ministério que pudesse revelá-los e instruí-los no que se tratava de sua condição atual e do futuro.

– Pois – disse ele – vocês, por si mesmos, a menos que tenham mestres e guias, não serão capazes de conhecer e, se não conhecerem, não farão a vontade do meu Pai.

Diante dessa notícia, quando os anciãos de Alma Humana falaram para o povo, a cidade inteira reuniu-se correndo (porque isso lhes agradava, pois tudo o que o Príncipe fizesse agora agradava ao povo), e todos, consentidamente, imploraram a Sua Majestade que estabelecesse tal ministério imediatamente entre eles para lhes ensinar tanto a lei quanto o julgamento, estatuto e mandamento; a fim de que pudessem ser instruídos em tudo o que é bom e pleno. Então, Emanuel lhes disse que iria conceder-lhes o que pediram, e estabeleceria dois entre eles; um que era da corte de seu Pai, e outro, que era nativo de Alma Humana.

– O homem que é da corte – disse ele – é uma pessoa com a mesma qualidade e dignidade de meu Pai e minhas; e ele é o lorde secretário-chefe da casa de meu Pai, porque é, e sempre foi, quem ditou todas as leis de meu Pai, uma pessoa totalmente qualificada em todos os mistérios e conhecimento dos mistérios, como é meu Pai, ou como eu sou. De fato, ele é um dos nossos em natureza, e no amor e na fidelidade, e também na preocupação com a cidade de Alma Humana. E aqui está ele – disse o Príncipe –, que será principal mestre; pois só ele, e ninguém mais, pode ensiná-los claramente em tudo que é elevado e sobrenatural. Ele, e apenas ele, é quem conhece os caminhos e métodos do meu Pai na corte, e ninguém pode, como ele, mostrar como é o coração de meu Pai em todo o tempo, em todas as coisas, em todas as ocasiões, em relação à Alma Humana; pois nenhum homem conhece tanto as coisas de um homem, quanto o espírito que habita nele, então nenhum homem conhece as coisas de meu Pai como esse seu nobre e poderoso secretário. Nem ninguém pode, como ele, dizer a Alma Humana como devem agir e o que devem fazer para manter-se no amor de meu Pai. É ele também que pode trazer à memória o que foi esquecido e falar sobre coisas que estão por vir. Esse mestre, portanto, deve ter a prioridade em seu afeto e julgamento, antes de seu outro professor; sua dignidade pessoal, a excelência de seu ensino, e também a grande destreza que ele possui para ajudá-los a elaborar e fazer pedidos a meu Pai, para sua satisfação, deve estabelecer obrigações em seu amor e temor por ele, e ouvir atentamente para que não o entristeçam. Essa pessoa pode colocar vida e vigor em tudo o que diz; sim, e vocês também podem colocá-los em seu coração. Ela pode torná-los homens de visão, e pode fazer com que vocês digam o que virá. Por meio dela, vocês deverão entregar suas petições para meu Pai e para mim; e, sem o seu conselho e recomendação tidas como prioridade, não permitam que nada entre na cidade ou no castelo de Alma Humana, para não lhe causarem desgosto e tristeza.

E continuou Emanuel seu discurso:

– Observem, eu digo, para que não entristeçam esse ministro; pois, se o fizerem, ele pode lutar contra vocês; e, se ele for afastado por vocês e colocado contra vocês no campo de batalha, isso irá lhes prejudicar mais do que se doze legiões da corte de meu Pai fossem enviadas para guerrear contra vocês. Mas, como eu disse, se derem ouvidos a ele, e amá-lo; se vocês se dedicarem ao seu ensino, e buscarem ter conversas e manter a comunhão com ele, descobrirão que ele é dez vezes melhor do que o mundo inteiro para qualquer um; sim, ele derramará o amor de meu Pai em seus corações, e Alma Humana será o povo mais sábio e abençoado de todos.

Em seguida, o Príncipe chamou o cavalheiro que já havia sido o registrador de Alma Humana, o Sr. Consciência, pelo nome, e disse-lhe que, como ele era qualificado na lei e no governo da cidade de Alma Humana, e também falava bem, além de ser capaz de lhes entregar a vontade de seu Mestre em todos os aspectos, terrenos e locais, ele também o escolheria como um ministro para Alma Humana, em todas as leis, estatutos e julgamentos da famosa cidade.

– E você deve – disse o Príncipe – limitar-se ao ensino das virtudes morais e direitos civis e naturais; mas não deve ter a presunção de ser um revelador desses mistérios elevados e sobrenaturais que são mantidos perto do peito de Shaddai, meu Pai, porque essas coisas nenhum homem conhece, nem ninguém pode revelá-las, a não ser o secretário de meu Pai. Você é um nativo da cidade de Alma Humana, mas o lorde secretário é nativo da corte de meu Pai; portanto, assim como você tem conhecimento sobre as leis e costumes da cidade, da mesma forma ele tem sobre as coisas e a vontade de meu Pai. Portanto, ó Sr. Consciência, embora eu tenha feito de você um ministro e um pregador para a cidade de Alma Humana, quanto às coisas que o Sr. Secretário conhece e irá ensinar a essas pessoas, você deverá ser seu estudante e aprendiz, assim como o restante de Alma Humana. Deve, portanto, em tudo o que for elevado e sobrenatural, recorrer a ele para obter informações e conhecimento; pois, embora haja um espírito no homem, a inspiração dessa pessoa lhe dará o entendimento. Portanto, ó Sr. Registrador, mantenha-se humilde e modesto, e lembre-se de que os diabolianos que não mantiveram sua responsabilidade, e deixaram a sua própria posição, agora são prisioneiros no poço. Então, esteja satisfeito com sua situação. Eu o coloquei como vice-regente de meu Pai na terra, em tudo que eu já mencionei antes. E você, aceite o poder de ensiná-los em Alma Humana, sim, e impor sobre eles com chicotes e castigos, se não estiverem dispostos a ouvir atentamente a seus mandamentos. E, Sr. Registrador, como você já está velho e, por causa de muitas agressões, enfraquecido, eu lhe dou a permissão para que vá quando quiser até minha fonte, ao meu canal, para beber livremente do sangue de minha uva, pois nela sempre corre vinho. Se fizer isso, você eliminará de seu coração e de seu estômago todo humor sujo, repulsivo e doloroso. Ele também iluminará os seus olhos, e fortalecerá sua memória para receber e guardar tudo que o mais nobre secretário do Rei ensinar.

Quando o Príncipe estabeleceu o Sr. Registrador (que fora antes) no local e posição de ministro para Alma Humana, e o homem o aceitou, Emanuel dirigiu-se aos cidadãos para um discurso especial:

– Vejam – disse o Príncipe a Alma Humana – meu amor e cuidado para com vocês. Eu acrescentei a tudo o que aconteceu essa misericórdia de indicar-lhes pregadores; o mais nobre secretário para ensinar-lhes em todos os mistérios altos e sublimes; e este cavalheiro – apontou para o Sr. Consciência – irá ensinar-lhe todas as coisas humanas e domésticas, pois essa é a sua função. Ele não é, pelo que eu lhe disse, proibido de contar para Alma Humana tudo o que ouviu e recebeu dos lábios do Sr. Secretário; só que ele não deve tentar fingir ser um revelador desses mistérios elevados; pois destrinchá-los e descobri-los para Alma Humana é função apenas pelo poder, autoridade e habilidade do Sr. Secretário. Ele pode falar sobre eles, assim como o restante da cidade de Alma Humana; e pode, sim, conforme a ocasião lhes der oportunidade, pressionar um ao outro pelo bem do todo. Portanto, quero que vocês observem essas coisas, pois é para sua vida, e para que seus dias sejam aumentados. E mais uma coisa para meu amado Sr. Registrador e toda a cidade de Alma Humana: vocês não devem se acomodar, ou se apoiar naqueles que têm a incumbência de ensinar-lhes, quanto à sua confiança e expectativa a respeito do mundo que está por vir; falo sobre o mundo que está por vir porque pretendo dar outro mundo a Alma Humana, quando este que está com eles agora estiver desgastado, mas, para isso, vocês devem recorrer totalmente e tão somente ao que é o seu

Mestre em primeira instância. Sim, o próprio Sr. Registrador não deve procurar vida naquilo que ele mesmo revela; sua dependência sobre isso deve estar fundamentada na doutrina de outro pregador. Então, que o Sr. Registrador também preste atenção para que não aceite qualquer doutrina, ou ponto de doutrina, que não seja comunicada a ele por meio de seu Mestre Superior, nem que se apoie nos preceitos de seu próprio conhecimento formal.

Após o Príncipe estabelecer isso na famosa cidade de Alma Humana, ele passou a entregar aos anciãos da sociedade os alertas necessários, ou seja, a forma com que eles deveriam tratar os altos e nobres capitães que ele trouxera da corte de seu Pai para a famosa cidade de Alma Humana.

– Esses capitães – disse ele – amam a cidade de Alma Humana, e são escolhidos entre vários como homens adequados, e que servirão mais fielmente nas guerras de Shaddai contra os diabolianos, para a preservação da cidade de Alma Humana. Portanto, eu ordeno, ó habitantes da agora florescente cidade de Alma Humana, que não ajam de forma áspera ou indócil com meus capitães, ou com seus homens; uma vez que, como eu disse, eles são homens escolhidos (homens escolhidos dentre muitos) para o bem da cidade de Alma Humana. Eu repito: ordeno que vocês não sejam indóceis com eles, pois, apesar de terem os corações e as faces de leões, quando, a qualquer momento, eles forem chamados a lutar contra os inimigos do rei, e os inimigos da cidade de Alma Humana, qualquer desaprovação lançada sobre eles por parte da cidade de Alma Humana irá desanimá-los e fará decair seus rostos, irá enfraquecê-los e tirar sua coragem. Portanto, ó meus amados, não tratem mal meus capitães valentes e homens corajosos de guerra. Antes, amem-nos, alimentem-nos, socorram-nos e os acolham, e eles não apenas lutarão por vocês, mas assustarão todos aqueles diabolianos que buscam ser, e serão, se possível for, sua total ruína. Se, portanto, qualquer um deles ficar doente ou fraco, e não puder realizar as obras de amor que, de coração, estão dispostos a realizar (e que com certeza farão quando estiverem bem e com saúde), não façam pouco caso dele, nem os desprezem, mas antes os fortaleçam e os encorajem, pois, embora fracos e prontos para morrer, eles são sua cerca, sua guarda, seu muro, seus portões, seus cadeados e suas barras. E, embora, quando estão fracos, possam fazer pouco, e antes, precisem da ajuda de vocês, ainda podem esperar grandes coisas da parte deles, pois, quando estão bem, vocês sabem que proezas, estratégias e conquistas esses homens são capazes de fazer, e farão por vocês. Além disso, se eles estiverem fracos, a cidade de Alma Humana não poderá ser forte; e, se eles estiverem fortes, então Alma Humana não poderá ser fraca; sua segurança, portanto, está em sua saúde e em seu apoio. Lembrem-se, também, de que, se eles ficarem doentes, eles pegaram a enfermidade da própria cidade de Alma Humana.

O Príncipe continuou seu discurso com as seguintes palavras:
– Eu tenho dito essas coisas porque amo o seu bem-estar e sua honra: busquem, portanto, ó minha Alma Humana, ser corretos em todas as coisas que ordenei a vocês, e não apenas como uma sociedade municipal, e só para seus oficiais, guardas e guias no comando, mas para vocês como povo, cujo bem-estar, como indivíduos, depende da observação das ordens e mandamentos de seu Senhor. Em seguida, ó minha Alma Humana, eu quero alertá-los sobre aquilo que, apesar de a reforma ser elaborada entre vocês, é necessário saberem. Portanto, escutem-me atentamente. Agora estou certo, e vocês vão saber a partir de agora, de que há ainda diabolianos na cidade de Alma Humana; diabolianos resistentes e implacáveis, e que agem ainda enquanto estou com vocês, e que farão ainda mais quando eu partir; eles estudam, planejam, inventam e, em conjunto, tentam levá-los à desolação, e para um estado muito pior do que a da escravidão no Egito; eles são amigos declarados de Diabolus, portanto procuram vocês. Eles costumavam habitar com seu Príncipe no castelo, quando Incredulidade era o lorde Prefeito desta cidade; mas, desde a minha chegada, encontram-se mais nas áreas

externas e nos muros, e construíram para si tocas e cavernas e buracos, fortalezas neles. Portanto, ó Alma Humana! Seu trabalho, quanto a isso, será muito mais difícil e duro; isto é, para retirá-los, mortificá-los e condená-los à morte de acordo com a vontade de meu Pai. Mas vocês não são capazes de livrar-se deles totalmente, a menos que derrubem todos os muros de sua cidade, o que eu não acho que devem fazer. Vocês me perguntam: "O que devemos fazer, então?". Ora, sejam diligentes e ajam como homens; observem seus buracos; descubram suas tocas; os ataquem, e não entrem em acordo algum com eles. Onde quer que assombrem, espreitem ou habitem, e quaisquer termos de paz que lhes ofereçam, abominem e estará tudo bem entre mim e vocês. E para que vocês consigam distingui-los daqueles que são nativos de Alma Humana, vou lhes dar esta breve lista dos nomes dos chefes deles: lorde Fornicação, lorde Adultério, lorde Assassinato, lorde Raiva, lorde Lascívia, lorde Engano, lorde Olho Maligno, Sr. Embriaguez, Sr. Revelação, Sr. Idolatria, Sr. Feitiçaria, Sr. Contradição, Sr. Rivalidade, Sr. Ira, Sr. Discussão, Sr. Sedição e Sr. Heresia. Esses são alguns dos chefes, ó Alma Humana, daqueles que procuram derrubá-los para sempre. Esses, eu digo, são os covardes de Alma Humana; mas observem a lei de seu rei, e lá encontrarão sua fisionomia, e quaisquer outras características típicas deles, pelas quais podem ser certamente reconhecidos. Esses, ó minha Alma Humana (e eu ficarei feliz se vocês tiverem certeza disso), se receberem permissão para correr e perambular pela cidade como gostariam, rapidamente, como víboras, comerão suas entranhas; sim, envenenarão seus capitães, cortarão os tendões de seus soldados, quebrarão as trancas e os parafusos de suas portas, e transformarão a sua agora tão florescente Alma Humana em um deserto estéril e desolado, e em um amontoado de ruínas. Portanto, a fim de que vocês tomem coragem para prender esses criminosos onde quer que os encontrem, dou a vocês, ao lorde Prefeito, ao lorde Vontade Seja Feita, ao Sr. Registrador e a todos os habitantes de Alma Humana, poder e permissão completos para buscar, levar preso e fazer com que cheguem à morte de cruz todos, e todos os tipos de diabolianos, quando e onde os encontrarem espreitando dentro, ou caminhando fora dos muros da cidade de Alma Humana.

Por fim, Emanuel disse:

– Eu lhes disse antes que estabeleci um ministério firme no meio de vocês; não que vocês tenham apenas esses, pois meus primeiros quatro capitães que vieram contra o mestre e senhor dos diabolianos que estavam em Alma Humana podem e, se necessário, e se forem requeridos, irão não só ensiná-los de forma privada, mas também pregar publicamente para a sociedade, doutrinas boas e sãs, e que irão guiá-los no caminho. Sim, eles estabelecerão uma reunião semanal, e diária, se necessário for, para instruí-la, ó Alma Humana, em ensinos tão proveitosos, que, se aprendidos, farão bem a você no final. E fiquem atentos para não poupar os homens que vocês têm a incumbência de prender e crucificar. Agora, eu apresentei a vocês a lista dos vadios e renegados por nome, então eu digo que, entre vocês, alguns deles irão humilhar-se para enganá-los, e, mesmo aqueles que possam parecer, e que em aparência são, muito abundantes em religião e interessados por ela. E, se vocês não vigiarem, eles lhes causarão danos inimagináveis. Estes, como eu disse, vão mostrar-se a vocês de uma forma diferente daquela como os descrevi antes. Portanto, Alma Humana, vigie e seja sóbria, e não se permita ser traída.

Quando o Príncipe terminou de remodelar a cidade de Alma Humana, e os instruiu em todos os assuntos que precisavam saber, indicou outro dia em que ele pretendia, quando os cidadãos se reunissem, conceder mais um distintivo de honra para a cidade de Alma Humana – um distintivo que os distinguiria de todos os povos, tribos e línguas, que habitam no reino de Universo. Não demorou muito até que o dia determinado chegasse, e o Príncipe e seu povo se reuniram no palácio do Rei, onde Emanuel fez primeiro um pequeno discurso e, em seguida, fez por eles como dissera, e como prometera.

– Minha Alma Humana – disse ele –, o que estou prestes a fazer é para que o mundo saiba que você é minha, e para distingui-la, também, em seus próprios olhos, de todos os falsos traidores que podem arrastar-se entre vocês. Então ele ordenou que aqueles que lhe serviam trouxessem de seu tesouro aquelas vestes brancas e reluzentes.

– Que eu – disse ele – providenciei e guardei para minha Alma Humana. – Assim, as vestes brancas foram retiradas de seu tesouro, e colocadas diante dos olhos do povo. Além disso, eles puderam pegá-las e vesti-las, nas palavras do Príncipe: – De acordo com seu tamanho e estatura. – Assim, o povo foi vestido de branco, em linho fino, branco e puro.

Então disse o Príncipe:

– Este, ó Alma Humana, é meu uniforme e o emblema pelo qual os que são meus se distinguem dos servos dos outros. Sim, isso é o que concedo a todos que são meus, e sem o qual ninguém pode ver meu rosto. Use-o, portanto, por mim, que o deu a vocês; e também para que o mundo saiba que vocês são meus.

Você consegue imaginar como Alma Humana brilhou? Era bela como o sol, clara como a lua e terrível como um exército com suas bandeiras.

O Príncipe ainda acrescentou:

– Nenhum príncipe, potentado, ou poderio do Universo, dá esse emblema a não ser eu; portanto, como disse antes, com ele, todos saberão que vocês são meus. E agora – disse ele – eu já lhes concedi meu uniforme, permitam-me que eu também lhes entregue o mandamento a respeito deles; e certifiquem-se de ouvir atentamente as minhas palavras. Primeiro. Use essas vestes diariamente, a não ser que não queiram mostrar para os outros que são meus. Segundo. Mantenham-nas sempre brancas; pois, se ficarem sujas, será uma desonra para mim. Terceiro. Usem-nas sem tocar o chão, para que não se sujem com terra e poeira. Quarto. Tomem cuidado para que vocês não a percam, para que não andem nus, e sua vergonha seja vista. Quinto. Se vocês a sujarem, contaminarem-na, o que não acho que deveriam fazer, pois o príncipe Diabolus ficará muito feliz se o fizerem, então corram para fazer o que está escrito em minha lei, para que ainda possam permanecer e se prostrar diante de mim e diante do meu trono. Além disso, essa é a maneira de agir para que eu não os deixe ou os desampare enquanto estiverem aqui, para que habitem nesta cidade de Alma Humana para sempre.

E agora Alma Humana e seus habitantes eram como anel do selo na mão direita de Emanuel. Onde havia uma cidade, um município, uma sociedade que poderia ser comparada a Alma Humana? Uma cidade resgatada das mãos e do poder de Diabolus! Uma cidade que o Rei Shaddai amava, e para onde enviou Emanuel a fim de recuperá-la do príncipe da caverna infernal; sim, uma cidade onde Emanuel gostava de habitar, e a qual ele escolheu para sua habitação real; uma cidade que ele fortificou para si, e a tornou forte pela força de seu exército. O que posso dizer? Alma Humana tem agora um excelente Príncipe, capitães dourados e homens de guerra, armas e roupas tão brancas como a neve. Esses benefícios não podem ser considerados pequenos, mas grandes; pode a cidade de Alma Humana considerá-los assim, e melhorá-los para o fim e o propósito ao qual lhes foram concedidos?

Quando o Príncipe concluiu a remodelagem da cidade, para mostrar que tinha grande satisfação na obra de suas mãos e que sentia prazer no bem que planejara para a famosa e florescente Alma Humana, ele ordenou, e eles hastearam seu estandarte sobre os parapeitos do castelo. Em seguida, primeiro ele concedeu visitas frequentes. Não passava um dia sem que os anciãos de Alma Humana fossem até ele, ou o Príncipe até eles, em seu palácio. Eles caminhavam juntos e falavam sobre todas as grandes coisas que Emanuel fizera, e ainda havia prometido fazer, para a cidade de Alma Humana. Era assim que ele normalmente agia com o lorde Prefeito, lorde Vontade Seja Feita e o honesto pregador subordinado Sr. Consciência e Sr. Registrador. Mas ó, de que forma graciosa, carinhosa, cortês e terna esse bendito Príncipe agia com a cidade de Alma Humana! Em todas as ruas, jardins, pomares e outros locais por onde passava, com certeza os pobres recebiam a sua bênção; sim, ele os beijava, e, se estivessem enfermos, o Príncipe colocava as mãos sobre eles, e os homens ficavam bem. Os capitães, também; ele os encorajava diariamente, e às vezes de hora em hora, com sua presença e palavras agradáveis. Pois você deve saber que um sorriso dele só lhes proporcionava mais vigor, mais vida e coragem do que qualquer outra coisa debaixo do céu.

O Príncipe também comia e estava com eles continuamente: não passava nem uma semana sem que houvesse um banquete entre eles. Você deve lembrar que, em algumas páginas anteriores, mencionamos em uma festa que eles estiveram juntos; mas agora o banquete era algo mais comum: todos os dias em Alma Humana eram festa. E, quando eles voltavam para seus lugares, Emanuel não os despedia de mãos vazias; ou lhes dava um anel, uma corrente de ouro, uma pulseira, uma pedra branca, ou algo assim; tão querida Alma Humana era para ele agora; tão adorável Alma Humana tornara-se a seus olhos.

Segundo. Quando os anciãos e cidadãos não iam até o Príncipe, ele lhe enviava todo tipo de provisão; carne vinda da corte, vinho e pão preparados para a mesa de seu Pai; sim, ele lhes mandava essas delicadezas, e, com isso, cobriam suas mesas, e quem via isso reconhecia que não havia nada igual em qualquer outro reino.

Terceiro. Se Alma Humana não o visitava tão frequentemente quanto desejado, ele iria ao seu encontro, batia às suas portas e pedia para entrar, a fim de manter a amizade entre eles; e, se ouvissem e abrissem as portas, como normalmente faziam, se estivessem em casa, então Emanuel renovaria seu antigo amor, e o confirmaria também com novas lembranças e símbolos de seu constante favor.

E era incrível de se ver que no mesmo lugar onde às vezes Diabolus teve sua morada e recebeu seus diabolianos até a destruição quase completa de Alma Humana, o Príncipe dos príncipes sentava-se para comer e beber com eles, enquanto todos os seus poderosos capitães, homens de guerra, trompetistas, cantores de seu Pai, rodeavam-nos para servi-los! Agora o cálice de Alma Humana transbordava, e suas fontes jorravam vinho doce, agora ela comia do mais fino trigo, e bebia leite e mel que emanavam da rocha! Agora, ela dizia: Quão grande é a sua bondade! Pois, desde que eu achei graça em seus olhos, como tenho sido honrada!

O bendito Príncipe também elegeu um novo oficial na cidade, e ele era uma pessoa bondosa; chamava-se Sr. Paz Divina: esse homem foi colocado acima do lorde Vontade Seja Feita, do Sr. Prefeito, do Sr. Registrador, o pregador subordinado, do Sr. Mente e sobre todos os nativos da cidade de Alma Humana. Ele mesmo não era um nativo, mas veio da corte com o Príncipe Emanuel. Era um grande conhecido do Capitão Crédito e do Capitão Boa Esperança; alguns dizem que eles eram parentes, e sou dessa mesma opinião. Esse homem, como eu disse, foi feito governador da cidade em geral, principalmente sobre o castelo, e o Capitão Crédito estava lá para ajudá-lo. Eu observei muito bem que, enquanto tudo em Alma Humana acontecia de acordo com a vontade desses homens de boa natureza, a cidade ficava muito feliz. Não havia disputas, repreensões, perturbações e nenhuma atitude desonesta em toda a cidade de Alma Humana; todos os homens de Alma Humana se mantinham focados nos próprios trabalhos. A nobreza, os oficiais, os soldados e todos, em todos os lugares, cumpriam as ordens. Quanto às mulheres e crianças da cidade, elas cumpriam suas tarefas com alegria; trabalhavam e cantavam, trabalhavam e cantavam, da manhã até a noite; tanto que em toda a cidade de Alma Humana só se via harmonia, tranquilidade, alegria e saúde. E isso durou o verão inteiro.

# CAPÍTULO doze

**HAVIA, NO ENTANTO, UM HOMEM** na cidade de Alma Humana, chamado Sr. Segurança Carnal; ele, depois de toda a misericórdia concedida à sociedade, provocou em Alma Humana grande e lamentável escravidão e servidão. A seguir, um breve relato sobre ele e seus atos.

Quando Diabolus tomou posse da cidade de Alma Humana no início, levou consigo um grande número de diabolianos, homens de suas mesmas condições. E entre eles havia um cujo nome era Sr. Vaidade Própria, um homem vivaz, como qualquer um que naqueles dias possuía a cidade de Alma Humana. Assim, Diabolus, percebendo que ele era ativo e ousado, encarregou-o de muitos objetivos desesperados, os quais ele administrava melhor, e mais para a satisfação de seu senhor do que a maioria que veio com ele dos covis era capaz. Portanto, quando o viu tão adequado para seu propósito, escolheu-o, e o colocou ao lado do grande Sr. Vontade Seja Feita, sobre quem já falamos bastante anteriormente. Ora, o Sr. Vontade Seja Feita, por sentir-se muito satisfeito com ele e com suas realizações naqueles dias, deu-lhe sua filha, a Senhora Medo De Nada, como esposa. Então, da Sra. Medo De Nada, o Sr. Vontade Própria gerou esse senhor, Sr. Segurança Carnal. Portanto, por haver em Alma Humana esses tipos estranhos de misturas, era difícil para eles, em alguns casos, descobrirem quem era nativo ou não, pois o Sr. Segurança Carnal vinha da família do Sr. Vontade Seja Feita por parte de mãe, mas seu pai era um diaboliano por natureza.

Bem, o Segurança Carnal era muito parecido com seu pai e sua mãe; muito vaidoso, não temia nada, e era um homem muito ocupado: nada de notícias, nada da doutrina, nada de mudança ou rumores de mudança que poderiam ocorrer em Alma Humana, sobre os quais não se podia ter certeza de que Sr. Segurança Carnal encabeçava ou estivesse envolvido. Mas também sempre relegava os que julgava mais fracos, ficando ao lado daqueles que supunha constituir o partido mais forte.

Agora, quando Shaddai, o poderoso, e Emanuel, seu filho, iniciaram a guerra contra Alma Humana para tomá-la, este Sr. Segurança Carnal estava, então, na cidade e causou um grande tumulto entre as pessoas, encorajando-as sem sua rebelião, incentivando-as a endurecer o coração e a resistir às forças do Rei; mas, quando ele viu que a cidade de Alma Humana fora tomada e transformada para o uso do glorioso Príncipe Emanuel, e quando também viu o que acontecera com Diabolus, e como ele fora empoleirado e obrigado a sair do castelo em grande desprezo e escárnio, além de ver que a cidade de Alma Humana estava bem alinhada com os capitães, as estratégias de guerra e os homens, e também em provisão, o que ele poderia fazer além de agir maliciosamente também? E como ele havia servido a Diabolus contra o bom Príncipe, então fingiu que serviria ao Príncipe contra seus inimigos.

E, tendo obtido um pequeno conhecimento sobre Emanuel, e sendo ousado, ele se aventurou a entrar na companhia dos cidadãos, tentando também conversar com eles. O homem sabia que o poder e a força da cidade de Alma Humana eram grandes e que só agradaria às pessoas se ele elogiasse seu poder e glória. Portanto, começou sua história falando sobre o poder e a força de Alma Humana, e afirmou que ela era invencível; depois, exaltou os capitães e suas atiradeiras, e seus aríetes; em seguida, elogiou seus fortes e fortalezas; e, por último, as garantias que eles tinham de seu príncipe, a de que Alma Humana seria feliz para sempre. No entanto, quando viu que alguns dos homens da cidade ficaram empolgados e foram tomados por seu discurso, ele começou sua empreitada e, andando de rua em rua, de casa em casa, e de homem para homem, finalmente convenceu Alma Humana a dançar segundo sua música e a crescer tão carnalmente segura de si mesma; então, da conversa eles foram para o banquete, e do banquete, para o esporte; e assim para outros assuntos. Emanuel continuava na cidade de Alma Humana, e sabiamente observou as ações do homem. O lorde Prefeito, o Sr. Vontade Seja Feita e o Sr. Registrador também foram levados pelas palavras desse falador diaboliano, esquecendo-se de que o seu Príncipe os alertara para tomarem cuidado a fim de que não fossem enganados por qualquer truque diaboliano; ele ainda dissera que a segurança da cidade agora florescente de Alma Humana não estava tanto em suas fortalezas e força, mas, sim, na forma como usava o que tinha, a fim de permitir que seu Emanuel permanecesse em sua cidade. Pois a doutrina legítima de Emanuel era que a cidade de Alma Humana deveria tomar cuidado para não se esquecer do amor de seu Pai e dele; além disso, o modo como eles deveriam humilhar-se para continuar habitando nela. Agora, essa não era a maneira de fazê-lo, ou seja, apaixonando-se por um dos diabolianos, e por alguém como o Sr. Segurança Carnal, e sendo arrastado por ele para cima e para baixo. Deveriam ter ouvido o seu Príncipe, temido o seu Príncipe e amado seu Príncipe, e apedrejado esse pacote perverso até a morte, e se atentado para andar nos caminhos descritos por seu Príncipe, pois, assim, sua paz seria como um rio, e a sua justiça, como as ondas do mar.

    Agora, quando Emanuel percebeu que por meio da política do Sr. Segurança Carnal os corações dos homens de Alma Humana foram esfriados e enfraquecidos em seu amor prático por ele, primeiro lamentou-os e se compadeceu de seu estado com o secretário, dizendo:

    – Ó, se o meu povo tivesse me dado ouvidos, e se Alma Humana tivesse andado nos meus caminhos! Eu os teria alimentado com o mais fino trigo; e com o mel saído da rocha eu os teria sustentado. – Então, ele disse em seu coração: – Voltarei para a corte, e irei para meu lugar, até que Alma Humana considere e reconheça sua ofensa.

E ele o fez, e o motivo para se afastar deles foi o fato de Alma Humana o rejeitar, como ficou evidente nestes fatos:
1. Eles abandonaram as visitas, quase não iam mais ao seu palácio real como antes.
2. Não se importaram, nem notaram, se Emanuel ia ou não os visitar.
3. Os banquetes de amor que eram realizados entre eles e seu Príncipe, embora ainda acontecessem e ele os convidasse, eram negligenciados, tanto o estar presente quanto o se alegrar com eles.
4. Não esperavam pelos seus conselhos, e começaram a ser teimosos e a confiar em si mesmos, concluindo que agora eles eram fortes e invencíveis, e que Alma Humana estava segura e além do alcance dos inimigos, e que seu estado permaneceria imutável para sempre.

Agora, como dito, Emanuel, ao perceber que pela obra do Sr. Segurança Carnal a cidade de Alma Humana fora retirada de sua dependência e da de seu Pai, e colocada sob aquilo que fora concedido a eles, em primeiro lugar, como eu disse, ele lamentou sua condição, e então usou meios para fazê-los compreender que o caminho pelo qual seguiam era perigoso. Enviou o Sr. Secretário para eles, a fim de proibi-los de trilhá-lo, mas, nas duas vezes em que o homem foi até eles, encontrou-os jantando no salão do Sr. Segurança Carnal; ao perceber também que eles não estavam dispostos a pensar sobre assuntos importantes para seu próprio bem, sentiu-se triste e seguiu seu caminho; quando contou ao Príncipe Emanuel o que acontecera, este se ofendeu, e também se entristeceu, e assim começou os preparativos para retornar para a corte de seu Pai.

Agora, como eu dizia, os preparativos para sua retirada foram os seguintes:
1. Mesmo enquanto Emanuel ainda estava com eles em Alma Humana, ele se manteve fechado e mais reservado do que antes.

2. Seu discurso não era mais, quando iam ficar em sua companhia, tão agradável e familiar como antigamente.

3. Nem ele, como em tempos passados, enviou mais para Alma Humana, de sua mesa, aquelas guloseimas como antes estava acostumado a fazer.

4. Nem quando eles iam visitá-lo, pois de tempos em tempos os homens iam, o Príncipe não estava mais tão conversador quanto anteriormente. Eles podiam bater na porta uma ou duas vezes, mas ele parecia não os notar; ao passo que antes, somente ao som dos seus pés, ele se levantava e corria para encontrá-los no meio do caminho, para abraçá-los e colocá-los em seu peito.

No entanto, Emanuel iria embora agora, e, com isso, procurou fazer os homens caírem em si e voltarem para ele. Mas, ai deles! Não consideraram, não sabiam os seus caminhos, não deram atenção, não se comoveram com isso, nem com a verdadeira lembrança dos favores recebidos. Portanto, de maneira privada, ele decidiu retirar-se, em primeiro lugar, de seu palácio, em seguida, pelo portão da cidade, e assim foi para longe de Alma Humana, até que eles reconhecessem suas ofensas e buscassem sua face com mais vigor. O Sr. Paz Divinal também entregou sua comissão, e não mais atuaria na cidade de Alma Humana.

Assim, os homens andaram contrariamente a Emanuel, e ele, mais uma vez, por meio de retaliação, andou no caminho contrário a eles. Infelizmente nesse momento eles estavam tão endurecidos em seu caminho, e tão bêbados na doutrina do Sr. Segurança Carnal, que a partida de seu Príncipe não os comoveu, e Emanuel não foi mais lembrado pelos homens; e assim, consequentemente, sua ausência não foi lamentada por eles.

Agora, houve um dia em que esse velho senhor, Sr. Segurança Carnal, fez novamente uma festa para a cidade de Alma Humana; e nesse momento havia na cidade um Sr. Temor Divino, embora agora pouco procurado, antes um homem muito solicitado. O velho Segurança Carnal tinha uma ideia de, se possível, tirar vantagem e corromper, e se aproveitar, como fazia o restante,

e por isso o convidou para ir ao banquete com seus vizinhos. Assim, chegado o dia, os homens se preparam, e o Sr. Temor Divino apareceu com o resto dos convidados; estando todos sentados à mesa, comeram e beberam, e se alegraram, todos, menos esse homem, porque o Sr. Temor Divino sentou-se como um estranho, e não comeu, nem se alegrou. Quando o Sr. Segurança Carnal percebeu, começou a fazer um discurso na direção dele:
– Sr. Temor Divino, você não está se sentindo bem? Parece doente do corpo ou da mente, ou ambos. Eu tenho um licor feito pelo Sr. Esqueça O Bem que, se o senhor tomar um gole, espero que possa fazê-lo sentir-se saudável e alegre, e assim você se tornará mais parecido conosco, seus companheiros de banquete.

O bom senhor discretamente respondeu:
– Senhor, eu agradeço por seu tratamento gentil e cordial, mas não tenho interesse em seu licor. Mas tenho uma palavra para os nativos de Alma Humana: vocês, anciãos e chefes de Alma Humana, para mim é estranho vê-los tão contentes e alegres, quando a cidade de Alma Humana está em estado tão lamentável.

Então disse Segurança Carnal:
– Você quer dormir, acredito. Então, por favor, deite-se e tire uma soneca enquanto nos alegraremos.

Então retrucou o bom homem:
– Senhor, se você possuísse um coração honesto, não faria o que fez e faz.

– Por quê? – perguntou Segurança Carnal.

– Peço que não me interrompa. É verdade que a cidade de Alma Humana era forte, e, com uma ressalva, invencível; mas vocês, cidadãos, a enfraqueceram, e agora ela encontra-se desprezível para seus inimigos. Não é o momento para elogios ou para ficar em silêncio; foi você, Sr. Segurança Carnal, que despiu Alma Humana e retirou sua glória; você derrubou suas torres, quebrou seus portões, despedaçou suas trancas e barras. E agora, para me explicar, a partir do momento que meus senhores de Alma Humana, e você, senhor, elevaram-se, a partir desse momento, a Força de Alma Humana foi ferida, e agora ela se foi. E se alguém questionar a veracidade de minhas palavras, eu lhe responderei dessa forma, ou de maneira semelhante: Onde está o Príncipe Emanuel? Quando um homem ou uma mulher em Alma Humana o viram? Quando tiveram notícias dele, ou provaram de suas iguarias? Vocês agora festejam com esse monstro diaboliano, mas ele não é seu Príncipe. Digo, portanto, ainda que os inimigos de fora não tenham conseguido causar-lhes danos em virtude de vocês estarem atentos, pelo fato de terem pecado contra seu Príncipe, os inimigos de dentro têm sido muito duros com vocês.

Então disse Segurança Carnal:

– Que vergonha, Sr. Temor Divino, que vergonha! Você nunca se livrará de seu medo? Você se assusta com o canto de um pardal, como se fosse o soar de uma trombeta? Quem o machucou? Acalme-se, eu estou do seu lado; só você está hesitante, mas eu estou confiante. Além disso, esta é a hora de ficar triste? Festas são feitas para se alegrar; por que, então, você agora, para sua própria vergonha e nosso incômodo, fala em uma linguagem tão melancolicamente passional, quando deveria comer e beber e ser feliz?

A isso, respondeu o Sr. Temor Divino:

– Eu posso muito bem ficar triste, pois Emanuel foi embora de Alma Humana. Digo mais uma vez: ele se foi, e você, senhor, é o homem responsável por afugentá-lo; sim, ele se foi sem ao menos falar para os nobres de Alma Humana sobre sua partida. Se isso não é um sinal de raiva, então não estou familiarizado com os modos divinos. E agora, meus lordes e cavalheiros, pois meu discurso ainda é para vocês, sua separação gradual dele fez com que Emanuel também se afastasse gradualmente de vocês, o que ele fez por algum tempo, e talvez vocês tivessem percebido, e houvessem renovado os laços ao humilhar-se. No entanto, quando ele percebeu que ninguém se importava nem se comovia com esse início de ira e julgamento em seu coração, ele foi embora deste lugar: e eu vi isso com meus próprios olhos. Agora, portanto, enquanto vocês se vangloriam, sua força se foi; vocês são como o homem que perdeu as tranças que balançavam sobre os ombros. Vocês podem agitar-se com este senhor de sua festa, e decidir fazer como em outras oportunidades, mas já que sem o Príncipe vocês não podem fazer nada, e ele foi embora, transformem sua festa em um suspiro, e seu riso em pranto.

Em seguida, o pregador subordinado, o velho Sr. Consciência, aquele que era o registrador de Alma Humana, assustado com o que foi dito, começou a confirmá-lo, dizendo:

– De fato, meus irmãos – disse ele. – Receio que o Sr. Temor Divino nos diz a verdade. Eu, de minha parte, não vejo meu Príncipe há um longo tempo. Eu não me lembro do dia; nem sou capaz de responder à pergunta do Sr. Temor Divino. Temo que ele não esteja em Alma Humana.

– Não, eu sei que você não irá encontrá-lo em Alma Humana, pois ele partiu, foi embora; sim, e foi embora por culpa dos anciãos e porque eles recompensaram sua graça com uma insensibilidade insuportável – afirmou Sr. Temor Divino.

Então, o pregador subordinado parecia prestes a cair morto em cima da mesa; e também todos que estavam presentes, exceto o homem da casa, começaram a ficar pálidos e doentes. Depois de se recuperarem um pouco, e em conjunto concordando em acreditar no Sr. Temor Divino e em suas palavras, começaram a consultar o que era o melhor a ser feito (agora o Sr. Segurança Carnal se retirara para o seu quarto, pois ele não apreciava essas ações melancólicas), tanto a respeito do dono da casa, por atraí-los para o mal, quanto para recuperar o amor de Emanuel.

E, com isso, uma palavra de seu Príncipe ficou muito forte em suas mentes, quando lhes instruiu o que era para ser feito com os falsos que se levantavam para enganar a cidade de Alma Humana. Então eles prenderam o Sr. Segurança Carnal (pois concluíram que a culpa era dele) e incendiaram sua casa com ele dentro, pois o homem também era um diaboliano por natureza.

Então, quando isso aconteceu, eles se apressaram em buscar Emanuel, seu Príncipe; e procuraram-no, mas não o encontraram. Assim, confirmaram ainda mais a verdade nas palavras do Sr. Temor Divino, e passaram a refletir muito sobre si mesmos, por seus feitos tão vis e ímpios, pois concluíram que foi por causa deles que seu Príncipe os deixou.

Em seguida, concordaram e foram até o Sr. Secretário (o qual antes se recusaram a ouvir – ele que fora entristecido com as ações dos homens), para saber se ele poderia dizer onde Emanuel estava, pois ele tinha visões, e como poderiam lhe enviar uma petição. O Sr. Secretário, no entanto, não quis recebê-los em uma audiência sobre esse assunto, nem permitiu que entrassem em sua habitação real, nem quis sair para lhes mostrar seu rosto ou inteligência.

Esse foi um dia sombrio e escuro, um dia de nuvens e de densas trevas em Alma Humana. Agora os homens viam o quanto tinham sido tolos, e começaram a perceber o que a companhia e a tagarelice do Sr. Segurança Carnal haviam causado, e que danos desesperadores suas palavras lisonjeiras provocaram em Alma Humana. Entretanto, ainda não sabiam o que isso lhes causaria futuramente. Agora o Sr. Temor Divino começou novamente a ter prestígio com os homens da cidade; sim, eles estavam prontos para olhar o homem como um profeta.

Bem, quando o dia de sábado chegou, eles foram ouvir seu pregador subordinado; mas, ó, como ele agitou e iluminou esse dia! Seu texto foi retirado do profeta Jonas: "Os que observam as falsas vaidades deixam a sua misericórdia" (Jn 2:8). No entanto, havia tanto poder e autoridade naquele sermão, e tanto abatimento no semblante do povo naquele dia, como raramente se vê ou se ouve. Quando o sermão terminou, as pessoas mal conseguiam ir para suas casas, ou voltar para seus empregos ainda na semana seguinte; ficaram tão impressionadas com o sermão, e sentindo-se doentes pelas feridas que este lhes causou, que não sabiam o que fazer.

O Sr. Temor Divino não só revelou a Alma Humana seu pecado, como tremeu diante dos homens, sob o reconhecimento de seu próprio pecado, chorando ainda enquanto pregava para eles:

– Miserável homem que sou, que cometi algo tão vil! Eu, um pregador! Aquele que o Príncipe escolheu para ensinar sua lei a Alma Humana, deveria eu viver aqui uma vida de embriaguez e sem sentido, e ser um dos primeiros encontrados em transgressão? Essa transgressão também ocorreu em meus arredores; eu deveria ter clamado contra a maldade, mas deixei Alma Humana se afundar até expulsar Emanuel de suas fronteiras!

Ele também acusou todos os senhores e a nobreza de Alma Humana com essas palavras até quase perturbá-los.

Além disso, por esse tempo, houve uma grande epidemia na cidade de Alma Humana, e a maioria dos habitantes foi afligida. Sim, os capitães também e os homens de guerra começaram a definhar, e isso por um longo tempo; então, em caso de invasão, nada poderia ter sido feito, tanto pelos cidadãos quanto pelos oficiais. Ó, quantos rostos pálidos, mãos fracas, joelhos frágeis e homens cambaleantes foram vistos caminhando pelas ruas de Alma Humana! Aqui se ouviam gemidos, ali, suspiro e, mais ao longe, aqueles que estavam prestes a desmaiar.

As vestes, também, que Emanuel lhes dera estavam em um estado deplorável; algumas rasgadas, outras, despedaçadas, mas todas em condição terrível. Algumas tão soltas que qualquer arbusto por onde passassem poderia arrancá-las.

Depois de algum tempo vivendo nessa condição triste e infeliz, o pregador subordinado convocou um dia de jejum, a fim de que os homens se humilhassem por terem sido tão pecaminosos contra o grande Shaddai e seu filho. E pediu ao Capitão Boanerges que pregasse. Ele concordou em fazê-lo e, quando chegou o dia, este foi o texto que ele pregou:

– Corte-a! Por que a deixar inutilizar a terra? (Lc 13:7).

E seu sermão foi muito inteligente. Primeiro, ele explicou qual era o contexto dessas palavras, ou seja, por que a figueira era estéril; em seguida, mostrou qual era o conteúdo da frase, ou seja, o arrependimento, ou a completa desolação. Ele então mostrou, também, por qual autoridade essa frase fora pronunciada, afirmado ter sido o próprio Shaddai quem a fez. E, por fim, mostrou as razões do acontecido, e, em seguida, concluiu o sermão. Mas o capitão foi muito pertinente em sua aplicação, de modo que fez a pobre Alma Humana tremer. Esse sermão, assim como o anterior, tocou muito os corações dos homens de Alma Humana; sim, ajudou muito a manter acordados aqueles que foram despertados pela pregação anterior. Então agora, em toda a cidade, havia pouco ou nada a ser ouvido e visto, a não ser tristeza e luto, e angústia.

Agora, após o sermão, os homens se reuniram e consultaram o que era melhor a ser feito.

– Mas – disse o pregador subordinado – não farei nada por minha própria cabeça, sem consultar meu vizinho, Sr. Temor Divino, pois, se ele já entendia mais da mente de nosso Príncipe do que nós, não creio que entenda menos agora, quando nos voltamos novamente à virtude.

Então, eles chamaram o Sr. Temor Divino, que logo apareceu. Em seguida, pediram-lhe para expor sua opinião quanto à melhor atitude. E o homem respondeu:

– É minha opinião que esta cidade de Alma Humana deveria, nesse tempo de angústia, elaborar e enviar uma petição humilde a seu ofendido Príncipe Emanuel, para que ele, em seu favor e graça, volte novamente a vocês, e não mantenha sua ira para sempre.

Quando os homens da cidade ouviram esse discurso, concordaram, por unanimidade, com o conselho; então elaboraram seu pedido e o passo seguinte seria decidir quem levaria a petição. Por fim, todos eles decidiram que deveriam enviá-la pelo lorde Prefeito. Então, ele aceitou a tarefa, e partiu para sua jornada, chegando até a corte de Shaddai, para onde Emanuel, o Príncipe de Alma Humana, havia ido. No entanto, o portão estava fechado, e havia uma guarda estrita sobre ele. Desse modo, o mensageiro foi obrigado a esperar por um longo tempo. Então ele pediu que alguém fosse até o Príncipe para anunciar quem estava no portão e qual era sua missão. Assim, foram e disseram para Shaddai e para Emanuel, seu filho, que o Sr. Prefeito da cidade de Alma Humana encontrava-se no portão da corte do Rei, desejando ser recebido na presença do Príncipe, o Filho do Rei. Também contaram a missão do lorde Prefeito, tanto para o Rei, quanto para seu filho, Emanuel. O Príncipe, entretanto, não quis descer, nem permitiu que o portão fosse aberto para ele, e lhe enviou a seguinte resposta:

– Eles deram as costas para mim, e não o rosto; mas agora, na hora da dificuldade, dizem para mim: "Levante-se, e salve-nos". Mas não podem ir agora até o Sr. Segurança Carnal, a quem buscaram quando deram as costas para mim, e fazer dele o seu líder, seu senhor e sua proteção no tempo da angústia; por que agora me visitam, já que sua prosperidade acabou?

A resposta fez escurecer o semblante do lorde Prefeito; isso o incomodou, deixando-o perplexo e despedaçado. E, então, ele começou a ver novamente como era ser familiarizado com diabolianos, como o Sr. Segurança Carnal. Quando viu que na corte não conseguiria muita ajuda, para ele mesmo e para seus amigos de Alma Humana, golpeou o próprio peito e voltou chorando, e lamentando o triste estado de Alma Humana durante todo o caminho.

Bem, quando ele surgiu à vista da cidade, os anciãos e os chefes do povo de Alma Humana saíram no portão para encontrá-lo e saudá-lo, e para saber o que acontecera na corte. Mas o homem fez seu relato de modo tão triste que todos choraram, lamentaram e choraram. Assim, jogaram cinzas sobre a cabeça, e vestiram panos de saco sobre o lombo e saíram clamando por toda a cidade de Alma Humana; quando o restante dos cidadãos viu o que acontecia, eles também lamentaram e choraram. Portanto, esse foi um dia de repreensão e aflição, e de angústia para a cidade de Alma Humana, além de muito pesar.

Depois de algum tempo, quando os homens se acalmaram um pouco, reuniram-se novamente para discutir sobre o que ainda poderia ser feito; e pediram conselho, como fizeram antes, ao reverendo Sr. Temor Divino. Ele disse que não existia maneira melhor de agir do que o que eles já haviam feito, nem pensava que eles deveriam se sentir desanimados com tudo que vivenciaram na corte; sim, ainda que muitas de suas petições fossem respondidas com nada além de silêncio ou desprezo.

– Pois – disse ele – essa é a maneira pela qual age o sábio Shaddai para fazer os homens esperarem e para exercitar a paciência, e esta devia ser a atitude deles quando em necessidade: estarem dispostos a esperar a seu tempo.

Então, eles tomaram coragem e enviaram petições diversas e diversas vezes; e não houve um dia, ou uma hora, que passasse pela cabeça de Alma Humana, em que um homem não encontrasse outro servindo no caminho, soando a trombeta de Alma Humana até a corte do Rei Shaddai; e todos com cartas e petições implorando pela volta do Príncipe para Alma Humana. A estrada, como eu disse, estava repleta de mensageiros, indo e voltando, e encontrando-se; alguns da corte, e alguns de Alma Humana; e esse foi o trabalho da miserável cidade de Alma Humana durante todo aquele longo, afiado e gélido inverno.

Agora, se você não se esqueceu, pode ainda se lembrar do que eu lhe disse antes, o fato de Emanuel tomar Alma Humana, sim, e, depois de remodelar a cidade, lá permaneceram, à espreita, muitos dos antigos diabolianos, que ou foram para lá com o tirano, quando ele invadiu e tomou a cidade, ou que estavam lá por causa das misturas ilícitas, nascimento e criação. Seus buracos, covis e lugares onde ficavam à espreita encontravam-se dentro ou debaixo do muro da cidade, ou em seus arredores. Alguns de seus nomes eram: Sr. Fornicação, Sr. Adultério, Sr. Assassinato, Sr. Ira, Sr. Lascívia, Sr. Engano, Sr. Olho Mau, Sr. Blasfêmia e aquele terrível criminoso, o velho e perigoso Sr. Cobiça. Esses, como já disse, e muitos outros ainda habitavam a cidade de Alma Humana, e isso mesmo depois de Emanuel expulsar seu príncipe Diabolus de seu castelo. Contra eles, o Príncipe entregou uma comissão ao Sr. Vontade Seja Feita e outros, sim, para toda a cidade de Alma Humana, a fim de buscar, prender, guardar e destruir qualquer um e todos sobre os quais colocassem as mãos, pois eles eram diabolianos por natureza, inimigos do Príncipe, e aqueles que buscavam a ruína da cidade de Alma Humana. Mas a cidade de Alma Humana não cumpriu essa tarefa, antes, negligenciou a missão de procurar, prender, guardar e destruir esses diabolianos. Por isso, esses criminosos reuniram coragem para mostrar seus rostos aos habitantes da cidade. Sim, e como ouvi dizer, alguns dos homens de Alma Humana ficaram próximos demais deles, para a tristeza da corporação, sobre o que vocês ouvirão mais no tempo e lugar certos.

## CAPÍTULO treze

BEM, QUANDO OS DIABOLIANOS que restaram perceberam que, por meio do pecado, Alma Humana ofendera Emanuel, seu Príncipe, e que se retirara da cidade, e fora embora, começaram a planejar a ruína da cidade de Alma Humana. Então, em um momento, eles se reuniram na casa do Sr. Engano, também um diaboliano, e lá conversaram sobre como poderiam entregar Alma Humana nas mãos de Diabolus novamente. Alguns sugeriram uma coisa, outros, outra, cada homem de acordo com o próprio desejo. Por fim, o Sr. Lascívia propôs, embora não fosse a melhor ideia, que, em primeiro lugar, alguns dos diabolianos em Alma Humana se oferecessem como servos para alguns dos nativos da cidade.

– Desse modo – disse ele –, se eles concordarem, e Alma Humana aceitá-los, podem tornar, para nós e para Diabolus, nosso senhor, a tomada da cidade de Alma Humana muito mais fácil do que seria de outra forma.

Mas, então, o Sr. Assassinato levantou-se e disse:

– Isso não deve ser feito agora, já que Alma Humana está enfurecida, pois, por causa de nosso amigo, Sr. Segurança Carnal, ela já foi ludibriada uma vez a ofender seu príncipe; e de que outra forma ela poderia se reconciliar com seu senhor novamente, a não ser pelas nossas cabeças? Além disso, sabemos que eles têm uma comissão para nos prender e nos matar em qualquer lugar que nos encontrem; sejamos, portanto, sábios como raposas: mortos, não podemos lhes fazer mal algum; mas enquanto estamos vivos sim.

Então, após discutirem bastante o assunto, eles concordaram em enviar uma carta para Diabolus em nome deles, em

que descreveriam a situação da cidade de Alma Humana, e como ela estava longe de seu príncipe.
— Nós também podemos lhe contar nossas intenções e pedir conselhos — disseram alguns.

Então a carta foi redigida:

*Para o nosso grande senhor, o príncipe Diabolus, habitando abaixo da caverna infernal:*
*Ó grande pai e poderoso príncipe Diabolus, nós, os verdadeiros diabolianos que ainda continuam na rebelde cidade de Alma Humana, ao receber do senhor nossas vidas, e de suas mãos, nosso alimento, não podemos observar, contentes e quietos, tal qual temos feito, a maneira como você é esquecido, desonrado e censurado entre os habitantes desta cidade; sua longa ausência não é nada agradável para nós, porque é grande nosso dano.*

*Escrevemos para o nosso senhor porque temos esperança de que Alma Humana pode se tornar sua habitação novamente, pois a cidade está muito afastada de seu Príncipe Emanuel; e ele levantou-se e foi embora; sim, e, ainda que eles o tenham chamado diversas e diversas vezes e pedido a ele que volte para Alma Humana, ainda não receberam nenhuma notícia boa da parte dele.*

*Houve também uma grande epidemia e desmaios entre ele; e isso, não apenas para os mais pobres da cidade, mas também sobre os senhores, os capitães e a nobreza do lugar (só nós, de natureza diaboliana, permanecemos bem, vivos e fortes), então, por sua grande transgressão de um lado, e por sua enfermidade perigosa de outro, pensamos que eles estão abertos para receber sua mão e seu poder. Portanto, se for de sua vontade e terrível astúcia, e da astúcia do restante dos príncipes com você, vir, e tentar tomar Alma Humana novamente, avise-nos, e estaremos prontos para entregá-la em sua mão. Ou, se o que dissemos não for do seu agrado nem o que realmente precisa ser feito, envie-nos sua ideia em poucas palavras e estaremos prontos para seguir o seu conselho até a nossa morte, e o que mais possuirmos.*

*Assinado por nós no dia e na data escritos acima, após uma conversa na casa do Sr. Engano, que ainda vive e tem seu lugar em nossa desejável cidade de Alma Humana.*

Quando o Sr. Profano (ele seria o mensageiro) chegou com essa carta na colina do Portão Infernal, ele bateu nos portões de bronze para entrar. Então, Cérbero, o porteiro, por ser o guarda do portão, abriu para o Sr. Profano, e recebeu a carta levada pelos diabolianos em Alma Humana. Então, o homem a levou até Diabolus, seu senhor, e disse:

– Notícias de Alma Humana, meu senhor, de nossos fiéis amigos de Alma Humana.

Então se reuniram de todos os cantos do covil Belzebu, Lúcifer, Apoliom e todo o restante da multidão ali para ouvir as notícias de Alma Humana. A carta foi aberta e lida, e Cérbero aguardava. Depois de lida publicamente, e de seu conteúdo ser espalhado por todos os cantos da caverna, foi dada a ordem de que, sem interrupções, o sino dos mortos deveria ser soado alegremente. Assim, soaram o sino, e os príncipes se alegraram porque Alma Humana estava prestes a ser destruída. Então, quem soava o sino disse:

– A cidade de Alma Humana está chegando para habitar conosco; abram espaço para ela.

E tocaram o sino, porque tinham esperança de tomar Alma Humana novamente.

Depois dessa terrível cerimônia, eles se reuniram mais uma vez para discutir a resposta que dariam a seus amigos em Alma Humana; alguns falaram uma coisa, outros falaram outra; mas, finalmente, como o assunto exigia pressa, eles deixaram o assunto para o príncipe Diabolus, julgando-o o mais adequado senhor para o lugar. Então ele elaborou uma carta como achou apropriado em resposta ao que o Sr. Profano escrevera, e a enviou aos diabolianos que habitavam em Alma Humana, pelas mesmas mãos que a entregaram; este era o conteúdo:

*Para nossa herança, os nobres e poderosos diabolianos que ainda habitam na cidade de Alma Humana, Diabolus, o grande príncipe de Alma Humana, deseja uma conclusão próspera para as bravas empreitadas, conspirações e objetivos que vocês, por seu amor e respeito à nossa honra, têm em seu coração para tentar contra Alma Humana.*

*Filhos e discípulos amados, senhores Fornicação e Adultério, e o restante, nós, aqui em nosso covil desolado, recebemos, para nossa grande alegria e contentamento, sua carta pelas mãos de nosso fiel Sr. Profano; para demonstrar como suas notícias foram bem recebidas, soamos nosso sino de felicidade, pois nós nos alegramos o máximo que pudemos quando vimos que ainda temos amigos em Alma Humana, e amigos que buscam nossa honra e vingança na ruína da cidade. Também nos alegramos em saber que eles estão em uma condição decadente, e que ofenderam seu príncipe, e, depois disso, ele foi embora. A notícia da enfermidade deles também nos agradou, assim como as notícias sobre sua saúde, poder e força. Além disso, também ficaríamos felizes, terríveis amados, se pudéssemos colocar nossas garras sobre essa cidade. Não pouparemos nossas forças, nossa astúcia, nossa habilidade e nossas invenções diabólicas para obtermos a conclusão desejada.*

*E receba isto para seu conforto (nossos filhos, nossa herança): nós vamos surpreendê-la e tomá-la novamente, tentaremos matar todos os nossos inimigos à espada, e faremos de vocês grandes lordes e capitães do lugar. Caso nós a tomemos, não precisam temer que depois seremos expulsos novamente, pois iremos com mais força, e estabeleceremos nossas fortalezas com mais rapidez do que da primeira vez. Além disso, é a lei daquele príncipe, e, se nós a tomarmos pela segunda vez, ela será nossa para sempre.*

*Portanto, vocês, diabolianos, espreitem mais, e tentem descobrir a fraqueza da cidade de Alma Humana. Nós também gostaríamos que vocês tentassem enfraquecer a cidade cada vez mais. Mandem-nos uma resposta sobre o que consideram ser a melhor maneira para tomarmos a cidade novamente, ou seja, se por persuasão para uma vida vã e solta, ou se por tentá-los com dúvida e desespero; ou, ainda, se explodirmos a cidade com a pólvora do orgulho e da vaidade. Vocês, ó bravos diabolianos e filhos fiéis da escuridão, estejam sempre prontos para um terrível ataque, quando estivermos prontos para realizá-lo. Agora, apressem seu projeto e nós apressaremos nosso desejo, para o mais elevado poder de nossos portões, que é a vontade de seu grande Diabolus, o inimigo de Alma Humana, e aquele que treme ao pensar sobre o julgamento vindouro. Todas as bênçãos das trevas estejam sobre vocês, e assim encerramos nossa carta.*

*Entregue na boca das trevas, por consentimento de todos os príncipes da escuridão, a fim de ser enviado para a força e o poder que ainda permanecem em Alma Humana, pelas mãos do Sr. Profano, por mim, Diabolus.*

Essa carta, como já dito, foi enviada para Alma Humana aos diabolianos que permaneciam ali e ainda habitavam os muros do escuro calabouço de Diabolus, pelas mãos do Sr. Profano, por meio de quem aqueles de Alma Humana também enviaram suas cartas para o poço. Quando esse Sr. Profano retornou para Alma Humana, dirigiu-se à casa do Sr. Engano, pois lá era sua base, além de ser o local onde os planejadores se reuniam. Quando os homens viram que seu mensageiro voltara são e salvo, alegraram-se. Em seguida, o Sr. Profano apresentou a carta que trouxera de Diabolus para eles, a qual, quando lida e considerada, aumentou muito sua alegria. Eles lhe perguntaram não apenas sobre o bem-estar de seus amigos, mas também como estavam o Sr. Diabolus, Lúcifer e Belzebu, com o restante dos moradores do covil. A isso, o Sr. Profano respondeu:

– Bem, bem, meus senhores, eles estão bem, tão bem quanto poderiam estar naquele lugar. Além disso, eles tocaram o sino de alegria ao ler a carta, como vocês bem perceberam quando a leram.

Agora, como dito, quando os homens leram a carta e perceberam que ela os encorajava a fazer seu trabalho, começaram a planejar novamente como poderiam completar seu objetivo diaboliano sobre Alma Humana. A primeira coisa sobre a qual concordaram foi manter as coisas em Alma Humana tão discretas quanto possível.

– Não permitam que seja conhecido, não permitam que Alma Humana saiba dos objetivos que temos contra ela.

O passo seguinte foi como, ou por quais maneiras, eles deveriam tentar levar a ruína para destruição de Alma Humana; alguns sugeriam uma coisa, outros, outra. Então, levantou-se o Sr. Engano e disse:

– Meus queridos amigos diabolianos, nossos senhores e os nobres do calabouço profundo propõem três formas. Primeiro, considerar se é melhor buscar sua ruína com vaidade e libertinagem; segundo, se é melhor usarmos a dúvida e o desespero; terceiro, se é melhor tentarmos explodir a cidade com a pólvora do orgulho e da vaidade própria. Agora, acho que, se vamos tentá-los ao orgulho, isso pode gerar algo; e, se os tentarmos com a libertinagem, isso pode ajudar. No entanto, em minha opinião, se pudéssemos levá-los ao desespero, a ponto de confundir a cabeça deles, assim o faríamos: em primeiro lugar, questionaríamos a verdade do amor do coração de seu príncipe em relação a eles, e isso os magoará muito. Se funcionar direito, fará os homens desistirem rapidamente de seu caminho de petições; então, adeus pedidos de ajuda e súplicas, pois a conclusão estará diante deles naturalmente: "Como o bem não ajuda em nada, não serve para nada".

Eles, então, concordaram de modo unânime com o Sr. Engano.

A pergunta seguinte foi sobre como colocar o projeto em prática. E ela foi respondida pelo mesmo cavalheiro – afirmando que esta seria a melhor maneira de fazê-lo:

– Muitos de nossos amigos estão dispostos a aventurar-se para promover a causa de seu príncipe, usando disfarces e fantasias, mudando de nome e indo ao mercado como homens do campo a fim de se oferecerem como servos da famosa cidade de Alma Humana, fingindo ser muito úteis para seus mestres, pois, ao fazê-lo, se Alma Humana contratá-los, em pouco tempo terão corrompido e contaminado tanto a sociedade que seu Príncipe não ficará apenas ofendido, mas irá vomitá-los de sua boca. E, quando estiver concluído, nosso príncipe Diabolus os destruirá com facilidade: sozinhos irão cair, sim, de si mesmos cairão para dentro da boca do devorador.

Embora esse projeto não tenha sido proposto logo de início, foi muito aceito, e logo todos os diabolianos estavam envolvidos nessa delicada empreitada. No entanto, foi decidido que não seria bom que todos se dedicassem a isso; então, eles se dividiram em dois ou três, ou seja, o Sr. Cobiça, o Sr. Lascívia e o Sr. Ira. O Sr. Cobiça mudou seu nome para Economia Prudente; o Sr. Lascívia, para Alegria Inofensiva; e o Sr. Ira, para Bom Zelo.

Então, um dia, eles foram até o mercado, três companheiros robustos como eram em aparência, vestidos com roupas de lã, as quais, naquele momento, eram tão brancas quanto as vestes brancas dos homens de Alma Humana. Eles conseguiam falar bem o idioma de Alma Humana. Então, quando chegaram ao mercado local e ofereceram seus serviços aos homens da cidade, logo foram aceitos, pois pediam um salário baixo e prometiam fazer grandes serviços para seus mestres.

O Sr. Mente contratou Economia Prudente, e o Sr. Temor Divino contratou o Bom Zelo. É verdade que este homem, Alegria Inofensiva, ficou esperando um pouco, pois não conseguiu um mestre com a mesma rapidez dos outros, pois a cidade de Alma Humana estava em Quaresma. Depois de algum tempo, no entanto, quase terminada a Quaresma, o Sr. Vontade Seja Feita contratou Alegria Inofensiva para ser seu criado e seu lacaio: e, assim, eles conseguiram seus mestres.

Então, esses criminosos entraram nas casas dos homens de Alma Humana, e rapidamente começaram a provocar grandes danos nelas, pois, por serem imundos, astutos e dissimulados, corromperam as famílias onde estavam com rapidez; sim, eles contaminaram muito seus senhores, principalmente o Sr. Economia Pudente e aquele que chamavam de Alegria Inofensiva.

É verdadeiro que aquele sob a supervisão de Bom Zelo não era tão querido por seu mestre, pois ele logo descobriu que se tratava apenas de um falso patife; e, no momento em que percebeu isso, o companheiro fugiu rapidamente da casa, ou com certeza seu mestre o teria matado.

Bem, quando esses vagabundos realizaram seus objetivos e corromperam a cidade o quanto conseguiram, consideraram entre si em que momento o príncipe Diabolus e eles também, dentro da cidade, iriam tentar atacar Alma Humana; e todos concordaram que o dia de mercado seria a melhor oportunidade para esse trabalho. Por quê? Porque assim os cidadãos estariam ocupados em suas tarefas; e tenha isto como regra: quanto mais as pessoas estão ocupadas no mundo, menos elas temem uma surpresa.

– Então, nós poderemos nos reunir para o trabalho de nossos amigos e senhores sem levantar muitas suspeitas; sim, e nesse dia, vamos tentar realizar nosso objetivo e, se perdermos, poderemos realizar nossa fuga nos escondendo na multidão.

Após combinar tudo isso, eles escreveram outra carta para Diabolus, e a enviaram pelas mãos do Sr. Profano, apresentando o seguinte conteúdo:

*Os senhores da libertinagem enviam ao grande e nobre Diabolus, de nossos covis, cavernas e buracos, e abrigos, em todo o muro da cidade de Alma Humana, saudando:*

*Nosso grande senhor, e que nos conceda a vida, Diabolus – como ficamos felizes ao ouvir sobre sua prontidão para colaborar conosco e nos ajudar a realizar nosso objetivo de destruir Alma Humana, ninguém pode falar, a não ser quem, como nós, separou-se da aparência do bem quando e onde quer que o encontremos.*

*Quanto ao incentivo que a sua excelência está feliz em nos dar para continuarmos concebendo, planejando e estudando a completa destruição de Alma Humana, saiba que não precisamos dele, pois sabemos muito bem que nos é agradável e bom ver nossos inimigos, e aqueles que querem tirar nossas vidas, morrerem aos nossos pés, ou fugir de nossa frente. Nós, portanto, ainda estamos planejando, e isso para fazer o nosso melhor, a fim de tornar esse trabalho mais simples e fácil para os senhores e para nós.*

*Em primeiro lugar, consideramos o projeto tríplice que vocês nos propuseram infernalmente astuto e compacto; concluímos que, embora explodi-los com a pólvora do orgulho seja bom, e tentá-los, levando-os a agir com libertinagem e vaidade fosse ajudar, planejar levá-los ao abismo do desespero será o melhor. Agora nós, que estamos à sua disposição, pensamos em duas maneiras de fazer isso: primeiro, iremos deixá-los tão vis quanto pudermos, e então vocês, conosco, no tempo determinado, devem estar prontos para atacá-los com força total. E de todas as nações sob seu comando, pensamos que o exército de céticos seria a melhor opção para atacar a cidade de Alma Humana. Assim, conquistaremos esses inimigos, e então o poço deverá abrir sua boca sobre eles, e o desespero deverá afogá-los. Nós também já enviamos três de nossos diabolianos de confiança entre eles a fim de concluir esse objetivo há muito por nós desejado; eles estão disfarçados, mudaram de nome, e agora são aceitos no meio dos homens. São eles: Cobiça, Lascívia e Ira. Cobiça, cujo nome foi alterado para Economia Prudente, foi contratado pelo Sr. Mente, e é quase tão mau quanto nosso amigo. Lascívia mudou seu nome para Alegria Inofensiva, e conseguiu ser o lacaio do Sr. Vontade Seja Feita; transformou seu mestre em um libertino. Raiva mudou seu nome para Bom Zelo, e foi contratado pelo Sr. Temor Divino. No entanto, esse ancião impertinente ficou desconfiado e desmascarou nosso companheiro em sua casa. Então, ele nos informou que teve de fugir do Sr. Temor Divino, senão seu antigo mestre o teria enforcado por suas ações.*

*Ora, eles nos ajudaram muito em desenvolver nosso objetivo sobre Alma Humana, pois, apesar do temperamento odioso e briguento do senhor mencionado anteriormente, os outros dois dobraram seu trabalho, e é provável que o terminem em ritmo acelerado.*

*Nosso próximo projeto para concluí-lo é que vocês venham para a cidade em um dia de mercado, quando as pessoas encontram-se agitadas com os negócios, pois, assim, eles estarão se sentindo mais seguros e é o momento em que menos pensarão que um ataque poderá ser realizado contra eles. Na ocasião, também estarão mais indefesos, menos capazes de se defender e reagir durante a execução de nossos objetivos. E nós, seus fiéis (e temos certeza de que somos seus amados), estaremos prontos para apoiá-los quando realizarem o furioso ataque. Então, nós, com todas as probabilidades, seremos capazes de confundir Alma Humana completamente, e engoli-los antes mesmo que percebam. Se suas cabeças de serpente, sagazes dragões, e nossos mais estimados senhores encontrarem uma maneira melhor do que essa, avisem-nos o mais rápido possível.*

*Para os monstros da caverna infernal, da casa do Sr. Engano em Alma Humana, pelas mãos do Sr. Profano.*

Durante todo o tempo em que os vagabundos e infernais diabolianos ficaram planejando a ruína da cidade de Alma Humana, os cidadãos (ou seja, a pobre cidade em si) estavam em um estado triste e lamentável; em parte porque tinham ofendido gravemente Shaddai e seu filho, e em parte porque os inimigos, dessa forma, conseguiram novas forças; e também porque, embora tivessem apresentado diversas petições ao Príncipe Emanuel e a seu Pai Shaddai por meio dele, pedindo seu perdão e favor, até o presente momento não haviam obtido nem mesmo um sorriso. Pelo contrário, por meio da astúcia e sutileza dos diabolianos, sua nuvem ficou cada vez mais escura, e seu Emanuel afastou-se cada vez mais.

A enfermidade também enfureceu Alma Humana, tanto entre os capitães quanto entre os habitantes da cidade; e apenas os seus inimigos sentiam-se animados e fortes, e provavelmente se tornariam a cabeça, enquanto Alma Humana seria transformada em cauda.

A essa altura, a carta mencionada anteriormente, escrita pelos diabolianos que ainda se escondiam na cidade de Alma Humana, foi transmitida para Diabolus do covil das trevas pelas mãos do Sr. Profano. Ele levou a carta até a colina do Portão Infernal, como antes, e entregou-a a seu senhor por meio de Cérbero.

No entanto, quando Cérbero e o Sr. Profano se encontraram, já tinham uma forte relação e, assim, começaram a falar sobre Alma Humana e sobre o plano contra ela.

– Ah! Velho amigo – disse Cérbero. – Você voltou para a colina do Portão Infernal? De verdade, estou feliz em vê-lo!

PROFANO: Sim, meu senhor, eu voltei para tratar dos assuntos da cidade de Alma Humana.

CÉRBERO: Por favor, me diga, como está a cidade de Alma Humana atualmente?

PROFANO: Em ótima condição para nós e para os meus senhores, os senhores deste lugar, pois eles decaíram muito em sua bondade, e isso é tudo que o nosso coração pode querer; seu senhor está muito afastado deles, e isso também nos agrada. Além disso, já estamos adiantados, pois nossos amigos diabolianos estão no meio deles, e agora só nos falta ser mestres daquele lugar! Além disso, nossos fiéis amigos em Alma Humana estão diariamente planejando a fim de trair os senhores dessa cidade; a enfermidade também pesa sobre eles; de modo geral, esperamos finalmente prevalecer.

Então disse o cão do Portão Infernal:

– Não há melhor momento para atacá-los do que agora. Espero que a empreitada seja positiva e que obtenham o sucesso desejado. Sim, desejo o bem dos pobres diabolianos, que vivem com medo naquela traidora cidade de Alma Humana.

PROFANO: O plano está quase concluído, os senhores diabolianos de Alma Humana trabalham nele dia e noite, e os outros estão como pombas tolas, carecem de coração para ter cuidado com seu estado e para considerar que a ruína está próxima. Além disso, você deve pensar, quando se considera o todo, que há muitas razões ao lado de Diabolus para que ele faça isso apressadamente.

CÉRBERO: É verdade o que você diz; estou contente que as coisas estejam nesse passo. Entre, meu corajoso Profano, para meus senhores, e eles o receberão com as danças que o reino pode oferecer. Já enviei sua carta.

Então, o Sr. Profano entrou no covil, e Diabolus foi ao encontro dele, saudando-o:
– Bem-vindo, meu servo de confiança; fiquei feliz com sua carta.

Os outros senhores do poço também o cumprimentaram. Então, Profano, após fazer uma reverência a todos eles, disse:
– Que Alma Humana seja entregue ao meu senhor Diabolus, e que ele seja rei para sempre.

E, com isso, os roncos de estômago e as gargantas bocejantes do inferno começaram a soar e rugir tão terrivelmente (pois essa era a música daquele lugar), que as montanhas ao redor tremeram, como se fossem despedaçar.

Depois de ler e considerar a carta, eles conversaram para ver qual resposta dariam; o primeiro a falar foi Lúcifer.

Ele disse:
– O primeiro plano dos diabolianos em Alma Humana provavelmente terá sorte e será eficaz; ou seja, eles desejarão, por todos os meios e métodos possíveis, e deixarão Alma Humana ainda mais vil e imunda; não há maneira melhor de destruir uma alma. Nosso velho amigo Balaão seguiu o seu caminho e prosperou há muito tempo; então, que isso seja para nós uma máxima, e uma regra aos diabolianos de todas as gerações. Nada além da graça pode fazer isso fracassar, mas espero que essa cidade não tenha mais acesso a ela. No entanto, sobre atacá-los em um dia de mercado, porque assim estarão envolvidos em seus negócios, isso deveria ser discutido. E há vários motivos para colocarmos em debate, já que isso mudará totalmente o nosso ataque. Se não planejarmos o tempo de nossa empreitada corretamente, todo o nosso plano pode falhar. Nossos amigos, os diabolianos, afirmam que o dia de mercado é o melhor por ser quando Alma Humana estará mais ocupada e menos preparada para uma surpresa. Mas e se eles também dobrarem o número de guardas nesses dias? (Tenho para mim que a natureza e a razão deveriam incitá-los a fazê-lo.) E se nesse dia eles estabelecem vigias que os dias comuns não exigem? Sim,

e se os homens estiverem sempre armados nesses dias? Então, meus senhores, serão desapontados em suas tentativas, e seus amigos na cidade de Alma Humana serão colocados em risco e em uma destruição inevitável.

Então disse o grande Belzebu:

– Há alguma razão no que o senhor falou, mas isso pode, ou não, acontecer. O senhor também não falou se essa ideia deve ser descartada ou não, pois eu sei que ele disse isso apenas para gerar um debate acalorado. Por isso, precisamos descobrir, caso possamos, se a cidade de Alma Humana tem noção de seu estado decaído e dos desígnios que temos planejado para ela, pois isso fará com que a cidade vigie e guarde seus portões, e dobrará o número de guardas nos dias de mercado. Mas, se depois dessa investigação descobrirmos que eles estão descuidados, então qualquer dia servirá, mas o dia de mercado é o melhor; essa é minha opinião neste caso.

Então perguntou Diabolus:

– Como vamos descobrir isso?

E os homens responderam:

– Pergunte ao Sr. Profano.

Então ele foi chamado, questionado, e respondeu o seguinte:

PROFANO: Meus senhores, até onde sei, esta é a condição atual de Alma Humana: eles estão enfraquecidos em sua fé e amor; Emanuel, seu Príncipe, virou as costas para a cidade; os homens têm enviado diversas petições para atraí-lo novamente, mas ele não tem pressa em responder aos seus pedidos, e não há muita mudança entre eles.

DIABOLUS: Estou feliz por estarem de mal a pior em sua reforma, mas ainda temo suas petições. No entanto, seu desapego com a vida é um sinal de que não estão com o coração naquilo que estão fazendo, e, sem o coração, as coisas valem muito pouco. Mas prossigam, meus mestres; não os interromperei mais.

BELZEBU: Se esse for o caso com Alma Humana, como o Sr. Profano diz, não importará muito o dia em que atacarmos; nem suas orações nem seu poder os ajudarão muito.

Quando acabou de falar, Apoliom começou:
– A minha opinião sobre esse assunto é que devemos ir com calma e tranquilidade, sem fazer tudo apressadamente. Permitam que nossos amigos em Alma Humana continuem a sujar e corromper a cidade buscando arrastá-la ainda mais para o pecado (pois não havia nada melhor do que o pecado para destruí-la). Se isso for feito, e der certo, Alma Humana, por si mesma, baixará a guarda e não enviará mais petições, ou fará qualquer coisa que promova sua segurança e proteção, pois logo esquecerá seu Emanuel, não desejará sua companhia, e, se conseguirmos que viva assim, seu Príncipe não virá em seu socorro. Nosso amigo de confiança, Sr. Segurança Carnal, com um de seus truques, fez Emanuel deixar a cidade. E por que meus senhores Cobiça e Lascívia não conseguiriam fazer o mesmo com seus atos? E ainda digo isto (não porque vocês já não saibam), se dois ou três diabolianos forem recebidos e aprovados pela cidade de Alma Humana, farão muito para manter Emanuel longe deles e para levar Alma Humana a nosso poder, que um exército seja enviado de nossa parte para resisti-lo. Permitam, então, que primeiro esse projeto de nossos amigos em Alma Humana esteja encaminhado, de forma forte e diligente, com todas as astúcias e artimanhas imagináveis, e permitam que eles enviem, sob um disfarce ou outro, mais e mais de seus homens para brincar com o povo de Alma Humana; e então, talvez, não precisaremos mais entrar em guerra contra eles. No entanto, se isso precisar ser feito, quanto mais pecaminosos eles forem, mais incapazes serão de nos resistir, e mais facilmente poderemos vencê-los. Além disso, suponha que (e isso é o pior que podemos supor) Emanuel vá até eles novamente, por que não usarmos dos mesmos métodos para afastá-lo mais uma vez? Sim, por que ele não poderia, se pecassem de novo, ir embora da cidade para sempre, assim como foi embora por um tempo da primeira vez? E, se isso acontecer, então seus aríetes, atiradeiras, capitães, soldados também irão embora, deixando Alma Humana nua e exposta. Será que essa

cidade, ao se enxergar totalmente abandonada por seu príncipe, não abrirá, por vontade própria, suas portas para você fazer como antes? Isso, entretanto, deve ser feito com o tempo; alguns dias não serão o bastante para realizar uma obra tão grande como essa.

Assim que Apoliom terminou seu discurso, Diabolus passou a destilar sua própria maldade e a defender sua própria causa, e disse:

— Meus senhores, e os poderosos da caverna, meus verdadeiros e fiéis amigos, eu, com muita paciência, tenho ouvido seus longos e tediosos discursos. Mas minha garganta furiosa e barriga vazia estão tão famintas desde a tomada da minha cidade de Alma Humana, que, seja como for, não posso mais esperar para ver a conclusão desses projetos. Devo, e isso sem mais demora, saciar, de qualquer forma, minha fome com a alma e o corpo da cidade de Alma Humana. Por isso, emprestem-me suas cabeças, seus corações e sua ajuda, pois agora irei recuperar minha cidade de Alma Humana.

Quando os senhores e príncipes do poço viram o desejo ardente que havia em Diabolus para devorar a miserável cidade de Alma Humana, pararam de apresentar mais objeções, e concordaram em dar-lhe toda força que podiam, embora, caso o conselho de Apoliom tivesse sido seguido, teriam afligido muito mais a cidade de Alma Humana. No entanto, como eu disse, eles estavam dispostos a emprestar-lhe toda a força possível, pois não sabiam se necessitariam dele no futuro, quando começassem a lutar em benefício próprio. Desse modo, começaram a conversar sobre a segunda proposta, ou seja, quantos soldados possuíam e quantos deveriam ir com Diabolus contra a cidade de Alma Humana para tomá-la. Depois do debate, concluiu-se, de acordo com a sugestão dada na carta dos diabolianos, que não havia ninguém mais apto para essa expedição do que um exército de céticos terríveis. Assim, decidiram enviar contra Alma Humana um exército de céticos resistentes. O número considerado adequado para esse serviço foi entre vinte e trinta mil homens, e o resultado desse conselho entre os nobres e poderosos senhores foi que Diabolus deveria já mandar tocar o tambor para os cidadãos da Terra da Dúvida, localizada sobre os limites do lugar chamado colina do Portão Infernal, pedindo homens que pudesse usar contra a miserável cidade de Alma Humana. Concluiu-se, ainda, que esses mesmos senhores deveriam ajudá-lo na guerra, e que, para isso, eles iriam liderar e administrar seus homens. Então redigiram uma carta, e a enviaram de volta para os diabolianos que espreitavam Alma Humana, os quais esperavam o retorno do Sr. Profano, para sinalizar a eles por quais modos e passos deveriam orientar seu plano. Este era o conteúdo da carta:

*Do calabouço escuro e terrível do inferno, Diabolus, com todo o grupo de príncipes das trevas, enviada para nossos queridos fiéis, em todo o muro da cidade de Alma Humana, agora esperando impacientemente por nossa resposta diabólica a seu peçonhento e mais venenoso plano contra a cidade de Alma Humana.*

*Nossos nativos, em quem nos gloriamos dia após dia, e em cujas ações nos satisfazemos durante todo o ano, nós recebemos sua muito estimada carta pelas mãos de nosso fiel e muito amado Sr. Profano. E queremos lhes contar que, quando nós abrimos e lemos a carta, que isso fale à sua assombrosa memória, nosso enorme e vazio estômago emitiu um ruído tão terrível de alegria, que as montanhas ao redor da colina do Portão Infernal pareciam prestes a despedaçar com o som do grito.*

*Não podemos deixar de admirar sua fidelidade a nós em virtude dessa sutileza que agora parece estar em suas mentes para nos servir contra a cidade de Alma Humana. Vocês planejaram uma forma tão excelente para agirmos contra o povo rebelde, que nenhum pensamento tão eficaz pode existir em todo o inferno. Quanto às propostas que vocês nos enviaram dessa última vez, fizemos poucas alterações além de aprovarmos e admirarmos.*

*Queremos que vocês saibam, para incentivá-los na profundidade de seu plano, que, em uma assembleia entre nossos príncipes e* principados deste lugar, seu projeto foi discutido e arremessado de um lado a outro de nossa caverna, por suas Excelências. Não houve, no entanto, de modo surpreendente, nenhuma proposta melhor e mais adequada; então tomem e conquistem-nos a rebelde cidade de Alma Humana. Desse modo, em resumo, tudo dito foram variações do que foi proposto em sua carta, e somente foi interrompido por Diabolus, o príncipe; sim, sua garganta bocejante e estômago vazio estavam incendiados para colocar seu plano em prática.

Nós, portanto, queremos informar que nosso forte, furioso e cruel Diabolus está levantando, para seu auxílio e para a ruína da cidade rebelde de Alma Humana, mais de vinte mil céticos a fim de lutarem contra o povo. Todos eles são homens robustos e fortes, e homens acostumados com a guerra há muito tempo, portanto podem suportar a luta. E digo, ele está fazendo isso o mais rápido possível, pois seu coração e espírito estão envolvidos nesse plano. Desejamos, portanto, que vocês, como têm feito até agora, dando-nos conselhos e nos encorajando, continuem nosso projeto. Não perderão, mas serão os vencedores; sim, queremos torná-los senhores de Alma Humana.

Algo não pode ser omitido de forma alguma: aqueles entre nós realmente desejam que todos vocês que continuam em Alma Humana ainda usem seu poder, astúcia e habilidade, com ilusões persuasivas, a fim de arrastar a cidade de Alma Humana para mais pecados e maldades, a fim de que esse pecado, ao ser consumado, seja a morte.

Assim, concluímos que, quanto mais vil, pecadora e devassa a Alma Humana for, mais distante estará Emanuel de vir ao seu encontro, tanto em presença quanto em auxílio; sim, quanto mais pecaminosa, mais fraca e, portanto, mais incapaz de nos resistir quando realizarmos nosso ataque contra eles a fim de engoli-los. Sim, para que seu poderoso Shaddai possa, ele mesmo, retirá-la de sua proteção e chamar seus capitães e soldados de volta para casa, com seus aríetes e atiradeiras, no intuito de deixá-la nua e desprotegida. E, assim, a cidade de Alma Humana irá, por sua própria vontade, se abrir para nós, e cair como o figo na boca do devorador. E garantiremos que, então, venceremos Alma Humana com facilidade.

*Quanto ao momento de atacar Alma Humana, ainda não nos decidimos, embora alguns de nós concordem com vocês que o dia do mercado, ou a noite, será a melhor ocasião. Entretanto, estejam prontos e, quando ouvirem nossos tambores, preparados para causar uma terrível confusão na cidade. Desse modo, Alma Humana com certeza estará angustiada por todos os lados, e não saberá onde procurar por ajuda. Meu Sr. Lúcifer, meu Sr. Belzebu, meu Sr. Apoliom, meu Sr. Legião, com o resto, saúdam-nos, assim como meu Senhor Diabolus; e desejamos para ambos vocês, com tudo o que fazem, ou que irão possuir, o mesmo fruto e sucesso que agora nós desfrutamos pelo que fizemos.*

*De nossos terríveis territórios no horrendo poço, nós os saudamos, e assim também o fazem as muitas legiões aqui conosco, desejando que vocês sejam tão infernalmente prósperos como nós mesmos desejamos ser. Pelo portador, Sr. Profano.*

Então, o Sr. Profano seguiu seu caminho em direção a Alma Humana, partindo do terrível poço para os diabolianos que habitam naquela cidade. Em seguida, subiu os degraus até a boca da caverna onde Cérbero se encontrava. Quando este o viu, perguntou como estavam os assuntos lá embaixo, sobre e contra a cidade de Alma Humana.

PROFANO: Tudo vai como o esperado. A carta que entreguei foi altamente aprovada e bem-aceita por todos os meus senhores, e estou voltando para contar isso aos nossos diabolianos. Tenho uma resposta para eles aqui em meu peito, a qual tenho certeza de que alegrará aqueles que me enviaram, pois seu conteúdo é para encorajá-los a continuar seu plano até o fim, com o intuito de que fiquem prontos para atacar assim que virem meu senhor Diabolus cercando a cidade de Alma Humana.

CÉRBERO: Mas ele pretende ir pessoalmente atacá-la?

PROFANO: Se ele pretende! E ainda levará com ele mais de vinte mil homens, todos fortes céticos, e homens de guerra, homens escolhidos da Terra da Dúvida, para servi-lo durante a expedição.

Então Cérbero se alegrou e disse:
— E há preparações sendo feitas para ir contra a famosa cidade de Alma Humana? Ah, se eu pudesse ser colocado como líder de dez mil deles, assim poderia provar meu valor contra a famosa Alma Humana.

PROFANO: Seu desejo poderá se realizar; você parece vigoroso, e meu senhor levará com ele homens valentes e robustos. Mas minha missão exige pressa.

CÉRBERO: Com certeza. Então vá rapidamente para a cidade de Alma Humana, com todos os enganos que esse lugar pode oferecer. E, quando chegar à casa do Sr. Engano, o lugar onde os diabolianos reúnem-se, diga-lhes que Cérbero deseja servir com ele, e que, se puder, irá com o exército levantar-se contra a famosa cidade de Alma Humana.

PROFANO: Farei isso. E sei que meus senhores que ali estão ficarão felizes em ouvir essas palavras, e em vê-lo também.

Então, após alguns outros elogios, o Sr. Profano saiu da presença de seu amigo Cérbero; e este, novamente, com milhares de desejos horrendos, enviou-o, com toda pressa, para seus mestres. Ouvindo isso, Sr. Profano fez uma reverência e começou a se preparar para correr.

Assim, ele retornou, e foi para Alma Humana. Ao chegar, como antes, à casa do Sr. Engano, encontrou os diabolianos reunidos, esperando por seu retorno. Ele se apresentou e entregou a carta e os cumprimentos que vieram com ela:

— Meus senhores, dos territórios do poço, os principados e poderes do covil os saúdam, os verdadeiros diabolianos da cidade de Alma Humana. Desejando sempre as mais apropriadas bênçãos, pelo maravilhoso serviço, alto esforço e bravas conquistas que vocês realizaram para a restauração de nosso príncipe Diabolus à famosa cidade de Alma Humana.

Este era, portanto, o atual estado da miserável cidade de Alma Humana: ela ofendera seu Príncipe, e ele fora embora; ela encorajara os poderes do inferno, com sua tolice, a ir contra ela para buscar sua destruição completa.

É verdade que a cidade de Alma Humana ficou sensível ao seu pecado, mas os diabolianos estavam em suas entranhas; ela chorou, mas Emanuel foi embora, e seus lamentos não o atraíram de volta. Além disso, ela não sabia quando, e se algum dia, ele voltaria para sua Alma Humana novamente; eles também não conheciam o poder e as estratégias do inimigo, nem como ele já estava adiantado em executar seu plano infernal contra ela. Os homens, de fato, enviaram petições e mais petições ao Príncipe, mas ele respondia com silêncio. Eles negligenciaram a reforma, e isso era o que Diabolus queria, pois ele sabia que, se tivessem iniquidade em seu coração, seu Rei não ouviria sua oração; portanto, tornavam-se cada vez mais fracos, e eram como feno rolando no vento. Clamavam ao seu Rei por ajuda, e abraçavam os diabolianos em seu peito. O que um Rei deveria fazer, então? Parecia haver agora uma mistura em Alma Humana; os diabolianos e os alma-humanianos andavam pelas ruas juntos. Sim, eles começavam a buscar a paz, pois pensavam que, como a enfermidade fora tão mortal em Alma Humana, tentar lutar contra eles foi em vão. Além disso, a fraqueza de Alma Humana era a força de seus inimigos; e os pecados da cidade eram a vantagem dos diabolianos. Os adversários começavam a requerer a cidade para si; não havia mais uma grande diferença entre alma-humanianos e diabolianos. Ambos pareciam senhores de Alma Humana. Sim, os diabolianos aumentavam e cresciam, mas a cidade de Alma Humana diminuía muito. Mais onze mil homens, mulheres e crianças morreram com a enfermidade.

# CAPÍTULO catorze

AGORA, COMO SHADDAI QUERIA, havia um homem em Alma Humana cujo nome era Sr. Espreita Bem, que amava muito a cidade de Alma Humana. Ele, como era de seu costume, subia e descia Alma Humana para ver e ouvir, sempre que conseguia, se havia algum plano contra ela. Esse homem sempre foi zeloso, e temia que algum dano fosse causado a ela, tanto por parte dos diabolianos quanto por outro poder qualquer. Com o tempo, aconteceu que o Sr. Espreita Bem estava ouvindo aqui e ali quando chegou a um lugar chamado Monte da Maldade, em Alma Humana, onde os diabolianos costumavam se encontrar. Então, ouvindo um burburinho (você deve saber que já era de noite), ele gentilmente se aproximou para ouvir; o Sr. Espreita Bem não estava ali na casa havia muito tempo (pois havia uma casa ali), e ouviu não apenas alguém confirmar com confiança que não demoraria até que Diabolus tomasse Alma Humana novamente, mas também que os diabolianos pretendiam matar todos os alma-humanianos à espada, além de também matarem, destruírem e expulsarem da cidade todos os capitães do Rei, bem como todos os seus soldados. Além disso, alguém disse que ouvira que mais de vinte mil homens de guerra estavam sendo preparados por Diabolus para a conclusão de seu plano, e que não passariam meses até que todos pudessem ver.

Quando o Sr. Espreita Bem ouviu essa história, logo julgou ser verdade; por isso, foi até a casa do Sr. Prefeito e relatou o que ouviu. Então, mandaram chamar o pregador subordinado e também lhe contaram a notícia, e o homem logo alertou a cidade, pois agora ele era o pregador-chefe de Alma Humana, já que o Sr. Secretário estava doente. E essa foi a maneira pela qual o pregador subordinado alertou a cidade. Na mesma hora, fez os sinos tocarem, então as pessoas se reuniram. Ele lhes deu uma pequena exortação para serem vigilantes, e usou a notícia do Sr. Espreita Bem como argumento.

– Pois – disse ele – uma terrível conspiração está sendo planejada contra Alma Humana, a fim de nos massacrar em um único dia, e isso não é uma história para ser desprezada, pois o autor dela é o Sr. Espreita Bem. Ele sempre amou Alma Humana, um homem sóbrio e sensato, que não é falador nem levantador de falsos rumores, mas alguém que ama investigar a fundo todas as questões, e não fala sobre rumores, mas, sim, sobre argumentos sólidos. Eu vou chamá-lo, e vocês ouvirão por si mesmos.

Então ele o chamou, e lhe contou seu relato tão pontualmente, afirmando ser verdade com tantas evidências, que Alma Humana sentiu imediatamente o peso da certeza de que aquilo que o homem dissera era verdade. O pregador também o apoiou, dizendo:

– Senhores, não é algo irracional acreditar nisso, pois iramos Shaddai, além de pecarmos contra Emanuel e o mandarmos embora da cidade; temos muitos relacionamentos com os diabolianos, e abandonamos nossa misericórdia. Não é de se admirar, então, que o inimigo, de fora e de dentro da cidade, planeja e conspira nossa destruição. E qual é o melhor momento para fazê-lo? A enfermidade está sobre a cidade, e, por causa disso, estamos fracos. Muitos homens importantes encontram-se mortos, e os diabolianos se tornam cada vez mais fortes. Além disso – disse o pregador subordinado –, eu recebi de um homem honesto mais uma pista de que também ouviu alguém falando que diversas cartas foram trocadas entre os selvagens e os diabolianos, a fim de planejar nossa destruição.

Quando Alma Humana ouviu isso, não sendo capaz de contra-argumentar, levantou a voz e chorou. O Sr. Espreita Bem também confirmou, na presença dos cidadãos, tudo o que o pregador subordinado dissera. Portanto, todos começaram novamente a lamentar sua tolice e a redobrar suas petições para Shaddai e seu filho. Eles também contaram aos capitães, altos comandantes e homens de guerra na cidade de Alma Humana, rogando-lhes que fossem fortes e tivessem coragem; e que cuidassem de suas armaduras e estivessem prontos para lutar contra Diabolus dia e noite, quando ele viesse, pois sabiam que ele viria, para sitiar a cidade de Alma Humana.

Quando os capitães ouviram isso, tendo sempre amado a cidade, fizeram como Sansão, sacudiram-se para se reunirem a fim de conversar e planejar sobre como frustrar os planos diabólicos e ousados que Diabolus e seus amigos tramavam contra a cidade de Alma Humana, agora doente, fraca e muito pobre. Eles concordaram com os seguintes termos:

1. Que os portões de Alma Humana deveriam permanecer fechados, e trancados com barras e cadeados, e que todas as pessoas que saíssem ou entrassem deveriam ser rigorosamente revistadas pelos capitães dos guardas.

– Para que – disseram eles – aqueles que conspiram contra nós possam, indo ou vindo, ser pegos; e para que nós também encontremos quem planeja, entre nós, nossa ruína.

2. A instrução seguinte era: que uma busca rigorosa fosse feita por todos os tipos de diabolianos dentro de Alma Humana inteira; e que todas as casas de todos os cidadãos fossem revistadas de cima a baixo, e que também, casa a casa, outra busca fosse feita para descobrir quem entre eles estava envolvido com essa conspiração.

3. Também se concluiu que, onde quer que um diaboliano fosse encontrado, ou com quem, mesmo aqueles que na cidade de Alma Humana lhes deram casa e abrigo, fossem, para sua vergonha, penalizados publicamente.

4. Ficou resolvido também pela cidade de Alma Humana que um jejum público e um dia de humilhação deveriam ser convocados em toda a sociedade para a justificação de seu Príncipe e para sua própria humilhação diante dele por suas transgressões contra Emanuel e contra Shaddai, seu Pai.

Depois também decidiram que todos em Alma Humana que não cumprissem o jejum nesse dia e não se arrependessem de seus erros, e que se preocupassem apenas com seus assuntos mundanos, e fossem encontrados perambulando pelas ruas, deveriam ser considerados diabolianos e, portanto, sofrer como diabolianos, por seus atos de maldade.

5. Ainda se concluiu que, com toda pressa e com todo fervor possíveis, eles renovassem sua humilhação pelo pecado e suas petições por ajuda para Shaddai; também decidiram enviar notícias para a corte sobre tudo o que o Sr. Espreita Bem lhes contou.

6. Determinou-se também que a cidade de Alma Humana deveria agradecer ao Sr. Espreita Bem por sua busca diligente pelo bem-estar da cidade; e, além disso, como ele era tão naturalmente inclinado a querer seu bem, e também a eliminar seus inimigos, eles lhe deram a função de general-chefe dos exploradores para o bem da cidade de Alma Humana.

Quando a corporação, com seus capitães, encerrou essa reunião, agiram conforme haviam dito: trancaram os portões, fizeram uma busca rigorosa pelos diabolianos e penalizaram publicamente aqueles com quem os diabolianos estavam. Além disso, guardaram o jejum e renovaram suas petições para seu Príncipe, e Sr. Espreita Bem exerceu sua função e honrou a confiança que Alma Humana colocou em suas mãos, com grande consciência e boa fidelidade, pois ele se entregou inteiramente a esse serviço, e não apenas dentro da cidade, mas também foi espreitar, ver e ouvir fora dela.

Poucos dias depois de sair em sua jornada, ele passou pela colina do Portão Infernal, entrando no país dos céticos, onde ouviu sobre tudo o que fora falado em Alma Humana e percebeu também que Diabolus estava quase pronto para sua marcha. Então, retornou rapidamente e, reunindo os capitães e anciãos de Alma Humana, contou-lhes onde estivera e o que tinha ouvido e visto. Particularmente, ele lhes contou que Diabolus estava quase pronto para sua marcha, e que tornara o velho Sr. Incredulidade, aquele que certa vez fugiu da prisão em

Alma Humana, o general de seu exército; disse também que seu exército era todo formado por céticos, e que eles passavam de vinte mil homens. Alertou, ainda, que Diabolus pretendia trazer consigo os mais importantes príncipes do poço infernal, e que faria deles seus capitães acima dos céticos. Por fim, relatou que certamente era verdade que muitos vindos do covil negro viriam com Diabolus, como suboficiais, para reduzir a cidade de Alma Humana à obediência de Diabolus, seu príncipe.

Além disso, ele contou que soube pelos céticos, quando esteve entre eles, que a razão de Incredulidade ser colocado como general de todo o exército era o fato de não haver ninguém mais fiel ao tirano do que ele; e porque tinha um desprezo implacável pelo bem-estar da cidade de Alma Humana. E mais, contou o homem, que ele se lembrava das afrontas que Alma Humana o fez passar, e estava decidido a se vingar deles.

Os príncipes das trevas, no entanto, devem ser colocados como altos comandantes, e somente Incredulidade estará acima de todos; porque, quase me esqueci, ele poderia sitiar a cidade de Alma Humana com mais facilidade e habilidade do que qualquer outro príncipe.

Agora, quando os chefes de Alma Humana e os anciãos da cidade ouviram as notícias que o Sr. Espreita Bem havia trazido, consideraram oportuno, sem demora, pôr em execução as leis que o Príncipe ditara contra os diabolianos, e que lhes ordenara cumprir. Assim, imediatamente iniciou-se uma busca diligente e imparcial por todas as casas em Alma Humana, procurando por todos os tipos de diabolianos. Então, na casa do Sr. Mente, e na casa do grande Sr. Vontade Seja Feita, foram encontrados dois diabolianos. Na primeira, estava o Sr. Cobiça, mas ele mudara seu nome para Economia Prudente. Na casa do Sr. Vontade Seja Feita, estava Lascívia, que agora se chamava Alegria Inofensiva. Os capitães e os anciãos da cidade de Alma Humana levaram esses dois homens e os colocaram sob custódia nas mãos do Sr. Homem Verdadeiro, o carcereiro. Este homem os tratou com tanta severidade, e colocou-os em ferros tão pesados, que logo os dois se tornaram vítimas de uma terrível deterioração e morreram na prisão; seus mestres também, segundo o acordo feito entre os capitães e anciãos, foram penalizados publicamente para sua vergonha, e para servir de alerta a toda a cidade de Alma Humana. Essa era a forma de penitência naqueles dias: as pessoas, reconhecendo a maldade em suas ações, eram obrigadas a fazer uma confissão pública de seus erros e garantir uma correção rigorosa de suas vidas.

Depois disso, os capitães e os anciãos de Alma Humana ainda tentaram encontrar mais diabolianos, onde quer que se espreitassem, fosse em tocas, cavernas, buracos, catacumbas ou onde mais conseguissem procurar dentro ou ao redor do muro e da cidade de Alma Humana. No entanto, embora eles conseguissem enxergar claramente suas pegadas, e assim seguir suas pistas e seu cheiro até as entradas de suas cavernas e tocas, prendê-los e fazer justiça não era possível, pois seus caminhos eram tão tortos, seus covis tão fortes, e eles, rápidos demais para refugiarem-se ali.

Entretanto, Alma Humana agia agora com tanta rigidez para com os diabolianos restantes, que eles ficavam felizes em se encolher pelos cantos. Houve um tempo quando se atreviam a caminhar a pé publicamente e durante o dia; agora, porém, eles eram obrigados a abraçar a privacidade da vida noturna; houve um tempo em que um alma-humaniano era seu companheiro; agora, porém, eles os consideravam inimigos mortais. Essa foi a boa mudança que o Sr. Espreita Bem trouxe para a famosa cidade de Alma Humana.

A essa altura, Diabolus completara o exército que pretendia levar com ele para destruir Alma Humana; ele estabeleceu capitães e outros oficiais de campo, seguindo o que agradava a seu estômago. Diabolus era o chefe supremo e Incredulidade, o general de seu exército; seus capitães mais nobres serão nomeados adiante, pois agora falaremos sobre seus oficiais, bandeiras e escudos.

1. Seu primeiro comandante, o Capitão Ira, era o capitão sobre os céticos da eleição. Suas bandeiras eram vermelhas, seu porta-estandarte era o Sr. Destrutivo, e seu escudo, o grande dragão vermelho.
2. O segundo, o Capitão Fúria, era o capitão sobre os céticos da vocação. Seu porta-estandarte era o Sr. Escuridão, suas cores eram pálidas, e seu escudo, uma ardente serpente voadora.
3. O terceiro comandante, o Capitão Condenação, era o capitão sobre os céticos da graça. Suas cores eram vermelhas, o Sr. Sem Vida carregava a bandeira e seu escudo era o covil negro.
4. O quarto, o Capitão Insaciável, era o capitão sobre os céticos da fé. Suas cores eram vermelhas, o Sr. Devorador carregava sua bandeira, e seu escudo era uma mandíbula bocejante.
5. O quinto, o Capitão Enxofre, era o capitão sobre os céticos da perseverança. Suas cores também eram vermelhas, quem carregava seu estandarte era o Sr. Incêndio, e seu escudo era uma chama azul malcheirosa.
6. O sexto, o Capitão Tormento, era o capitão sobre os céticos da ressurreição. Suas cores eram as pálidas; o Sr. Corroer era seu porta-estandarte, e seu escudo era o verme negro.
7. O sétimo, o Capitão Sem Alívio, era o capitão sobre os céticos da salvação. Suas cores eram vermelhas; o Sr. Impaciente era seu porta-estandarte, e seu escudo era a horrível imagem da morte.
8. O oitavo era o Capitão Sepulcro: ele era capitão sobre os céticos da glória; suas cores também eram pálidas, seu porta-estandarte era o Sr. Corrupção, e seu escudo era um crânio e os ossos de homens mortos.
9. O nono, o Capitão Esperança Passada, era o capitão dos que são chamados de céticos da felicidade. Seu porta-estandarte era o Sr. Desespero; suas cores também eram vermelhas, e seu escudo, um ferro quente e um coração duro.

Esses eram seus capitães, e essas eram suas forças, seus estandartes, cores e escudos. Sobre eles, Diabolus colocou sete capitães superiores, a saber: o Sr. Belzebu, o Sr. Lúcifer, o Sr.

Legião, o Sr. Apoliom, o Sr. Python, o Sr. Cérbero e o Sr. Belial; esses sete foram colocados acima dos capitães, com Incredulidade como general, e Diabolus como rei. Alguns dos voluntários também foram colocados como capitães de centenas, e outros deles, capitães de mais. E assim o exército de Incredulidade tornou-se completo.

Então eles partiram da colina do Portão Infernal, pois lá era seu ponto de encontro, de onde seguiram o caminho em marcha na direção da cidade de Alma Humana. Como indiquei antes, a cidade recebera, como era da vontade de Shaddai, da boca do Sr. Espreita Bem o alarme de sua vinda anteriormente. Portanto, eles estabeleceram uma forte vigilância nos portões, e também dobraram o número de guardas; além disso, posicionaram suas atiradeiras em lugares estratégicos, de onde poderiam lançar grandes pedras contra seu furioso inimigo.

Os diabolianos que estavam na cidade de Alma Humana também não puderam fazer o mal que pretendiam, pois agora Alma Humana estava desperta. Mas, ó pobre povo! Eles ficaram muito assustados quando viram seus primeiros adversários e o cerco que fizeram na cidade, principalmente quando ouviram o rufar dos tambores. Para falar a verdade, esse som era algo maravilhosamente terrível de ouvir; se homens estivessem acordados e o ouvissem, ele assustava todos em mais de dez quilômetros de distância. Suas cores também eram algo terrível e desanimador de se ver.

Quando Diabolus se levantou contra a cidade, primeiro se aproximou do Portão dos Ouvidos e o atacou furiosamente, supondo, como parecia, que seus amigos de Alma Humana estavam prontos para trabalhar do lado de dentro; mas os cidadãos já haviam cuidado disso antes, com a vigilância dos capitães. Portanto, ao não contar com a ajuda que esperava da parte deles, e vendo que seu exército era atingido pelas pedras atiradas (e isso posso falar sobre os capitães, pois, considerando a fraqueza que continuava sobre eles por causa da longa enfermidade que afligia a cidade de Alma Humana, eles se comportaram com valentia), Diabolus foi forçado a recuar para longe de Alma Humana, junto com seus homens, para o campo, fora do alcance das atiradeiras na cidade.

Depois de se proteger, ele passou a se entrincheirar e levantou quatro montes contra a cidade. O primeiro foi chamado de Monte Diabolus, com o próprio nome nele, a fim de atemorizar mais a cidade de Alma Humana; os outros três ele chamou de Monte Alecto, Monte Megera e Monte Tisífone, pois esses eram os nomes das três fúrias do inferno (erínias). Então, Diabolus começou seu jogo com Alma Humana, como o leão age com sua presa, até fazê-la desmaiar de terror. No entanto, como eu disse, os capitães e soldados resistiram tão resolutamente, e executaram tantos com suas pedras, que fizeram Diabolus recuar, mesmo contra sua vontade, e assim Alma Humana começou a tomar coragem.

Sobre o Monte Diabolus, que se erguia no lado norte da cidade, o tirano hasteou seu estandarte, e isso foi algo aterrorizador de se ver, pois ele mesmo desenhara, com uma arte diabólica, algo parecido com um escudo, uma chama flamejante terrível de se olhar, e um desenho de Alma Humana queimando dentro do fogo.

Quando Diabolus terminou isso, ordenou a seu percussionista que se aproximasse dos muros da cidade de Alma Humana todas as noites, a fim de soar uma negociação. Ordenou que isso fosse feito todas as noites, pois durante o dia eles os incomodavam com suas atiradeiras. O tirano disse que tinha a ideia de discutir com a agora trêmula cidade de Alma Humana, e ordenou que os tambores fossem tocados todas as noites, para que, ao exaurir a cidade, eles, se possível (pois no início não estavam dispostos), fossem forçados a fazê-lo.

Então o instrumentista agiu como ordenado: levantou-se e tocou seu tambor. No entanto, quando eles rufaram, se alguém olhasse em direção à cidade de Alma Humana, veria escuridão e tristeza, e, acima dela, o céu estava escuro. Nenhum som já ouvido na terra era mais terrível, a não ser a voz de Shaddai quando ele falava. E como Alma Humana tremia! Parecia que seria engolida.

Quando o tocador de tambor convocou uma audiência, fez este discurso para Alma Humana:

– Meu mestre me mandou dizer a vocês que, se estiverem dispostos a se submeter, desfrutarão o bom da terra, mas, se forem teimosos, ele está decidido a tomá-la à força.

No entanto, quando o fugitivo terminou de tocar o tambor, o povo de Alma Humana já se dirigira para os capitães que estavam no castelo, então não havia ninguém para lhe dar atenção ou uma resposta. Desse modo, o homem não tocou mais naquela noite e retornou para seu mestre no acampamento.

Quando Diabolus viu que não conseguiria fazer o desejado com Alma Humana pelo barulho do tambor, enviou na noite seguinte o homem sem o tambor, para avisar aos cidadãos que queria negociar. No entanto, quando conseguiu conversar com eles, sua negociação se transformou em um ultimato para a cidade se entregar; eles, entretanto, não lhe deram atenção, pois se lembraram do quanto lhes custara da primeira vez ouvir algumas palavras dele.

Na noite seguinte, fez o mesmo, e, então, o mensageiro para Alma Humana foi o terrível Capitão Sepulcro, que foi até os muros de Alma Humana e fez seu discurso para a cidade:

– Ó, vocês, moradores da rebelde cidade de Alma Humana! Eu os convoco em nome do príncipe Diabolus a, sem mais confusão, abrir os portões de sua cidade, permitindo que o grande senhor entre. No entanto, se vocês continuarem a rebelar-se, quando tomarmos a cidade para nós por força, engoliremos vocês como um túmulo; portanto, se darão atenção às minhas convocações, falem, se não, avisem-me. A razão dessas minhas convocações – continuou ele – é o fato de meu senhor ser seu príncipe e senhor inquestionável, como vocês mesmos já reconheceram anteriormente. O ataque que meu senhor sofreu quando Emanuel o tratou de maneira tão desonrosa não fez com que ele perdesse seu direito e não o fez desistir de tentar recuperar o que é seu. Considere, então, Alma Humana, consigo mesma, se você se mostrará pacífica ou não. Se se render calmamente, estão nossa antiga amizade será restaurada; mas, se ainda se recusar e for rebelde, então não espere nada além de fogo e espada.

Quando a abatida cidade de Alma Humana ouviu esse mensageiro e suas convocações, ficou ainda mais apreensiva, mas não respondeu nada para o capitão, que voltou do mesmo modo como foi.

No entanto, depois de algumas conversas entre si, e também com alguns dos seus capitães, eles se apresentaram novamente ao Sr. Secretário para pedir sua opinião e seus conselhos, pois esse Sr. Secretário era seu principal pregador (como também já foi mencionado anteriormente), mas agora estava doente, em repouso. Os homens pediram seu favor em dois ou três assuntos:

1. Que ficasse confortavelmente com eles, e não se mantivesse tão afastado deles como antes. Além disso, pediram que ele se convencesse a conceder-lhes uma audiência, em que relatariam sua condição miserável. Quanto a isso, porém, ele lhes respondeu como antes, que "ainda estava em recuperação, por isso não poderia fazer como antes".

2. A segunda coisa que desejavam era que o homem concordasse em dar-lhes o seu conselho sobre os assuntos agora tão importantes, pois Diabolus chegara e montara acampamento diante da cidade, com não menos de vinte mil céticos. Além disso, eles disseram que tanto Diabolus quanto seus capitães eram homens cruéis, e que estavam com medo deles. No entanto, para isso, o Sr. Secretário disse:

– Vocês precisam olhar para a lei do Príncipe, e lá ver o que devem fazer.

3. Em seguida, eles desejaram que Sua Alteza os ajudasse a elaborar uma petição para Shaddai e para Emanuel, seu filho, e que ele colocasse sua própria mão como um símbolo de que ele era como eles:

– Pois – disseram eles –, meu Senhor, já enviamos muitas, mas não obtivemos nenhuma resposta de paz; mas agora, certamente, uma petição com a marca de sua mão pode conseguir o bem para Alma Humana.

Entretanto, a resposta que ele deu para isso foi "que eles haviam ofendido seu Emanuel, e também o entristeceram, e que, portanto, deveriam tomar parte de seus próprios planos". Essa resposta do Sr. Secretário caiu como uma pedra de moinho sobre eles; sim, isso os esmagou de tal forma que eles não sabiam o que fazer; ainda assim, não se atreveram a concordar com as exigências de Diabolus, nem com as de seu capitão. Assim, quando o inimigo se levantou contra ela, a cidade de Alma Humana ficou entre dois dilemas: seus inimigos estavam prontos para devorá-la, e seus amigos se abstiveram de ajudá-la.

Então se levantou meu Sr. Prefeito, cujo nome era Sr. Entendimento, e começou a pensar e pensar até perceber algum consolo na aparentemente amarga fala do Sr. Secretário, pois assim ele disse:

– Primeiro – disse ele –, essa indiferença veio após a seguinte fala de meu Senhor: "nós ainda devemos sofrer pelos nossos pecados". Segundo, as palavras ainda soam como se no fim nós seríamos salvos de nossos inimigos, e, após mais alguns sofrimentos, Emanuel viria para nos ajudar.

O Sr. Prefeito foi mais crítico ainda ao lidar com as palavras do secretário, porque ele era mais do que um profeta, e suas palavras nunca eram apenas o que pareciam, elas sempre eram repletas de significados; desse modo, os cidadãos receberam permissão para investigá-las e aplicá-las como achassem melhor.

Então, eles saíram da presença desse senhor e retornaram para os capitães, a quem contaram o que o Sr. Secretário havia dito. Após ouvirem tudo, todos compartilhavam da mesma opinião que o Sr. Prefeito. Os capitães, portanto, começaram a tomar coragem e a se preparar não apenas para realizar uma investida corajosa contra o acampamento do inimigo, mas também para destruir tudo o que era diaboliano, bem como todos os céticos errantes que o tirano havia trazido com ele para destruir a pobre cidade de Alma Humana.

Então, todos voltaram para os seus lugares – os capitães para seus lugares, o Sr. Prefeito para o seu, o pregador subordinado para o dele, e o Sr. Vontade Seja Feita para o dele. Os capitães ansiavam por trabalhar para o Príncipe, pois eles tinham prazer em conquistas bélicas. Portanto, no dia seguinte, reuniram-se para conversar. Após essa conversa, decidiram responder ao capitão de Diabolus com suas atiradeiras; e assim o fizeram logo ao nascer do sol sobre o dia seguinte, pois Diabolus se aventurara a se aproximar novamente, mas as pedras das atiradeiras eram para ele e os seus como vespas, pois, assim como não havia nada tão terrível para Alma Humana como o som dos tambores de Diabolus, também não havia nada tão terrível para Diabolus como o manejo correto das atiradeiras de Emanuel. Portanto, Diabolus foi forçado a recuar de novo, para ainda mais longe da famosa cidade de Alma Humana. Então, o Sr. Prefeito de Alma Humana fez soar os sinos e disse:

– Que graças sejam dadas ao Sr. Secretário pela boca do pregador subordinado, pois por suas palavras os capitães e anciãos de Alma Humana foram fortalecidos contra Diabolus.

Quando este viu que seus capitães e soldados, lordes e nobres estavam assustados, atingidos pelas pedras que vinham das atiradeiras douradas do Príncipe da cidade de Alma Humana, refletiu consigo mesmo e disse:

– Tentarei pegá-los por meio da bajulação; tentarei seduzi-los para a minha rede.

Assim, depois de algum tempo, ele foi novamente até o muro da cidade, sem seu tambor, e sem o Capitão Sepulcro, mas, após adoçar os lábios, parecia um príncipe pacífico, de palavras muito doces, sem qualquer traço maligno, sem desejo de vingar-se de Alma Humana pelos males recebidos por eles; seu único objetivo, dizia, era o bem-estar, a bondade e o benefício para a cidade e seu povo. Portanto, depois de pedir uma audiência e desejar que os cidadãos a concedessem, Diabolus fez um discurso, dizendo:

– Ó, desejo do meu coração, a famosa cidade de Alma Humana! Quantas noites eu vigiei, e quantos passos vacilantes dei! Se eu pudesse apenas lhe fazer algum bem! Longe de mim, longe de mim desejar iniciar uma guerra contra vocês; ao se entregarem a mim, será por vontade própria e calmamente. Vocês sabem que já pertenceram a mim. Lembrem-se também de que, enquanto estavam comigo, e eu os tinha como meus súditos, vocês recebiam todos os prazeres desta terra, que eu, seu senhor e príncipe, poderia lhes dar, ou que eu poderia inventar para deixá-la bonita e alegre. Considerem, vocês nunca tiveram tempos tão difíceis, escuros, atribulados e aflitos, como têm tido desde que me abandonaram; e nunca terão paz de novo até que sejamos um novamente. Mas decidam me abraçar de novo e eu irei, sim, aumentar seus privilégios abundantemente; para que sua liberdade seja tomar, manter, aproveitar e pegar para si tudo o que lhe for agradável de leste a oeste. Além disso, nenhuma daquelas crueldades com as quais vocês me ofenderam serão apontadas enquanto durarem o sol e a luz. Nenhum dos meus queridos amigos que agora, por medo de vocês, escondem-se em tocas, buracos e cavernas em Alma Humana lhes fará algum mal; eles serão seus servos, e farão tudo que vocês quiserem, e o que precisar ser feito. Não preciso dizer mais nada; vocês os conhecem, e sua companhia já lhes agradou muito. Por que, então, precisamos permanecer nesse conflito? Vamos renovar nosso entendimento e nossa amizade novamente. Sejam indulgentes com seu amigo; eu tomei a liberdade neste momento de falar livremente com vocês. O amor que eu sinto por vocês me compele a fazê-lo, assim como o zelo do meu coração por meus amigos que estão com vocês. Portanto, não me causem mais problemas, nem a vocês mesmos ou atrairão mais medos e temores. Eu quero tê-los para mim, por bem ou por mal; não se deixem enganar pelo poder e pela força de seus capitães, ou pensando que Emanuel logo virá ajudá-los, pois essa força não lhe serve para nada. Eu venho contra vocês com um exército robusto e valente, e todos os príncipes da toca são seus líderes.

Além disso, meus capitães são mais ágeis que águias, mais fortes que leões e mais cobiçosos por presas do que lobos. Quem é Ogue, de Basã, e quem é Golias, de Gate? E quem são centenas deles perto do menor dos meus capitães? Como, então, Alma Humana pensa que escapará de minha mão e força?

Quando Diabolus terminou seu discurso elogioso, bajulador, enganador e mentiroso para a famosa cidade de Alma Humana, o Sr. Prefeito lhe respondeu:

– Ó Diabolus, príncipe das trevas e mestre de todo engano, já provamos o suficiente de suas mentirosas bajulações, e já bebemos muito desse cálice de destruição. Devemos, então, dar ouvidos a você, e assim quebrar as ordens de nosso grande Shaddai, para nos juntarmos a você de modo que nosso Príncipe nos rejeite e se afaste de nós para sempre? E, sendo desprezados por Emanuel, o lugar que ele tem preparado para você será um lugar de descanso para nós? Além disso, ó você, que está oco e vazio de toda a verdade, preferimos morrer em suas mãos a cair em seus enganos mentirosos e bajuladores.

Quando o tirano viu que pouco seria alcançado em uma conversa com o Sr. Prefeito, encheu-se de ira diabólica, e decidiu que, novamente, ele e seu exército de céticos realizariam o ataque à cidade de Alma Humana.

Então chamou o tocador de tambor, que tocava para seus homens (o qual, quando tocava, fazia Alma Humana tremer), a fim de que estivesse pronto para lutar contra a corporação. Assim, Diabolus se aproximou com seu exército e colocou seus homens em posição. O Capitão Cruel e o Capitão Tormento foram colocados contra o Portão do Sentimento, e o tirano lhes ordenou que ficassem ali para a guerra. Também disse que, se necessário, o Capitão Sem Alívio iria ajudá-los. No Portão do Nariz, ele colocou o Capitão Enxofre e o Capitão Sepulcro, e ordenou a eles que vigiassem suas guarnições naquele lado da cidade de Alma Humana. No Portão dos Olhos, entretanto, colocou aquele com o semblante severo, o Capitão Esperança Passada, e ali ele firmou seu terrível estandarte.

O Capitão Insaciável foi colocado para vigiar as carruagens de Diabolus, sendo também escolhido como responsável por levar sob custódia qualquer presa que fosse tomada do inimigo. O Portão da Boca era usado pelos habitantes de Alma Humana como porta de saída; portanto, eles o mantinham fortalecido, pois era por ele que os cidadãos enviavam suas petições para Emanuel, seu Príncipe. Esse também era o portão sobre o qual os capitães usavam suas atiradeiras contra os inimigos, já que este era um pouco inclinado, de modo que, ao colocá-las ali, e permitindo que as pedras voassem daquele lugar, agiam de modo eficaz contra o exército do tirano. Portanto, por esse motivo, Diabolus queria, se possível, cobrir o Portão da Boca com sujeira.

Assim como Diabolus estava ocupado e diligente na preparação de seu ataque contra a cidade de Alma Humana, os capitães e soldados da corporação também estavam ocupados preparando-se dentro dela. Eles montaram suas atiradeiras, hastearam suas bandeiras, soaram suas trombetas, e colocaram-se em posição, que fora planejada para prejudicar mais o inimigo e para a vantagem de Alma Humana, e, por fim, os soldados receberam ordens para estarem preparados para a guerra quando a trombeta soasse. O Sr. Vontade Seja Feita ficou responsável por vigiar os rebeldes que estavam dentro da cidade e por fazer o que pudesse para prendê-los, ou para sufocá-los em suas cavernas, tocas e buracos no muro da cidade de Alma Humana. Para falar a verdade sobre ele, desde que fora penalizado por seus erros, demonstrou mais honestidade e coragem de espírito como qualquer outro em Alma Humana, pois prendeu um tal de Festeiro e seu irmão, Vivaz, os dois filhos de seu servo Alegria Inofensiva (pois, embora o pai houvesse sido preso, os filhos ainda tinham um abrigo na casa de meu senhor até aquele momento) e os crucificou com as próprias mãos. E esse foi o motivo de crucificá-los: depois que seu pai foi entregue às mãos do Sr. Homem Verdadeiro, o carcereiro, eles, seus filhos, começaram a pregar peças e a brincar com as filhas de seu senhor; e o Sr. Vontade Seja Feita ficou desconfiado que eles estavam se tornando muito próximos, o que chegou até os ouvidos de seu senhor. Então, relutante em executá-los precipitadamente, não os atacou de imediato, mas estabeleceu vigias e espiões para ver se isso era verdade. Logo ele ficou sabendo, pois seus dois servos, cujos nomes eram Descubra e Conta Tudo, surpreenderam-nos juntos de forma indiscreta uma ou duas vezes, e foram contar para seu senhor. Então, quando o Sr. Vontade Seja Feita tinha provas suficientes para acreditar que tudo era verdade, prendeu os dois jovens diabolianos (porque era isso que eram, já que o pai deles era um diaboliano por nascimento) e os levou para o Portão dos Olhos, onde ele ergueu uma cruz muito alta, bem diante de Diabolus e do seu exército, e crucificou os jovens criminosos, desafiando o Capitão Esperança Passada e o terrível estandarte do tirano.

Esse ato cristão do corajoso Sr. Vontade Seja Feita envergonhou muito o Capitão Esperança Passada, desanimou o exército de Diabolus e amedrontou os vagabundos diabolianos em Alma Humana, além de dar força e coragem para os capitães que pertenciam a Emanuel, o Príncipe. Assim, sem demora eles se reuniram e, por esse ato do meu senhor, Alma Humana estava decidida a lutar; desse modo, os diabolianos que estavam dentro da cidade não puderam fazer aquilo que Diabolus esperava. E essa não era a única prova de honestidade que o corajoso Sr. Vontade Seja Feita entregou para a cidade, nem de sua lealdade para com o Príncipe, como mais tarde será revelado.

Quando os filhos de Economia Prudente, os quais moravam com o Sr. Mente (Prudente deixara os filhos, chamados Aperto e Recolhe Tudo, com o Sr. Mente, quando também foi preso; ambos foram gerados com a filha bastarda do Sr. Mente, cujo nome era Sra. Agarra O Mal), viram o que Sr. Vontade Seja Feita havia feito com aqueles que moravam com ele, decidiram fugir, antes que tivessem de beber do mesmo cálice. O Sr. Mente, entretanto, percebendo isso, prendeu-os em sua casa até amanhecer (porque isso foi feito durante a noite) e, lembrando que, pela lei de Alma Humana, todos os diabolianos deveriam morrer (para ter certeza, eles eram diabolianos pelo menos pelo lado de seu pai, e alguns dizem que pelo lado da mãe também), ele os prendeu e acorrentou, levando-os até o mesmo lugar em que meu senhor havia assassinado os outros dois, e os crucificou ali.

Os cidadãos também foram muito encorajados por esse ato do Sr. Mente, e fizeram o que podiam para prender mais desses diabolianos perturbadores de Alma Humana. No entanto, naquele momento, o restante deles estava tão escondido que não podia ser preso; então eles estabeleceram uma vigilância diligente contra os diabolianos, e todos foram para suas casas.

Eu contei a vocês que Diabolus e seu exército ficaram um pouco envergonhados e desanimados com o que o meu Sr. Vontade Seja Feita fez, ao crucificar os dois jovens diabolianos, mas seu desânimo logo se transformou em uma loucura furiosa e em ira contra a cidade de Alma Humana, e ele lutaria contra ela. Os cidadãos e os capitães internos também tinham sua esperança e sua expectativa aumentadas, acreditando que finalmente o dia seria deles; então, ficaram com menos medo. Além disso, seu pregador subordinado fez um sermão sobre o assunto; e ele retirou o tema daquele texto: "Quanto a Gade, uma tropa o acometerá; mas ele a acometerá por fim" (Gn 49:19), demonstrando que, embora Alma Humana sofresse primeiro, ainda a vitória com certeza seria dela no final.

Então, Diabolus ordenou a seu tocador de tambor que fizesse soar uma acusação contra a cidade; e os capitães que estavam na cidade também soaram uma acusação contra os de Diabolus, mas não tinham tambor: as trombetas de prata soaram contra eles. Então, aqueles no acampamento de Diabolus foram até a cidade para tomá-la, e os capitães no castelo, com as atiradeiras no Portão da Boca, também os atacaram rapidamente. No acampamento de Diabolus, só se ouviam rugidos e blasfêmias, mas na cidade eram ouvidas boas palavras, oração e o cantar de salmos. O inimigo respondia com objeções terríveis e o tremor de seu tambor, porém a cidade respondia com o movimento de suas atiradeiras e o som melodioso de suas trombetas. E, assim, a batalha se estendeu por vários dias, com um pequeno intervalo aqui e ali, no qual os cidadãos se refrescavam e os capitães se preparavam para outro ataque.

Os capitães de Emanuel estavam vestidos com armaduras prateadas, e os soldados, com couraças resistentes; já os de Diabolus usavam armaduras de ferro que haviam sido feitas para receber os tiros da arma de Emanuel. Na cidade, alguns estavam machucados e outros ficaram gravemente feridos. Para piorar a situação, não havia um cirurgião em Alma Humana, pois Emanuel não estava naquele momento. Todavia, os feridos não morreram por causa das folhas de uma árvore, mas seus ferimentos estavam apodrecendo e alguns fediam muito. Entre os cidadãos, ficaram feridos: meu Sr. Razão, na cabeça; outro homem ferido foi o corajoso Sr. Prefeito, no olho; o Sr. Mente foi ferido no estômago; o honesto pregador subordinado recebeu um tiro não muito longe do coração; no entanto, nenhum desses ferimentos era mortal.

Muitos da cidade não só ficaram feridos, mas foram mortos.

No acampamento de Diabolus, houve um considerável número de mortos e feridos; por exemplo, Capitão Raiva e Capitão Cruel foram feridos. O Capitão Danação foi obrigado a recuar e a proteger-se em um lugar distante de Alma Humana. A bandeira de Alma Humana bem como seu porta-estandarte foram derrubados, e o Capitão Muitas Feridas, para a grande tristeza e vergonha de seu príncipe Diabolus, perdeu o cérebro ao ser golpeado por uma pedra da atiradeira.

Muitos dos céticos também foram mortos, embora tenham sobrado homens o suficiente para fazer Alma Humana se abalar e tremer. Com a vitória daquele dia ao lado de Alma Humana, os cidadãos e capitães ficaram animados e cobriram o acampamento de Diabolus com uma nuvem, mas isso o deixou ainda mais furioso. Então, no dia seguinte, Alma Humana descansou e ordenou que os sinos fossem tocados;

as trombetas também soaram alegremente, e os capitães gritavam pela cidade.

Meu Sr. Vontade Seja Feita também não ficou desocupado, mas prestou serviços notáveis contra os domésticos, ou seja, os diabolianos que estavam na cidade. Ele os deixou perplexos ao incendiar um deles, um companheiro chamado Sr. Qualquer Coisa, que já mencionamos anteriormente, em virtude de esse homem ter, se vocês se lembram, não apenas levado os três companheiros para Diabolus, depois de os diabolianos os tirarem das forças do Capitão Boanerges, mas também os persuadido a alistar-se sob o tirano, para lutar contra o exército de Shaddai. Meu Sr. Vontade Seja Feita também prendeu um diaboliano notável, cujo nome era Pés Soltos, um observador para os vadios em Alma Humana, e responsável por levar as notícias de Alma Humana para o acampamento, e do acampamento para os inimigos que estavam em Alma Humana. Ambos foram levados em segurança ao Sr. Homem Verdadeiro, o carcereiro, com uma ordem para mantê-los presos em ferros, pois ele pretendia crucificá-los quando fosse melhor para a corporação e mais desencorajador para o campo dos inimigos.

O Sr. Prefeito também, embora não pudesse se mover tanto quanto antes, em virtude do ferimento que sofrera recentemente, ainda dava ordens a todos os nativos de Alma Humana para que vigiassem e continuassem em guarda e, se a ocasião permitisse, provassem sua coragem.

O Sr. Consciência, o pregador, também fez o seu melhor para manter viva a memória de seus documentos no coração do povo de Alma Humana.

# Capítulo quinze

ALGUM TEMPO DEPOIS, os capitães e os fortes da cidade de Alma Humana concordaram e decidiram em dado momento realizar uma investida contra o acampamento de Diabolus, o que deveria ser feito durante a noite; essa foi a loucura de Alma Humana (pois a noite era sempre melhor para o inimigo, mas pior para Alma Humana lutar). No entanto, eles o fizeram, pois, com sua recente vitória ainda em suas memórias, exalavam coragem.

Quando chegou a noite escolhida, os bravos capitães do Príncipe sortearam quem deveria liderar o grupo nessa nova e desesperada expedição contra Diabolus e seu exército diaboliano. A sorte de liderar a infeliz esperança caiu para o Capitão Crédito, o Capitão Experiência e o Capitão Boa Esperança (o Capitão Experiência fora criado pelo Príncipe quando este ainda estava na cidade de Alma Humana). Então, como eu disse, eles fizeram sua investida contra o exército que montava cerco contra eles; e a sorte dos capitães foi atacar os principais homens de seus inimigos. No entanto, como Diabolus e seus homens eram experientes e acostumados ao trabalho noturno, receberam o alarme imediatamente, e já estavam preparados para a batalha, como se tivessem sido avisados de sua chegada. Portanto, foi tudo muito rápido, e os golpes eram muito duros dos dois lados; o tambor do inferno também era tocado com mais fúria, enquanto as trombetas do Príncipe soavam docemente. E assim começou a batalha; o Capitão Insaciável acompanhava as carruagens dos inimigos para ver onde pegaria alguma presa.

Os capitães do Príncipe lutaram bravamente, além do que era esperado que fizessem; eles feriram muitos e fizeram o exército inteiro de Diabolus recuar. No entanto, não sei dizer como, mas o bravo Capitão Crédito, o Capitão Boa Esperança e o Capitão Experiência estavam tão envolvidos na perseguição, despedaçando e atacando a retaguarda do inimigo, que o Capitão Crédito tropeçou e caiu, ficando tão ferido com a queda que não era capaz de se levantar, então o Capitão Experiência chegou para ajudá-lo, e nisso seus homens ficaram confusos. O Capitão também sentia muita dor, e não conseguia parar de gritar, o que fez os outros dois capitães desmaiarem, pensando que o Capitão Crédito havia sido mortalmente ferido. Desse modo, seus homens ficaram ainda mais desorientados e não conseguiam lutar. Diabolus, muito observador, ainda que neste momento estivesse em pior situação, ao perceber que os homens que eram os perseguidores haviam feito uma pausa, aproveitando-se do fato de que os capitães provavelmente estariam feridos ou mortos, deu um passo, encarou-os de frente e atacou o exército do Príncipe com tanta fúria quanto o inferno poderia conferir a ele; sua sorte foi cair justamente entre os três capitães, Capitão Crédito, Capitão Boa Esperança e Capitão Experiência, cortando, ferindo e penetrando-os tão terrivelmente que, com a falta de coragem, a confusão e os ferimentos que receberam, além da perda de muito sangue, embora tivessem em seu poder as três melhores mãos em Alma Humana, quase não conseguiram voltar para a fortaleza em segurança.

Quando o exército do Príncipe viu como os três capitães haviam sido atacados, pensou em sua sabedoria que seria melhor recuar da maneira mais segura possível, e então voltou de onde havia saído; e foi o fim dessa ação. Diabolus, porém, estava tão animado com sua empreitada noturna que prometeu para si que iria, em poucos dias, à tranquila e completa conquista da cidade de Alma Humana. Por isso, no dia seguinte, cercou a cidade com grande ousadia e exigiu permissão para entrar, além de ordenar que, sem demora, eles se entregassem para o seu governo. Os diabolianos que estavam dentro da cidade também começaram a ficar um pouco agitados, como ainda mostraremos.

No entanto, o corajoso Sr. Prefeito respondeu que o que era seu deveria ser tomado à força porque, enquanto Emanuel, seu Príncipe, estivesse vivo (embora naquele momento ele não estivesse tanto com os homens quanto estes gostariam), eles nunca concordariam em entregar Alma Humana a outra pessoa.

Com isso, o Sr. Vontade Seja Feita se levantou e disse:
– Diabolus, mestre do covil e inimigo de tudo o que é bom, nós, pobres habitantes da cidade de Alma Humana, estamos bem familiarizados com seu governo e com o fim das coisas que, certamente, acontecerão se nos submetermos a você, para chegarmos a ponto de fazê-lo. Portanto, enquanto não tínhamos conhecimento, permitimos que você tomasse a cidade (assim como o pássaro que não viu a armadilha e por isso caiu nas mãos do passarinheiro), mas agora fomos tirados das trevas para a luz, e também fomos tirados do poder de Satanás para o poder de Deus. E ainda que, por suas sutilezas e também pelas sutilezas dos diabolianos de dentro da cidade, tenhamos sofrido muitas perdas e também estejamos mergulhados em muita perplexidade, sem empecilho não nos entregaremos, não abaixaremos nossas armas nem nos entregaremos para um tirano tão terrível como você. Não o faremos; preferimos morrer em nossos postos. Além disso, temos esperança de que no tempo certo chegará o livramento da corte para nós, e, então, ainda estaremos em guerra contra você.

Esse corajoso discurso do Sr. Vontade Seja Feita, juntamente àquele do Sr. Prefeito, diminuiu um pouco a ousadia de Diabolus, embora tenha acendido a fúria de sua raiva. Ele também auxiliou os homens da cidade e os capitães; sim, foi como um bálsamo para a ferida do bravo Capitão Crédito, pois você deve saber que fazer um corajoso discurso nesse momento (quando os capitães da cidade e seus homens de guerra voltaram para casa derrotados, e quando o inimigo tomou coragem e ousadia em virtude do sucesso que obteve ao cercar os muros e exigir permissão para entrar, como ele fez) foi oportuno e também vantajoso.

O Sr. Vontade Seja Feita também exerceu suas funções de modo valoroso dentro da cidade, pois, enquanto os capitães e soldados estavam no campo, ele estava armado na cidade e, sempre que encontrava um diaboliano, eles eram obrigados a sentir o peso de sua mão e também a ponta de sua espada penetrante. Desse modo, ele feriu muitos diabolianos, como o Sr. Sofisma, o Sr. Agressivo, o Sr. Pragmático e o Sr. Murmuração; também mutilou muitos do tipo mais vil de diabolianos, embora no momento eu não possa fornecer um relato sobre alguém que ele matou. O motivo, ou melhor, a vantagem que meu Sr. Vontade Seja Feita tinha naquele momento para fazer isso encontrava-se no fato de os capitães terem saído para lutar contra o inimigo no campo. *Agora*, pensaram os diabolianos, *é o nosso momento de perturbar e provocar um tumulto na cidade*. Então, eles se uniram como em único corpo e começaram a agitar-se em Alma Humana, como se um furacão e uma tempestade estivessem lá. Desse modo, como eu disse, ele aproveitou a oportunidade para atacá-los com seus homens, cortando e golpeando com uma coragem destemida, o que fez os diabolianos se dispersarem para seus esconderijos com muita pressa, e, assim, meu senhor voltou para o seu lugar.

Esse corajoso senhor vingou, de certa forma, o dano causado por Diabolus contra os capitães, e também lhes mostrou que Alma Humana não se dobraria por causa de uma ou duas perdas ou vitórias. Com isso, as asas do tirano foram cortadas novamente quanto ao seu orgulho – quero dizer, em comparação com o que ele faria se os diabolianos tivessem afligido a cidade com a mesma intensidade com que ele afligiu os capitães.

Diabolus então decidiu fazer outro ataque contra Alma Humana. *Pois*, pensou ele, *já que os derrotei uma vez, posso derrotá-los outra*. Assim, ordenou a seus homens que ficassem prontos em uma determinada hora da noite, para realizar um novo ataque contra a cidade; ele os orientou para concentrar suas forças contra o Portão do Sentimento, a fim de tentar invadir a cidade por ele. A palavra de comando para seus oficiais e soldados era "fogo do inferno".

– E – disse ele –, se nós os atacarmos, como desejo fazer, com um pouco ou toda a nossa força, quero que aqueles no portão fiquem atentos para não esquecerem a palavra de ordem. E façam com que tudo que se ouça na cidade de Alma Humana seja: "Fogo do inferno! Fogo do inferno! Fogo do inferno!".

O tambor também deveria ser tocado ininterruptamente, e os porta-estandartes deveriam erguer suas cores; os soldados foram incentivados a ter coragem e a cumprir bravamente seu papel contra a cidade.

Então, quando a noite chegou e o tirano já havia preparado tudo para a missão, ele realizou seu ataque contra o Portão do Sentimento, de modo que, depois de algum tempo lutando ali, conseguiu abrir o portão. A verdade é que esse portão estava fraco, e então foi mais fácil de invadir. Quando Diabolus tentou abri-lo, colocou seus capitães (Tormento e Sem Alívio) ali e tentou forçá-lo, mas os capitães do Príncipe o atacaram e tornaram sua entrada mais difícil do que ele desejava. E, para falar a verdade, eles resistiram o quanto puderam, mas com seus três melhores e mais valentes capitães feridos e, por isso, incapazes de prestar o serviço que deveriam para a cidade (e com o restante lutando contra mais céticos do que conseguia e contra os capitães que seguiram Diabolus), eles estavam superados em força, e não conseguiram mantê-los fora de Alma Humana. Portanto, os homens do Príncipe e seus capitães foram em direção ao castelo e para a fortaleza da cidade. Fizeram isso em parte para sua própria segurança, em parte pela segurança da própria cidade e, em parte, ou melhor, principalmente, para preservar a habitação real de Emanuel em Alma Humana, pois o castelo era isso.

Com os capitães refugiados no castelo, o inimigo conseguiu, sem muita resistência, tomar para si todo o resto da cidade e, espalhando-se por todos os cantos, gritava enquanto marchava, de acordo com o comando do tirano:

– Fogo do inferno! Fogo do inferno! Fogo do inferno! Então, durante algum tempo, não havia outro som em Alma Humana além do horrendo barulho de "Fogo do inferno!" com o rufar do tambor de Diabolus. Agora as nuvens estavam negras sobre a cidade de Alma Humana e parecia não haver nela nada além de ruínas. Diabolus também abrigou seus soldados nas casas dos habitantes da cidade. Sim, a casa do pregador subordinado estava repleta desses céticos grotescos, bem como a casa do Sr. Prefeito e do Sr. Vontade Seja Feita. Não havia um canto, uma cabana, um celeiro ou um chiqueiro que não estivesse cheio desses vermes. Eles expulsaram os homens da cidade de suas casas, deitaram-se em suas camas e sentaram-se às suas mesas. Ah, pobre Alma Humana, agora você sentia não apenas os frutos do pecado, mas também o veneno que estava nas palavras elogiosas do Sr. Segurança Carnal! Eles pegavam tudo o que conseguiam carregar, e incendiaram diversos pontos da cidade; muitas crianças também foram despedaçadas por eles, e aquelas que ainda não haviam nascido foram destruídas no útero da mãe. Você pode imaginar que não seria possível ser de outra forma, pois que consciência, piedade ou compaixão alguém poderia esperar das mãos de céticos tão grotescos? Todas as mulheres da cidade, jovens ou velhas, foram forçadas, violadas e terrivelmente abusadas, de modo que desmaiaram, abortaram e muitas delas morreram, ficando largadas em todas as ruas e cantos da cidade.

Agora Alma Humana parecia apenas um covil de dragões e um símbolo do inferno, além de um local de total escuridão. Alma Humana parecia um deserto estéril; apenas urtigas, arbustos, espinhos e coisas malcheirosas pareciam cobrir a face de Alma Humana. Eu lhes disse antes como esses céticos diabolianos expulsaram os homens de Alma Humana de suas camas, e agora acrescento que eles os feriram, espancaram-nos e quase arrancaram os cérebros de muitos deles. Eu disse muitos, mas, na verdade, foi a maioria, senão todos eles. O Sr. Consciência ficou tão ferido, e suas feridas apodreceram tanto, que ele não conseguia descansar nem de dia nem de noite, como se estivesse em uma tortura contínua. No entanto, se Shaddai não controlasse tudo, ele com certeza já teria sido morto. Eles agrediram tanto o Sr. Prefeito que seus olhos quase saltaram para fora; e se o Sr. Vontade Seja Feita não houvesse entrado no castelo, eles o teriam cortado em pedaços, pois, por causa de seu coração, eles o consideravam um dos piores homens em Alma Humana contra Diabolus e seu bando. E, de fato, ele se mostrara um homem, e vocês ouvirão mais sobre seus feitos depois.

Nesse momento, alguém poderia andar dias e dias pela cidade e não ver ninguém que parecesse religioso. Ah, como era terrível o estado de Alma Humana agora! Todas as esquinas estavam repletas de céticos; soldados caminhavam pela cidade em bandos e enchiam as casas com sons terríveis, canções fúteis, histórias mentirosas e palavras blasfemas contra Shaddai e seu filho. Os diabolianos que se espreitavam nos muros, tocas e buracos da cidade de Alma Humana saíram e mostraram o rosto; sim, eles caminhavam abertamente na companhia desses céticos que estavam em Alma Humana. Agora, tinham mais coragem de andar pelas ruas, assombrar as casas e se mostrarem do que qualquer um dos mais honestos habitantes da lamentável cidade de Alma Humana.

No entanto, Diabolus e seus homens não estavam tranquilos em Alma Humana, pois eles não foram recebidos como os capitães e as forças de Emanuel. Os cidadãos os intimidavam como podiam; também não destruíram nada de importante em Alma Humana, além daquilo que pegaram contra a vontade dos cidadãos, pois eles esconderam tudo o que conseguiram, e o que não, eles entregavam de má vontade. Pobres almas! Prefeririam que ficassem com suas casas para não suportar suas companhias; naquele momento, porém, eles eram seus prisioneiros, e seus prisioneiros foram forçados a ser. Mas, repito, eles lhe desagradavam o máximo que conseguiam e demonstravam toda sua antipatia em relação a eles.

Do castelo, os capitães também continuavam a usar suas atiradeiras contra eles, para a irritação e o tormento dos inimigos. É verdade que Diabolus tentou quebrar os portões do castelo diversas vezes, mas o Sr. Temor Divino era seu guarda, e, como era um homem de tanta coragem, boa conduta e valor, seria em vão, enquanto estivesse vivo, Diabolus pensar que poderia quebrar os portões, embora o desejasse muito. Portanto, todas as tentativas de Diabolus contra ele foram infrutíferas. Em alguns momentos, desejei que aquele homem tivesse o controle sobre toda a cidade de Alma Humana.

Essa foi a condição da cidade de Alma Humana durante dois anos e meio: o centro da cidade era o campo de guerra, as pessoas da cidade estavam em buracos, e a glória de Alma Humana fora lançada no pó. Que descanso, então, poderia haver para os habitantes, que paz Alma Humana poderia ter, e qual sol poderia brilhar sobre ela? Evidentemente, havia tanto tempo que o inimigo estava contra Alma Humana, que teria sido suficiente para ela morrer de fome; mas agora eles estavam dentro da cidade, ela era sua tenda, sua trincheira e seu forte contra o seu castelo; a cidade estava contra a cidade, e seria a defesa contra os inimigos de sua força e vida; eu digo, eles usaram os fortes e as fortalezas da cidade para se protegerem até terem tomado, destruído e demolido o castelo – isso foi terrível! Ainda assim, essa era a condição da cidade de Alma Humana.

Depois de Alma Humana permanecer nesse estado triste e lamentável pelo tempo que falei anteriormente, sem apresentar suas petições ao Príncipe, os habitantes da cidade, ou seja, os anciãos e chefes de Alma Humana se reuniram e, depois de lamentar seu estado miserável e esse terrível julgamento que estava sobre eles durante um tempo, concordaram em elaborar outra petição e enviá-la, pedindo ajuda a Emanuel. No entanto, o Sr. Temor Divino se levantou e disse que seu Senhor e Príncipe nunca recebera e nunca receberia uma petição sobre esse assunto das mãos de ninguém, a não ser que o Sr. Secretário a assinasse.

– E essa – disse ele – é a razão de vocês não terem sido bem-sucedidos durante todo esse tempo.

Então eles disseram que iriam redigi-la e pediriam ao Sr. Secretário que a assinasse. O Sr. Temor Divino, porém, respondeu novamente que ele também sabia que o Sr. Secretário não cooperaria para nenhuma petição em que não houvesse participado da elaboração.

– Além disso – ele disse –, o Príncipe distingue a letra do Sr. Secretário de todas as outras no mundo inteiro, portanto ele não pode ser enganado por truque algum. Sendo assim, eu os aconselho a ir até ele e implorar que os ajude. – Ele ainda estava no castelo, onde estavam todos os capitães e homens de guerra.

Então, os homens agradeceram ao Sr. Temor Divino, aceitaram seu conselho e fizeram como ele dissera. Assim, foram até o Sr. Secretário e anunciaram o motivo de sua visita, ou seja, como Alma Humana estava em uma condição tão deplorável, se Sua Alteza aceitaria elaborar uma petição destinada a Emanuel, o Filho do poderoso Shaddai, e a seu Rei e Pai.

Então o secretário lhes perguntou:

– Qual petição gostariam que eu fizesse por vocês?

E eles responderam:

– Nosso Senhor conhece melhor do que nós a condição e o estado da cidade de Alma Humana, bem como o fato de estarmos afastados e distantes do Príncipe. O Senhor também sabe quem se levantou em guerra contra nós, e como Alma Humana agora é um campo de batalha. Além disso, sabe também que barbaridades nossos homens, mulheres e crianças sofreram nas mãos deles, e como os diabolianos criados em nossa cidade caminham pelas ruas de Alma Humana com mais ousadia do que seus próprios cidadãos. Que o Senhor então redija, de acordo com a sabedoria que Deus lhe deu, uma petição para os pobres servos do Príncipe Emanuel.

– Bem – disse o Sr. Secretário –, eu escreverei a petição para vocês, e também colocarei minha assinatura.

Eles, então, perguntaram:

– E quando devemos buscá-la?
– Vocês devem estar presentes enquanto a escrevo; devem colocar seus pedidos nela. É verdade que a mão e a pena serão minhas, mas a tinta e o papel devem ser seus. Senão, como poderiam dizer que a petição é sua? Eu não preciso fazer uma petição, pois não o ofendi – respondeu o Sr. Secretário. Ele também acrescentou: – Nenhuma petição vai em meu nome para o Príncipe, e para o seu Pai por meio dele, a não ser quando as pessoas que estão muito preocupadas com o assunto se juntam a mim de coração e alma, pois isso deve ser apresentado na carta.

Então, eles concordaram de todo o coração com o que o secretário dissera, e, assim, uma petição foi escrita para eles. Mas quem deveria levá-la? Decidiriam isso em seguida. O secretário, no entanto, aconselhou que o Capitão Crédito deveria ir, pois era um homem eloquente. Portanto, eles o chamaram e propuseram essa missão.

– Bem – disse o capitão –, eu aceito com prazer essa missão. E, embora esteja coxo, farei isso rapidamente, e da melhor forma que puder.

Este era o conteúdo da petição:

*Ó nosso Senhor e Soberano Príncipe Emanuel, o poderoso, sofredor Príncipe! A graça está derramada sobre seus lábios, e a ti pertencem a misericórdia e o perdão, embora tenhamos nos rebelado contra ti. Nós, que não somos mais dignos de sermos chamados de sua Alma Humana e nem merecemos desfrutar seus benefícios, imploramos ao Senhor, e ao seu Pai por meio de ti, que afaste de nós nossas transgressões. Nós sabemos que o Senhor poderia nos afastar por causa deles, mas não o fez em virtude de seu nome. Então, que o Senhor tenha a oportunidade, por causa de nossa condição miserável, de demonstrar sua compaixão por nós. Estamos rodeados por todos os lados, Senhor; nossa própria apostasia nos reprova. Os diabolianos em nossa cidade nos atemorizam; e o exército do anjo do poço sem fim nos perturba. Sua graça pode ser nossa salvação, e não sabemos para onde ir a não ser para o Senhor.*

*Além disso, ó gracioso Príncipe, nossos capitães estão fracos e desanimados, doentes e alguns deles foram derrotados e agredidos no campo pelo poder e pela força do tirano. Até mesmo nossos capitães, em cujo valor nós colocávamos a nossa confiança, estão feridos. Além disso, Senhor, nossos inimigos estão vívidos e fortes; eles se vangloriam e ameaçam nos repartir entre eles como prêmio. Também nos atacaram, Senhor, com milhares de céticos, a respeito de quem não sabemos o que fazer, pois são severos e cruéis, e desafiam a nós e ao Senhor.*

*Nossa sabedoria se foi, nosso poder também, porque o Senhor foi embora; não temos nada que podemos chamar de nosso, a não ser pecado, vergonha e confusão. Tenha misericórdia de nós, Senhor, tenha misericórdia de nós, sua miserável cidade de Alma Humana, e nos salve das mãos de nossos inimigos. Amém.*

Essa petição foi entregue pelo Sr. Secretário e levada para a corte pelo corajoso e forte Capitão Crédito. Ele passou pelo Portão da Boca (pois este, como eu disse, era a porta de saída da cidade) e foi até Emanuel. Como conseguiu sair, eu não sei, mas conseguiu, e isso chegou ao alcance dos ouvidos de Diabolus. Deduzo isso porque o tirano acusou a cidade de Alma Humana, dizendo:

– Sua rebelde e teimosa Alma Humana, vou obrigá-los a parar de enviar petições. Ainda estão pedindo? Vou fazê-los parar.

Ele também sabia quem fora o mensageiro que levara a petição até o Príncipe, e isso o fez temer e enfurecer-se.

Portanto, ordenou que o tambor fosse tocado novamente, o que Alma Humana não suportava ouvir. No entanto, quando Diabolus tocou seu tambor, Alma Humana precisou suportar o barulho. O tambor foi tocado, e os diabolianos se reuniram.

Então disse Diabolus:

– Ó robustos diabolianos, seja conhecido de vocês que há uma traição acontecendo contra nós nesta cidade rebelde de Alma Humana! Embora a cidade esteja sob nossa possessão, como vocês veem, esses alma-humanianos miseráveis ousaram e foram resistentes, pedindo ajuda para a corte de Emanuel. Falo isso para vocês saberem como agir contra a miserável cidade de Alma Humana. Portanto, ó fiéis diabolianos, ordeno que perturbem ainda mais esta cidade de Alma Humana, e a atormentem com suas artimanhas, desonrem suas mulheres, desflorem suas virgens, matem suas crianças, arranquem o cérebro de seus anciãos, queimem a cidade e todos os outros danos que possam fazer; e que essa seja a minha recompensa para os alma-humanianos, por sua rebeldia desesperada contra mim.

Essa foi a orientação, mas algo ficou entre a orientação e a execução, pois havia pouco mais a ser feito além de irar-se.

Além disso, quando Diabolus terminou de falar, foi até os portões do castelo e exigiu que eles fossem abertos, sob ameaça de sofrimento e morte, e que ele e os homens que o seguiam pudesse entrar. A isso, o Sr. Temor Divino respondeu (pois ele era o responsável pelo portão) que o portão não seria aberto para ele nem para seus homens. E disse também que a cidade de Alma Humana, após sofrer por um tempo, seria aperfeiçoada, fortalecida e firmada.

Então disse Diabolus:

– Entregue-me, então, os homens que fizeram uma petição contra mim, principalmente o Capitão Crédito, que a levou para seu Príncipe. Entregue esse patife em minhas mãos, e eu sairei da cidade.

Levantou-se um diaboliano, cujo nome era Sr. Tolice e disse:

– O que meu senhor oferece é bom; é melhor para vocês que um homem pereça em vez de toda a cidade de Alma Humana ser destruída.

O Sr. Temor Divino respondeu:

– Por quanto tempo Alma Humana será mantida fora do calabouço quando entregar sua fé para Diabolus? Perder a cidade ou perder o Capitão Crédito é a mesma coisa, pois, se um se perder, o outro irá em seguida.

A isso, o Sr. Tolice não disse mais nada.

Então o Sr. Prefeito respondeu, dizendo:

– Ó tirano devorador, que você saiba que não daremos atenção a nenhuma de suas palavras; estamos decididos a resisti-lo enquanto houver um capitão, um homem, uma atiradeira e uma pedra para ser lançada contra você na cidade de Alma Humana.

Mas Diabolus retrucou:

– Você aguarda, você espera e busca ajuda e libertação? Vocês enviaram um pedido para Emanuel, mas sua maldade está grudada demais em vocês para que saiam orações inocentes de seus lábios. Vocês pensam que irão prevalecer e prosperar nesse objetivo? Vocês falharão em seus pedidos e falharão em suas tentativas, pois não apenas eu, mas seu Emanuel também está contra vocês. Pelo que, então, vocês esperam? Ou de que forma escaparão?

Então respondeu o Sr. Prefeito:

– Nós realmente pecamos, mas isso não será de ajuda alguma para você, pois nosso Emanuel disse, e isso com grande fidelidade: "aquele que vier até mim, de modo nenhum lançarei fora". Ele também nos disse, ó nosso inimigo, que "toda forma de pecado e blasfêmia será perdoada" para os filhos dos homens. Portanto, não iremos nos desesperar, mas ainda buscaremos, esperaremos e aguardaremos a libertação.

Neste momento, o Capitão Crédito chegara da corte de Emanuel para o castelo de Alma Humana, e trazia um pacote. Então meu Sr. Prefeito, ao ouvir que o Capitão Crédito havia chegado, retirou-se do barulho e rangido do tirano, e o deixou gritando contra o muro da cidade e contra os portões do castelo. Ele foi até as dependências do capitão e, saudando-o, perguntou como ele estava e qual eram as boas notícias da corte. No entanto, quando ele questionou essas coisas ao Capitão Crédito, seus olhos se encheram de lágrimas. Então disse o capitão:

– Anime-se, senhor, pois tudo ficará bem a seu tempo.

E, com isso, ele pegou o pacote e o colocou sobre a mesa; o Sr. Prefeito e o restante dos capitães viram a atitude como um sinal de boas notícias. Agora, tendo chegado uma estação de graça, ele mandou chamar todos os capitães e anciãos da cidade, que estavam espalhados pelos cômodos do castelo e em suas posições de guarda, para avisar a eles que o Capitão Crédito havia retornado da corte, e que tinha algo geral e algo em especial para lhes comunicar. Então todos foram até ele e o saudaram, perguntando-lhe sobre sua jornada e quais eram as notícias da corte. E ele lhes respondeu como respondera ao Sr. Prefeito, dizendo que tudo ficaria bem. Depois de cumprimentar os capitães, ele abriu o embrulho, de onde retirou diversos bilhetes para aqueles que havia mandado chamar.

O primeiro bilhete era para o Sr. Prefeito, e estava escrito que o Príncipe Emanuel ficara feliz porque o Sr. Prefeito havia sido muito fiel e confiável em suas funções, além de demonstrar grande preocupação com a cidade e o povo de Alma Humana. E também queria que ele soubesse que Emanuel apreciou o fato de ele ser tão corajoso por seu Príncipe e ter se envolvido tão fielmente em sua causa contra Diabolus. Na conclusão de sua carta, ele também indicou que o Sr. Prefeito logo receberia sua recompensa.

O segundo bilhete era para o nobre Sr. Vontade Seja Feita, no qual estava escrito que seu Príncipe Emanuel entendia quão valente e corajoso ele havia sido pela honra de seu Senhor, durante sua ausência e quando seu nome era desrespeitado por Diabolus. Também estava indicado que ele apreciou o fato de Sr. Vontade Seja Feita ter sido tão fiel à Alma Humana ao manter sua forte mão e rigorosa vigilância e controle sobre os diabolianos, que ainda se espreitavam por diversos buracos na famosa cidade. Além disso, ele indicou também que soube que o Senhor, com sua própria mão, havia executado alguns dos chefes dos rebeldes, para o grande desânimo do adversário e para o bom exemplo de toda a cidade de Alma Humana, e que logo ele receberia sua recompensa.

O terceiro bilhete era para o pregador subordinado, e nele estava escrito que o seu Príncipe agradou-se com ele, pois o homem cumprira seu papel honesta e fielmente, e executara bem a missão que lhe foi dada pelo seu Senhor quando ele exortou, repreendeu e alertou Alma Humana de acordo com as leis da cidade. Além disso, ele indicou que apreciou o fato de o pregador ter convocado um jejum, panos de saco e cinzas, quando Alma Humana estava sob sua rebelião. E também o fato de ele ter pedido a ajuda do Capitão Boanerges em tarefa tão árdua, e afirmou que logo receberia sua recompensa.

O quarto bilhete foi para o Sr. Temor Divino, e nele estava escrito que o seu Senhor havia observado que ele fora o primeiro homem de Alma Humana a perceber que o Sr. Segurança Carnal era o responsável por, utilizando sutilezas e astúcia, obter para Diabolus a apostasia e a decadência de todo bem na abençoada cidade de Alma Humana. Além disso, seu Senhor queria que ele soubesse que ainda se lembrava de suas lágrimas e sofrimento pela condição de Alma Humana. No mesmo bilhete, foi observado que seu Senhor viu sua atitude com o Sr. Segurança Carnal em sua própria mesa, em meio aos seus convidados, em sua própria casa, e isso em meio a todo seu divertimento, mesmo quando ele procurava aperfeiçoar suas maldades contra a cidade de Alma Humana. Emanuel também citou que esse reverendo, Sr. Temor Divino, ficou firme, nos portões do castelo, contra todas as ameaças e investidas do tirano; e que ele incentivara os cidadãos a escrever sua petição para seu Príncipe, a fim de que, se ele aceitasse, eles pudessem obter uma resposta de paz; e que, por isso, ele logo receberia sua recompensa.

Depois de tudo isso, ainda havia um bilhete direcionado a toda a cidade de Alma Humana, no qual eles leram que seu Senhor tomara conhecimento de todas as petições que eles fizeram; e que, no tempo que estava para chegar, eles veriam os frutos de suas ações. O Príncipe também lhes disse que ficou feliz porque seu coração e mente, por fim, estavam fixados nele e em seus caminhos, mesmo com Diabolus investindo tanto contra eles; e porque nem seus elogios de um lado e nem as dificuldades do outro puderam forçá-los a ceder a seus planos cruéis.

Também havia uma observação no final o bilhete, dizendo que o seu Senhor deixara a cidade de Alma Humana nas mãos do Sr. Secretário e sob a liderança do Capitão Crédito, com um alerta: "Tomem cuidado para que se submetam à sua liderança e, no tempo oportuno, vocês receberão sua recompensa".

Depois de entregar os bilhetes a seus respectivos destinatários, o corajoso Capitão Crédito foi para os aposentos do Sr. Secretário e lá passou um tempo conversando com ele. Ambos tinham grande admiração um pelo outro, e sabiam mais do que os cidadãos sobre o que aconteceria com Alma Humana. O Sr. Secretário também amava muito o Capitão Crédito; sim, muitas iguarias foram enviadas a ele da mesa de meu Senhor; além disso, ele sempre mostrava um semblante alegre enquanto o do restante de Alma Humana estava nublado. Então, depois de algum tempo de conversa, o capitão se recolheu para seu quarto, a fim de descansar. No entanto, não demorou muito até que o Sr. Secretário mandasse chamar o capitão novamente; desse modo, o homem foi até ele, e eles se cumprimentaram com as saudações comuns. Então o capitão disse para o Sr. Secretário:

– O que o Senhor tem a dizer para o seu servo?

O Sr. Secretário o chamou para perto de si e, depois de uma ou duas demonstrações de seu favor, ele disse:

– Eu nomeio você como o tenente do Senhor sobre todas as forças em Alma Humana. Desse modo, deste dia em diante, todos os homens em Alma Humana obedecerão a suas palavras; e você deverá guiar e orientar Alma Humana. Portanto, deverá, de acordo com sua função, conduzir a guerra por seu Príncipe e pela cidade de Alma Humana contra a força e o poder de Diabolus; e todos os outros capitães estarão sob seu comando.

Assim, os cidadãos começaram a perceber a importância que o capitão possuía, tanto para a corte quanto para o Sr. Secretário em Alma Humana, pois nenhum homem conseguia correr tanto quando enviado, nem trazer tão boas notícias de Emanuel quanto ele. Portanto, depois de lamentar porque não o aproveitaram mais durante seu tempo de dificuldade, os cidadãos, por meio do pregador subordinado para o Sr. Secretário, desejaram que tudo o que eles eram e tinham fosse submetido ao governo, ao cuidado, à proteção e à administração do Capitão Crédito. Então, o pregador foi enviado e cumpriu sua missão, e recebeu a resposta da boca de seu senhor dizendo que o Capitão Crédito deveria ser o grande executor no exército do Rei contra os inimigos do Rei e também pelo bem-estar de Alma Humana. Então ele se curvou e agradeceu ao seu Senhor, e contou as novidades para os cidadãos. Tudo isso, no entanto, foi feito em segredo, pois os inimigos ainda tinham grande força na cidade. Mas voltemos para nossa história.

# Capítulo dezesseis

QUANDO DIABOLUS se viu tão ousadamente confrontado pelo Sr. Prefeito e percebeu a bravura do Sr. Temor Divino, ficou enfurecido e convocou um concílio de guerra, para que se vingasse de Alma Humana. Então, todos os príncipes do poço se reuniram, tendo o velho Incredulidade como seu líder, com todos os capitães de seu exército, e pensaram no que fazer. A razão e a conclusão do conselho naquele dia foi para decidirem como poderiam tomar o castelo, porque não seria possível se nomearem mestres da cidade enquanto o castelo estivesse em posse de seus inimigos.

Então, um falou uma coisa, outro falou outra; mas, quando conseguiram concordar com um veredicto, Apoliom, o presidente do conselho, levantou-se e disse:

– Meus irmãos, tenho duas propostas para vocês. Primeiro: vamos nos retirar da cidade e voltar para a planície, pois nossa presença aqui não nos ajudará em nada, afinal o castelo ainda está nas mãos de nossos inimigos. Nem é provável que consigamos conquistá-lo, já que tantos bravos capitães estão dentro dele, e que esse corajoso homem, Temor Divino, é o guarda de seus portões. Então, quando houvermos retornado para a planície, eles, por vontade própria, se alegrarão com tal oportunidade e talvez comecem a deixar o castelo. Sendo assim, poderemos realizar um ataque ainda maior. Se isso, no entanto, não acontecer, nossa retirada da cidade pode atrair os capitães até nós, e vocês sabem quanto lhes custou quando lutamos no campo anteriormente. Além disso, se conseguirmos atraí-los para o campo, podemos armar uma emboscada por trás da cidade, e, quando eles seguirem em frente, nós correremos e tomaremos posse do castelo.

Belzebu, entretanto, levantou-se e respondeu:
— É impossível atraí-los para fora do castelo; podem ter certeza de que alguns deles ficarão lá para guardá-lo, portanto nossa investida terá sido em vão, a menos que tivermos certeza de que todos deixaram o castelo.

E, assim, ele concluiu que independentemente do que fosse feito deveria ser realizado de outra maneira. E a melhor maneira em que conseguiram pensar foi o que Apoliom havia sugerido antes, ou seja, fazer os cidadãos pecarem novamente.

— Pois — disse ele — não é nossa localização, se estamos na cidade ou no campo, nem nossa luta, nem o assassinato de seus homens que podem nos fazer mestres de Alma Humana; porque, enquanto um homem na cidade ainda for capaz de levantar o dedo contra nós, Emanuel ainda os defenderá; e, se ele os defender, nós sabemos o que acontecerá conosco. Portanto, em minha opinião, não há melhor maneira de escravizá-los a não ser criando um modo de fazê-los pecar, pois, mesmo que tivéssemos deixado todos os nossos céticos em casa, ainda teríamos conquistado a mesma coisa, a não ser que conseguíssemos fazer deles os mestres e governadores do castelo, afinal céticos distantes não passam de acusações refutadas por argumentos. De fato, se conseguirmos colocá-los dentro da fortaleza, e torná-los seus donos, a vitória será nossa. Vamos, então, nos retirar para a planície (sem esperar que os capitães de Alma Humana nos sigam), mas antes, repito, vamos conversar com os fiéis diabolianos que estão em seus abrigos em Alma Humana, e que eles coloquem a mão na massa para nos entregar a cidade, pois são eles que farão isso, ou jamais conseguiremos.

Com essas palavras de Belzebu (pois acredito que ele deu esse conselho), toda a assembleia foi obrigada a concordar com o fato de que a maneira de tomar o castelo seria fazendo a cidade pecar. Então, começaram a planejar de que forma realizariam isso.

Desse modo, Lúcifer levantou-se e disse:
— O conselho de Belzebu é pertinente. Agora, a maneira de realizar isso, em minha opinião, é esta: vamos retirar nossas

forças da cidade de Alma Humana, e não os assustemos mais, seja com mais convocações, ameaças, com o som de nosso tambor, ou qualquer outra forma de despertá-los. Vamos apenas esperar no campo, a certa distância, e ficar como se não nos importássemos com eles, pois as ameaças apenas os despertam mais e fazem com que fiquem mais preparados. Tenho também outra estratégia em mente: vocês sabem que Alma Humana é uma cidade comercial, e uma cidade que deleita no comércio; e se alguns de nossos diabolianos se disfarçarem de estrangeiros e entrarem em Alma Humana levando alguns de nossos produtos para vender? Não importa o preço que eles coloquem em suas mercadorias, ainda que seja metade do que valem. Permitam, no entanto, que os que venderem e comprarem suas mercadorias sejam graciosos e fiéis a nós e eu penhorarei minha coroa para realizarmos isso. Já pensei em dois homens que, em minha opinião, são astutos para esses trabalhos, e seus nomes são Sr. Troca Muito Por Pouco e Sr. Ganho Menos Do Que Dou. O de nome mais longo não é em nada inferior ao outro. E se, também, enviarmos com eles o Sr. Doce Mundo e Sr. Bom Presente? Afinal, são homens civilizados e astutos, mas também nossos verdadeiros amigos e colaboradores. Permitam que eles, e muitos mais, envolvam-se nesse negócio por nós, permitam que Alma Humana seja levada por tais negociações e enriqueça, e esse será o caminho para conquistá-los. Vocês não se lembram de que foi assim que prevalecemos sobre Laodiceia, e de quantos outros homens prendemos nessa armadilha? Assim, quando eles começarem a enriquecer, vão esquecer sua miséria, e, se não os assustarmos, talvez adormeçam e negligenciem a vigilância da cidade, do castelo e também dos portões. Vamos, então, cobrir Alma Humana com abundância, para que sejam forçados a usar seu castelo como armazém, em vez de um abrigo fortificado contra nós e um refúgio para os homens de guerra. Além disso, se nossas mercadorias e bens estiverem lá, considero que o castelo deverá ser metade nosso. E se enchermos o castelo com todos os tipos de mercadorias e, então, realizarmos um ataque repentino contra eles, será difícil para os capitães se abrigarem ali. Vocês não conhecem aquele ditado "A aparência dos ricos sufocou a palavra" (Lc 8:14) e também "Quando o coração está sobrecarregado com libertinagem, embriaguez e os cuidados da vida, todo o prejuízo vem inesperadamente" (Lc 21:34-36)? Além disso, meus senhores – continuou ele –, vocês sabem muito bem que não é fácil para um povo ser preenchido com as nossas coisas e não ter alguns dos nossos diabolianos como servos em suas casas e trabalhos. Onde está um alma-humaniano que é repleto deste mundo e não tem como seus servos e lacaios o Sr. Esbanjador ou o Sr. Prodigalidade, ou algum outro da gangue diaboliana, como o Sr. Exuberante, Sr. Pragmático, Sr. Ostentação ou algum similar? Todos esses podem tomar o castelo de Alma Humana, ou explodi-lo, ou deixá-lo inutilizável como morada de Emanuel, e qualquer uma dessas opções serve. Sim, esses, pelo que sei, podem fazer isso por nós mais rapidamente do que um exército de vinte mil homens. Portanto, para encerrar da mesma forma que comecei, meu conselho é que nos retiremos silenciosamente, sem oferecer resistência, sem investidas contra o castelo, pelo menos dessa vez; iniciemos esse novo plano, e vamos ver se não faremos com que destruam a si mesmos.

Esse conselho, muito aplaudido por todos eles, foi considerado a obra-prima do inferno: sufocar Alma Humana com as riquezas deste mundo e fartar seu coração com seus benefícios. Mas veja como tudo se encaixa! No mesmo momento em que essa reunião de diabolianos terminou, o Capitão Crédito recebeu uma carta de Emanuel, com o seguinte conteúdo: Que no terceiro dia, ele o encontrasse no campo, nas planícies ao redor de Alma Humana.

– Encontre-me no campo! – disse o capitão. – O que meu senhor deseja com isso? Não sei o que ele quer dizer com "encontre-me no campo".

Então, com o bilhete em mãos, ele foi até o Sr. Secretário para perguntar sua opinião sobre o assunto, pois o secretário era um homem de visão em todos os assuntos relacionados ao Rei, e também para o bem e conforto da cidade de Alma Humana. Desse modo, mostrou-lhe o bilhete.

– Para mim – disse o Capitão Crédito –, eu não sei o que significa.

Então o secretário leu o bilhete e disse:

– Os diabolianos realizaram hoje um grande concílio de guerra contra Alma Humana; hoje, eles estiveram planejando a total destruição da cidade, e o resultado do concílio foi colocar Alma Humana em um caminho que, se trilhado, com certeza a destruirá. E, com esse objetivo, eles estão preparando sua saída da cidade, pretendendo voltar para o campo e lá permanecer até virem se o seu projeto será bem-sucedido ou não. Então, fique pronto com os homens de seu Senhor (pois no terceiro dia eles estariam na planície) para atacar os diabolianos, pois o Príncipe estará lá no campo, por volta do nascer do sol, ou antes, e com uma poderosa força contra eles. Então, Diabolus estará diante deles, e vocês, em sua retaguarda; e, entre vocês dois, o exército deles será destruído.

Quando o Capitão Crédito ouviu isso, foi ao encontro do restante dos capitães para lhes contar sobre o bilhete que recebera das mãos de Emanuel.

– E – disse ele – aquilo que estava oculto o Sr. Secretário revelou para mim.

Além disso, ele lhes falou o que deveria ser feito pelos homens para responder ao seu Senhor. Os capitães se alegraram; o Capitão Crédito ordenou que todos os tocadores de trombetas subissem aos parapeitos do castelo e, lá, à vista de Diabolus e de toda a cidade de Alma Humana, tocassem a melhor música que seus corações pudessem criar. Então, os instrumentistas agiram como ordenado. Subiram até o topo do castelo e começaram a tocar.

– Qual será o significado disso? Eles não estão tocando nada conhecido. O que esses loucos têm para ficarem tão felizes? – perguntou Diabolus.

Então um deles respondeu:
— Isso é alegria porque seu Príncipe Emanuel está voltando para salvar a cidade de Alma Humana; e, para isso, lidera um exército, e sua libertação está próxima.

Os homens de Alma Humana também ficaram muito preocupados com esse soar melodioso das trombetas; e disseram, respondendo uns aos outros:
— Isso não pode ser ruim para nós. Com certeza não é para nosso mal.

Então perguntaram os diabolianos:
— O que devemos fazer?

E responderam:
— É melhor sair da cidade.

E disse outro:
— Façamos como nosso último conselho, e ao fazê-lo também poderemos estar presentes na batalha, caso um exército se levante contra nós.

Sendo assim, no segundo dia, eles se retiraram de Alma Humana e foram para as planícies; acamparam diante do Portão dos Olhos, da forma mais terrível que puderam. O motivo para não ficarem na cidade (além daqueles discutidos na assembleia) era o fato de eles não possuírem uma fortaleza.

Além disso, disseram eles:
— Porque teremos mais liberdade para lutar e também para fugir, caso necessário, se estivermos acampados nas planícies.

Além disso, se o Príncipe fosse contra eles e os cercasse, a cidade seria para eles como uma cova, e não como um local de defesa. Por isso, foram para o campo, a fim de que também estivessem fora do alcance das atiradeiras com as quais foram atormentados durante todo o tempo em que estavam na cidade.

Então, chegado o tempo em que os capitães deveriam atacar os diabolianos, eles se prepararam ansiosamente para a ação, pois o Capitão Crédito havia dito para os capitães durante a noite que, no dia seguinte, eles encontrariam seu Príncipe no campo. Como consequência, isso os deixou ainda mais ansiosos e desejosos para lutar contra o inimigo e entrar em guerra, pois a frase "vocês verão o Príncipe no campo amanhã" funcionou como óleo em fogo ardente, uma vez que eles estavam separados já havia muito tempo. Então, como eu disse, chegando a hora determinada, o Capitão Crédito e o restante de seus homens de guerra saíram com suas tropas antes de ser dia na janela da fortaleza. Com todos prontos, ele posicionou-se como cabeça do exército e entregou a palavra de guerra aos capitães e depois aos seus subordinados e soldados. A palavra era "A espada do Príncipe Emanuel e o escudo do Capitão Crédito", que significava, no idioma alma-humaniano, "A palavra de Deus e a fé". Então os capitães prosseguiram e começaram a atacar o acampamento de Diabolus.

Eles deixaram o Capitão Experiência na cidade, por causa de seus ferimentos causados pelos diabolianos na batalha anterior. No entanto, quando ele percebeu que os capitães estavam lutando, pedindo apressadamente suas muletas, levantou-se e foi para a batalha, dizendo:

– Devo ficar deitado aqui enquanto meus irmãos estão na batalha e quando Emanuel, o Príncipe, se mostrará no campo para seus servos?

Entretanto, quando os inimigos viram o homem se aproximando com suas muletas, ficaram mais atemorizados ainda, pois, pensaram eles, que espírito possuiu estes alma-humanianos, que estavam lutando até de muletas. Os capitães, como eu disse, realizaram o ataque e bravamente manejavam suas armas, ainda clamando e gritando enquanto desferiam golpes:

– A espada do Príncipe Emanuel e o escudo do Capitão Crédito!

Quando Diabolus viu que os capitães o atacaram e valentemente cercaram seus homens, ele concluiu que, naquele momento, não havia nada para se esperar deles a não ser pancadas e golpes da sua "espada de dois gumes".

Por isso, retribuiu o ataque contra o exército do Príncipe com toda a sua força mortal, e assim a batalha começou. E quem Diabolus encontrou em seu primeiro enfrentamento senão o Capitão Crédito de um lado e o Sr. Vontade Seja Feita do outro; os golpes deste eram como os de um gigante, pois o homem tinha um braço forte, e atacou os céticos da eleição, pois eram os guarda-costas de Diabolus, mantendo-os ocupados por um bom tempo, cortando e golpeando astutamente. Quando o Capitão Crédito viu meu Senhor envolvido em combate, atacou robustamente a mesma companhia pelo outro lado; e eles os confundiram muito. O Capitão Boa Esperança lutava contra os céticos da vocação, e, embora eles fossem homens resistentes, o capitão era um homem valente. O Capitão Experiência também lhe enviou ajuda; e assim obrigou os céticos de vocação a recuar. O restante dos exércitos estava calorosamente envolvido na batalha por todos os lados, e os diabolianos lutaram bravamente. Então meu Sr. Secretário ordenou que as atiradeiras do castelo fossem utilizadas; e seus homens conseguiram atirar pedras em um fio de cabelo. No entanto, depois de um tempo, aqueles que deveriam fugir diante dos capitães do Príncipe começaram a lutar de novo e foram bravamente contra a retaguarda do exército do Príncipe; assim, esse exército começou a desanimar, mas, ao lembrar que eles logo veriam a face de Emanuel, ganharam coragem e lutaram uma batalha muito acirrada. Então gritaram os capitães:

– A espada do Príncipe Emanuel e o escudo do Capitão Crédito!

E com isso Diabolus se afastou, pensando que mais ajuda havia chegado. Emanuel, no entanto, não aparecera ainda. A batalha estava empatada; os homens recuaram um pouco dos dois lados. Durante o tempo de repouso, o Capitão Crédito encorajou bravamente seus homens a permanecerem firmes; e Diabolus fez o mesmo, o máximo que pôde. O Capitão Crédito, no entanto, realizou um bravo discurso para seus soldados, dizendo o seguinte:

– Senhores soldados, e meus irmãos nesta empreitada, muito me alegra ver no campo por nosso Príncipe, neste dia, um exército tão forte e valente, composto por homens que são tão fiéis em seu amor por Alma Humana. Até agora, vocês têm se mostrado homens de verdade e coragem contra as forças diabolianas, de modo que, apesar de seus barulhos, eles não justificaram muito a vanglória que sentem por suas ações. Agora, tomem sua coragem habitual e mostrem-se como homens ainda que apenas desta vez, pois, em alguns minutos após o próximo ataque, vocês verão seu Príncipe aparecer no campo. Devemos, então, fazer esse segundo ataque contra esse tirano Diabolus, e depois Emanuel virá.

Assim que o capitão terminou esse discurso para os soldados, um Sr. Rapidez foi até o capitão com uma mensagem do Príncipe, dizendo que Emanuel se aproximava. O capitão recebeu essa notícia e logo comunicou os outros oficiais e, então, seus soldados e homens de guerra. Desse modo, como homens que ressurgiram dos mortos, os capitães e seus homens levantaram--se, colocaram-se diante do inimigo e clamaram como antes:

– A espada do Príncipe Emanuel e o escudo do Capitão Crédito!

Os diabolianos também se prepararam e resistiram como podiam, mas nesse último ataque perderam a coragem, e muitos dos céticos caíram mortos no chão. Depois de terem lutado por cerca de uma hora ou mais, o Capitão Crédito levantou os olhos e viu, e eis que Emanuel chegou. O Príncipe veio com suas bandeiras voando, trombetas soando e os pés de seus homens mal tocando o chão; e avançaram com rapidez em direção ao local onde os capitães lutavam. Então, o Sr. Crédito correu com seus homens em direção à cidade, e entregou o campo para Diabolus. Emanuel veio sobre ele pelo outro lado, e o inimigo ficou entre os dois. Então, houve um novo ataque; agora faltava apenas um pouco de tempo até Emanuel e o Capitão Crédito se encontrarem, ainda tropeçando nos mortos enquanto avançavam.

Quando os capitães viram que o Príncipe chegara e que atacava os diabolianos pelo outro lado, bem como que o

Capitão Crédito e Sua Majestade os havia encurralado entre os dois, gritaram (e gritaram tanto que o chão tremeu novamente), dizendo:

– A espada de Emanuel e o escudo do Capitão Crédito!

Quando Diabolus viu que ele e suas forças estavam fortemente cercados pelo Príncipe e seu exército magnífico, ele e os senhores do poço ao seu lado só puderam fugir e abandonar o exército, deixando-os para morrer pelas mãos de Emanuel e de seu nobre Capitão Crédito. Então, todos caíram mortos diante deles, diante do Príncipe e perante o seu exército real. Não sobrou nenhum cético vivo; e esses homens mortos ficaram espalhados pelo chão como alguém espalha esterco sobre a terra.

Quando a batalha terminou, tudo ficou em ordem no acampamento. Então os capitães e os anciãos de Alma Humana se reuniram para saudar Emanuel, ainda sem a corporação. Eles o saudaram e deram-lhe as boas-vindas, e isso mais de mil vezes, pois o Filho de Shaddai estava nas fronteiras de Alma Humana novamente. Então, Emanuel sorriu para eles e disse:

– Paz esteja com vocês.

Em seguida, eles, o Príncipe e todas as novas forças que ele trouxera consigo para a guerra se dirigiram à cidade e foram para Alma Humana. Todos os portões da cidade estavam abertos para recebê-lo, tão felizes com seu bendito retorno. E assim foi sua volta para Alma Humana:

Primeiro. Como eu disse, todos os portões da cidade estavam abertos, sim, os do castelo também; além disso, os idosos da cidade de Alma Humana se posicionaram nos portões da cidade para saudá-lo quando entrasse. E assim o fizeram, pois, quando Emanuel se aproximou, eles disseram:

– Levantai, ó portas, as vossas cabeças; levantai-vos, ó entradas eternas, e entrará o Rei da Glória.

E eles perguntaram:

– Quem é este Rei da Glória?

E assim disseram:

– O Senhor forte e poderoso, o Senhor poderoso na guerra. Levantai, ó portas, as vossas cabeças, levantai-vos, ó entradas eternas (Sl 24:7-9).

Segundo. O povo de Alma Humana também pediu que por todo o caminho, desde os portões da cidade até os portões do castelo, sua Majestade bendita fosse recebida com música pelos mais habilidosos em toda a cidade de Alma Humana. Então, enquanto Emanuel entrava na cidade, os anciãos e o restante dos homens de Alma Humana falavam entre si com canções e som de trombetas, dizendo:

– Ó Deus, eles têm visto os teus caminhos; os caminhos do meu Deus, meu Rei, no santuário.

E os "cantores iam adiante, os tocadores de instrumentos atrás; entre eles, as donzelas tocando adufes" (Sl 68:24-25).

Terceiro. Os capitães (pois preciso falar sobre eles) em ordem aguardaram o Príncipe enquanto ele entrava pelos portões de Alma Humana. O Capitão Crédito ia adiante, e o Capitão Boa Esperança com ele; o Capitão Caridade vinha logo atrás com seus companheiros, e o Capitão Paciência por último. O restante dos capitães, alguns à direita e outros à esquerda, acompanharam Emanuel para dentro de Alma Humana. Durante todo o tempo suas bandeiras estavam erguidas, as trombetas soando, e os soldados gritando. O próprio Príncipe entrou na cidade com sua armadura, toda de ouro batido, e em sua carruagem – seus pilares eram de prata, a base de ouro, e a cobertura era de púrpura, sendo o interior revestido com o amor pelas filhas da cidade de Alma Humana.

Quarto. Quando o Príncipe chegou à entrada de Alma Humana, viu todas as ruas cobertas com lírios e flores, cuidadosamente adornadas com ramos e galhos das árvores verdes que ficavam ao redor da cidade. Todas as portas também estavam cobertas por pessoas, que haviam enfeitado o batente de suas casas com algo de variedade e excelência singulares, a fim de entretê-lo enquanto ele caminhava pelas ruas. Eles mesmos, enquanto Emanuel passava, recebiam-no com gritos e exclamações de alegria, dizendo:

– Bendito seja o Príncipe que vem em nome de seu Pai Shaddai.

Quinto. Nos portões do castelo, os anciãos de Alma Humana, ou seja, o Lorde Prefeito, o Sr. Vontade Seja Feita, o pregador subordinado, Sr. Conhecimento, e o Sr. Mente, com outros da nobreza daquele lugar, saudaram Emanuel novamente. Eles se curvaram diante dele, beijaram o pó dos seus pés, agradeceram, abençoaram e louvaram Sua Alteza por não usar seus pecados contra eles, e, em vez disso, mostrar piedade deles em sua miséria e retornar com misericórdia, a fim de edificar sua Alma Humana para sempre. Em seguida, ele foi direto para o castelo, pois era o palácio real e o lugar onde sua honra deveria habitar. Tudo já estava preparado para Sua Alteza pela presença do Sr. Secretário e pelo trabalho do Capitão Crédito. Então ele entrou.

Sexto. Em seguida, o povo e a comunidade da cidade de Alma Humana foram até ele, no castelo, para prantear, chorar e lamentar-se por sua maldade, pela qual o haviam forçado a sair da cidade. Quando chegaram lá, prostraram-se em terra sete vezes; também choraram, em voz alta, e pediram o perdão do Príncipe, orando para que ele, como antes, confirmasse seu amor por Alma Humana.

A isso, o grande Príncipe respondeu:

– Não chorem, vão, comam as gorduras e bebam as doçuras, e enviem porções aos que não têm nada preparado para si; porque a alegria do Senhor é a sua força (Ne 8:10). Eu retornei para Alma Humana com misericórdia, e meu nome será estabelecido, exaltado e engrandecido por ela.

Ele também chamou esses cidadãos e os beijou, deitando-os em seu colo.

Além disso, deu aos anciãos de Alma Humana e a cada oficial da cidade uma corrente de ouro e um selo. Para suas esposas, enviou brincos e joias, pulseiras e outras coisas. Ele também deu muitas coisas preciosas para as crianças verdadeiramente nascidas em Alma Humana.

Quando Emanuel, o Príncipe, terminou de fazer todas essas coisas pela famosa cidade de Alma Humana, disse em primeiro lugar:

– Lavem suas vestes, coloquem seus adornos e venham me encontrar no castelo de Alma Humana.

Então, eles foram até a fonte que estava aberta para que Judá e Jerusalém se lavassem. Lá suas vestes foram lavadas e os homens ficaram com as "vestes brancas", voltando ao castelo, e lá se apresentando ao Príncipe.

Agora havia música e danças por toda a cidade de Alma Humana, porque seu Príncipe novamente lhes concedera sua presença e a luz do seu semblante; os sinos também soavam, e o sol brilhava tranquilamente sobre eles, para um tempo muito agradável juntos.

Agora, mais do que antes, Alma Humana buscava a completa destruição e ruína de todos os diabolianos que ainda habitavam nos muros e nos covis que possuíam na cidade, pois havia aqueles que conseguiram escapar das mãos de seus opressores com vida.

O Sr. Vontade Seja Feita era mais aterrorizante para os inimigos agora do já fora antes, visto que seu coração estava ainda mais disposto a procurar os diabolianos, planejar contra eles e persegui-los até a morte; ele os perseguia noite e dia, e os atormentava muito, como será demonstrado mais à frente.

Depois de tudo organizado em Alma Humana, providências foram tomadas e ordens dadas pelo bendito Príncipe Emanuel, a fim de que os cidadãos apontassem, sem demora, alguns para irem até a planície enterrar os mortos que ali estavam – aqueles que caíram pela espada de Emanuel e pelo escudo do Capitão Crédito – antes que os gases e o mau cheiro que saíam deles infectassem o ar e incomodasse a cidade de Alma Humana. Havia também outra razão para essa ordem: o intuito de que a cidade eliminasse os nomes, as vidas e a lembrança daqueles inimigos do pensamento de Alma Humana e de seus habitantes.

Então o Sr. Prefeito, aquele sábio e fiel amigo da cidade, deu uma ordem a fim de que pessoas fossem indicadas para essa necessária tarefa; o Sr. Temor Divino e o Sr. Honesto seriam os fiscais desse trabalho. Assim, pessoas foram colocadas sob o comando deles não apenas para trabalhar nos campos, mas também para enterrar os mortos que estavam nas planícies. Estes eram seus locais de trabalho: alguns deveriam fazer as covas, outros, enterrar os mortos, e outros ir para lá e para cá nas planícies, além de rodear as fronteiras de Alma Humana, para ver se havia algum crânio, osso ou pedaço de osso de algum cético a ser encontrado pelo solo em qualquer lugar próximo à corporação. Se alguma coisa fosse encontrada, estava ordenado que quem o encontrara deveria fazer uma marca no local e colocar uma placa, a fim de que os responsáveis por enterrar os mortos o encontrassem e o enterrassem fora da vista, no intuito de eliminar de debaixo do céu o nome e a lembrança de um cético diaboliano. Essa atitude objetivava também que as crianças que ainda fossem nascer em Alma Humana não soubessem, se possível, o que era um crânio, um osso ou um pedaço de osso de um cético. Então os coveiros e os outros que foram nomeados para esse propósito agiram conforme ordenados: enterraram os céticos, e todos os crânios e ossos, e pedaços de ossos dos céticos, onde quer que os encontrassem. Assim, eles limparam as planícies. O Sr. Paz Divinal recebeu sua comissão de volta e agiu novamente como nos dias antigos.

Eles, então, enterraram nas planícies ao redor de Alma Humana os céticos de eleição, céticos de vocação, céticos de ressurreição, céticos de salvação e céticos de glória, cujos capitães eram: Capitão Ira, Capitão Cruel, Capitão Danação, Capitão Insaciável, Capitão Enxofre, Capitão Tormento, Capitão Sem Alívio, Capitão Sepulcro e Capitão Esperança Passada; e o velho Incredulidade, sob Diabolus, era seu general. Também havia os sete líderes de seu exército: Lorde Belzebu, Lorde

Lúcifer, Lorde Legião, Lorde Apoliom, Lorde Python, Lorde Cérbero e Lorde Belial. Os príncipes e os capitães, no entanto, junto com o velho Incredulidade, seu general, conseguiram fugir; e assim seus homens foram mortos pelo poder das forças do Príncipe e pelas mãos dos homens da cidade de Alma Humana. Eles também foram enterrados, como mencionamos antes, para a enorme alegria da famosa cidade de Alma Humana. Enterraram-nos com suas armas, que eram instrumentos cruéis de morte (flechas, dardos, marretas, tições e similares). Também enterraram suas armaduras, bandeiras, o estandarte de Diabolus e o que mais encontraram que tivesse o cheiro de céticos diabolianos.

# CAPÍTULO dezessete

QUANDO O TIRANO CHEGOU à colina do Portão Infernal, com seu velho amigo Incredulidade, eles imediatamente desceram ao covil, e, estando ali com seus companheiros, por um tempo lamentaram sua desgraça e a grande perda que sofreram contra a cidade de Alma Humana. Finalmente sentiram um ardor de vingar-se pela perda causada por Alma Humana. Portanto, convocaram um conselho para planejar o que deveria ser feito contra a famosa cidade de Alma Humana, pois seus estômagos famintos mal podiam esperar para ver o resultado do conselho que o Lorde Lúcifer e o Lorde Apoliom haviam dado no dia anterior, pois suas gargantas ferozes pensavam todos os dias até que se preencheram com corpo e alma, e com a carne e os ossos, e com todos os fracos de Alma Humana. Portanto, eles decidiram fazer outra investida contra Alma Humana com um exército misturado, formado em parte por céticos e em parte por homens sanguinários. Vamos fazer um relato mais detalhado sobre ambos.

Os céticos eram aqueles que têm o nome segundo sua natureza, assim como do território e do reino onde nasceram; sua natureza é sempre questionar todas as verdades de Emanuel, e seu país é chamado de Dúvida. Essa terra localizava-se ao longe, remotamente para o norte, entre a Terra da Escuridão e aquele chamado de "vale da sombra da morte". Embora a Terra da Escuridão e aquele chamado de "vale da sombra da morte" sejam, às vezes, considerados o mesmo lugar, são, na verdade, dois, um pouco afastados um do outro, e a Terra da Dúvida localiza-se entre eles. Essa era a terra de Dúvida, e aqueles que foram arruinar a cidade de Alma Humana com Diabolus eram nativos daquele país.

Os homens sanguinários eram um povo cujo nome derivava da malignidade de sua natureza e da fúria que habita dentro deles para executar a cidade de Alma Humana. Sua terra localiza--se logo abaixo da constelação Cão Maior, e são governados por ela no que se refere a seus intelectuais. O nome de seu país é província de Odeia O Bem; as suas regiões mais remotas são muito distantes da Terra da Dúvida, mas ambas estavam nos arredores da colina chamada colina do Portão Infernal. Essas pessoas estão sempre associadas aos céticos, pois eles, em conjunto, questionavam a fé e a fidelidade dos homens da cidade de Alma Humana, e ambos eram igualmente qualificados para o serviço de seu Príncipe.

Desses dois países, Diabolus, pelo tocar de seu tambor, levantou outro exército contra a cidade de Alma Humana, com vinte e cinco mil homens fortes. Eram dez mil céticos e quinze mil homens sanguinários, que foram colocados sob diversos capitães para a guerra; o velho Incredulidade foi novamente feito general do exército.

Quanto aos céticos, seus capitães eram cinco entre os sete líderes do exército diaboliano anterior, e seus nomes eram: Capitão Belzebu, Capitão Lúcifer, Capitão Apoliom, Capitão Legião e Capitão Cérbero; e alguns dos capitães que eles tinham antes foram feitos tenentes, e outros, emblemas do exército.

No entanto, nessa expedição, Diabolus não contava que esses céticos se provariam seus principais homens, pois sua masculinidade já fora testada antes; os alma-humanianos também os fizeram sofrer muito; ele só os mandou buscar para aumentar o número e para ajudar, se fosse necessário, em caso de emergência. Ele, entretanto, havia colocado sua confiança nesses homens sanguinários, pois eram criminosos cruéis, e Diabolus sabia que eles já haviam feito isso antes.

Os homens sanguinários também estavam sob comando, sendo os nomes de seus capitães: Capitão Caim, Capitão

Ninrode, Capitão Ismael, Capitão Esaú, Capitão Saul, Capitão Absalão, Capitão Judas e Capitão Papa.

1. O Capitão Caim era líder de duas companhias: os homens sanguinários zelosos e os irados; seu porta-estandarte carregava as cores vermelhas e seu escudo era uma clava assassina.

2. O Capitão Ninrode era capitão sobre duas companhias: os homens sanguinários tiranos e os usurpadores; seu porta-estandarte carregava as cores vermelhas e seu escudo era um grande cão de caça.

3. O Capitão Ismael era capitão sobre duas companhias: os homens sanguinários zombadores e os escarnecedores; seu porta-estandarte carregava as cores vermelhas e seu escudo era uma pessoa zombando de Isaque, filho de Abraão.

4. O Capitão Esaú era capitão sobre duas companhias: os homens sanguinários que se ressentiam quando outros recebiam uma bênção e também os homens sanguinários que defendiam a vingança pessoal sobre os outros; seu porta-estandarte carregava as cores vermelhas e seu escudo era uma pessoa planejando secretamente matar Jacó.

5. O Capitão Saul era capitão sobre duas companhias: os homens sanguinários invejosos sem fundamento e os furiosos e diabólicos; seu porta-estandarte carregava as cores vermelhas e seu escudo eram três flechas sangrentas lançadas contra o inofensivo Davi.

6. O Capitão Absalão era capitão sobre duas companhias: os homens sanguinários capazes de matar um pai ou um amigo pela glória desse mundo e os homens sanguinários que atrairiam um homem justo com palavras até penetrá-lo com suas espadas; seu porta-estandarte carregava as cores vermelhas e seu escudo era um filho ansiando pelo sangue do pai.

7. O Capitão Judas era capitão sobre duas companhias: os homens sanguinários que trocariam a vida de um homem por dinheiro e aqueles que trairiam um amigo com um beijo; seu porta-estandarte carregava as cores vermelhas e seu escudo eram trinta moedas de prata e uma corda usada para enforcamento.

8. O Capitão Papa era capitão sobre uma companhia, pois todos esses espíritos se uniam em um só sob seu comando; seu porta-estandarte carregava as cores vermelhas e seu escudo eram uma estaca, uma chama e um bom homem.

A razão de Diabolus organizar uma tropa assim tão rapidamente, depois de ser derrotado no campo, era o fato de ele confiar muito em seu exército de homens sanguinários, um pouco mais do que em seu exército de céticos, embora estes houvessem prestado bons serviços para ele no fortalecimento de seu reino. No entanto, ele já havia provado esses homens sanguinários diversas vezes, e suas espadas raramente voltavam vazias. Além disso, Diabolus sabia que eles, como cães de guarda, atacariam qualquer um; pai, mãe, irmão, irmã, príncipe ou governador; sim, até o Príncipe dos príncipes. E o que o encorajava ainda mais era eles já terem forçado Emanuel a sair do reino de Universo. *E por que*, pensou ele, *não conseguiriam retirá-lo da cidade de Alma Humana?*

Então, esse exército de vinte e cinco mil homens fortes foi, por seu general, o grande Lorde Incredulidade, liderado contra a cidade de Alma Humana. O Sr. Espreita Bem, seu mestre observador geral, saiu para espiar, e levou para Alma Humana as notícias sobre sua chegada. Assim, eles fecharam os portões e assumiram uma postura de defesa contra esses novos diabolianos que se levantavam contra a cidade.

Diabolus conduziu seu exército e sitiou a cidade de Alma Humana; os céticos foram colocados perto do Portão do Sentimento, e os homens sanguinários acamparam diante do Portão dos Olhos e do Portão dos Ouvidos.

Quando esse exército se estabeleceu, Incredulidade, em nome de Diabolus, em seu nome e em nome dos homens sanguinários e de todos que foram com eles, enviou uma convocação tão terrível quanto um ferro quente para Alma Humana, a fim de atenderem a suas exigências, ameaçando que, se eles ainda os resistissem, iriam incendiar Alma Humana. Pois vocês devem saber que os homens sanguinários não achavam que

Alma Humana deveria se entregar, e sim que ela deveria ser destruída e exterminada do mundo dos vivos. Sim, eles exigiram que os homens se entregassem; no entanto, se eles fizessem isso, não sufocaria a sede desses homens. Estes precisavam ter sangue, o sangue de Alma Humana, ou morreriam; e é daí que vinha o nome deles. Portanto, Diabolus preservou esses homens sanguinários para que, quando todas as suas estratégias se mostrassem ineficazes, fossem sua última e garantida carta a ser lançada contra a cidade de Alma Humana.

Quando os cidadãos receberam essa convocação como brasas quentes, gerou neles diversos pensamentos diferentes, mas concordaram, em menos de meia hora, em levar essas convocações até o Príncipe, o que fizeram após escrever no rodapé: "Senhor, salve Alma Humana desses homens sanguinários!".

Então, Emanuel a pegou em suas mãos, passou os olhos e considerou, lendo também aquele pequeno pedido que os homens de Alma Humana escreveram no rodapé. Em seguida, chamou o nobre Capitão Crédito e lhe ordenou que fosse e levasse consigo o Capitão Paciência para cuidar do lado de Alma Humana sitiado pelos homens sanguinários. Então, eles fizeram o que lhes fora ordenado: o Capitão Crédito chamou o Capitão Paciência, e ambos protegeram a lateral de Alma Humana que havia sido cercada pelos homens sanguinários.

Em seguida, Emanuel ordenou que o Capitão Boa Esperança e o Capitão Caridade, além de meu Sr. Vontade Seja Feita, assumissem o comando da outra lateral da cidade.

– E eu – disse o Príncipe – hastearei meu estandarte sobre o parapeito do castelo, e vocês três deverão vigiar os céticos.

Feito isso, novamente ordenou que o valente Capitão Experiência organizasse seus homens no mercado, treinando-os dia após dia diante do povo da cidade de Alma Humana. Esse cerco foi longo, e o inimigo fez diversas tentativas ferozes contra a cidade de Alma Humana, principalmente aqueles chamados homens sanguinários. Muitas foram as escaramuças que os cidadãos tiveram com eles; o Capitão Abnegação, em especial, não mencionado antes, recebeu ordens de vigiar o Portão dos Ouvidos e o Portão dos Olhos, agora contra os homens sanguinários. Esse Capitão Abnegação era um homem jovem, mas forte, e cidadão de Alma Humana, assim como o Capitão Experiência. Emanuel, em sua segunda vinda a Alma Humana, fez dele um capitão sobre mais de mil alma-humanianos, para o bem da corporação. Esse capitão, portanto, sendo um homem resistente, de grande coragem e disposto a entregar-se pelo bem da cidade de Alma Humana, de tempos em tempos atacava os homens sanguinários e lhes dava diversos alertas notáveis. Além disso, também discutiu diversas vezes com eles, chegando a executar alguns. Você deve imaginar que isso não era algo fácil de se fazer, e ele mesmo tinha algumas feridas e carregava diversas cicatrizes no rosto e algumas no corpo.

Então, depois de passar algum tempo testando a fé, a esperança e o amor da cidade de Alma Humana, o Príncipe Emanuel reuniu seus capitães e homens de guerra, dividindo-os em duas companhias. Em seguida, ordenou que atacassem o inimigo em um dia determinado e muito cedo, pela manhã, dizendo:

– Metade de vocês deve atacar os céticos, e metade de vocês, os homens sanguinários. Aqueles que lutarem contra os céticos, matem e assassinem, e façam perecer tantos quantos puderem colocar as mãos. No entanto, aqueles que lutarem contra os homens sanguinários, não os matem, prendam-nos vivos.

Então, no tempo marcado, pela manhã, os capitães saíram conforme ordenado contra os inimigos. O Capitão Boa Esperança, o Capitão Caridade e aqueles que se juntaram a eles, como o Capitão Inocente e o Capitão Experiência, saíram ao encontro dos céticos. O Capitão Crédito e o Capitão Paciência, junto com o Capitão Abnegação e o restante dos homens que estava com eles, foram contra os homens sanguinários.

Aqueles que saíram contra os céticos se organizaram como um corpo diante da planície, e marcharam a fim de chamá-los para a batalha. Os céticos, no entanto, lembrando-se de seu último sucesso, recuaram, sem ousar resistir, e fugiram dos homens do Príncipe; estes os perseguiram, mataram muitos nessa perseguição, mas não conseguiram alcançar todos eles. Dos que escaparam, alguns foram para casa, e os outros, em grupos de cinco, nove e dezessete, como andarilhos, ficaram perambulando para cima e para baixo pelo país, onde ensinaram suas ações diabolianas aos bárbaros. Essas pessoas não se protegeram deles, mas se permitiram serem escravizadas por eles. Depois disso, os diabolianos apareceram em grupos para a cidade de Alma Humana, mas nunca com o intuito de habitar nela, pois, se o Capitão Crédito, o Capitão Boa Esperança ou o Capitão Experiência aparecessem, eles fugiam.

Aqueles que saíram contra os homens sanguinários conforme ordenado não mataram nenhum deles, mas tentaram cercá-los. No entanto, quando os homens sanguinários viram que Emanuel não estava no campo, concluíram que também não estava em Alma Humana. Assim, considerando que a ação dos capitães era uma temeridade fruto de suas desenfreadas e insensatas imaginações, mais os menosprezavam do que os temiam. Os capitães, porém, sem dar atenção a eles, conseguiram cercá-los, e também aos céticos que se aproximaram para ajudá-los. Em resumo, depois de alguma dificuldade (pois os homens sanguinários também teriam fugido, mas agora era tarde demais para isso, pois, embora fossem enganosos e cruéis quando sabiam que poderiam vencer, todos eles eram homens covardes, quando se viam equiparados com seus inimigos), os capitães os capturaram e os levaram para o Príncipe.

Então, eles foram levados, apresentados ao Príncipe e examinados, e Emanuel soube que, embora viessem da mesma terra, os homens eram de três condados diferentes.

1. Um tipo veio do condado do Homem Cego, e agia por ignorância.

2. Outro tipo veio do condado do Zelo Cego, e agia por superstição.

3. O terceiro tipo veio da cidade de Malícia, no condado de Inveja, e agia por ódio e por ser implacável.

O primeiro grupo, ou seja, os que vieram do condado do Homem Cego, quando perceberam onde estavam e contra quem lutavam, tremeram e choraram diante dele; muitos clamaram por misericórdia, e Emanuel tocou-lhes os lábios com seu cetro de ouro.

Os que vieram do condado do Zelo Cego não agiram como os companheiros, pois alegaram que tinham o direito de fazer o que fizeram, pois Alma Humana era uma cidade cujas leis e costumes diferiam de todos os outros ao redor. Poucos deles reconheceram o mal que fizeram, mas aqueles que o reconheceram e clamaram por misericórdia também obtiveram favor.

No entanto, os que vieram da cidade de Malícia, localizada no condado de Inveja, não choraram, não argumentaram, nem se arrependeram, mas ficaram mordendo a língua diante de Emanuel, por agonia e loucura, porque não realizaram sua vontade contra Alma Humana. Esse último grupo, junto àqueles dos outros dois tipos que não imploraram perdão por seus erros, foram obrigados a dar uma garantia suficiente para responder pelo que haviam feito contra Alma Humana e seu Rei, à espera do grande julgamento geral celebrado pelo Senhor, o Rei, no dia em que ele mesmo designaria para o país e reino do Universo.

E foi isso que aconteceu a respeito do segundo exército enviado por Diabolus para dominar Alma Humana.

No entanto, havia três entre aqueles que vieram da Terra da Dúvida, que, depois de perambular pelo país durante um tempo, e percebendo que haviam escapado, tiveram a temerosa audácia, sabendo que ainda havia na cidade alguns diabolianos, de entrar em Alma Humana para se estabelecer entre eles. (Eu disse três? Acho que eram quatro.) Para a casa de quem iriam esses céticos diabolianos, senão para a casa de um velho diaboliano em Alma Humana cujo nome era Questionamento Nocivo? Esse homem era um grande inimigo de Alma Humana e um grande apoiador entre os diabolianos. Bom, como foi dito, esses diabolianos foram para a casa de Questionamento Nocivo (vocês podem ter certeza de que eles possuíam orientações sobre como encontrar o caminho), e ele os recebeu, lamentou sua desgraça e os amparou com o que ele tinha de melhor em sua casa. Após alguma conversa (e isso não demorou muito), Questionamento Nocivo perguntou aos céticos se todos eles eram da mesma cidade (ele sabia que todos vinham do mesmo reino), e os homens responderam:

– Não, não há ninguém nem do mesmo condado, pois eu – disse um deles – sou um cético de Eleição.

– Eu – disse outro – sou um cético de Vocação.

E então disse o terceiro:

– Eu sou um cético de Salvação.

O quarto disse que era um cético de Graça.

– Bem – disse o velho homem –, sejam do condado que quiserem, estou convencido de que estão derrotados, meninos; somos muito parecidos, somos um no coração, e vocês são bem-vindos aqui.

Eles, então, agradeceram e se alegraram por terem encontrado um abrigo em Alma Humana.

Então Questionamento Nocivo lhes perguntou:

– Quantos de sua companhia ainda estão vivos entre os que vieram com vocês para o cerco de Alma Humana?

E eles responderam:

– Havia dez mil céticos ao todo, pois o restante era formado de quinze mil homens sanguinários. Esses homens sanguinários são de um país vizinho ao nosso; mas pobres homens! Segundo o que ouvimos, todos foram levados pelas forças de Emanuel.

– Dez mil! – disse o velho homem. – Eu lhe digo, essa era uma grande companhia. Mas o que aconteceu, já que vocês estavam em maior número, para vocês desmaiarem e não ousarem lutar contra seus inimigos?

– Nosso general – responderam eles – foi o primeiro a fugir.

– Nossa! – exclamou seu anfitrião. – E quem era esse seu general covarde?

– Ele havia sido o Sr. Prefeito de Alma Humana – disseram eles.

– Mas, por favor, não o chame de general covarde, pois ninguém, de leste a oeste, fez mais por nosso príncipe Diabolus do que o nosso Sr. Incredulidade. Mas, se eles o capturassem, eles com certeza o teriam crucificado; e nós garantimos que essa não é uma boa ideia.

Então disse o cavalheiro:

– Eu gostaria que todos os dez mil céticos estivessem bem armados contra Alma Humana, e eu mesmo os conduziria e veria o que fazer.

– Ai – disseram eles. – Seria bom se pudéssemos ver isso acontecer. Mas ah! Desejos! Onde estão eles? – E essas palavras foram ditas em voz alta.

– Bem – falou o velho Questionamento Nocivo –, tomem cuidado para não falarem muito alto; vocês devem ser discretos e tomar cuidado enquanto estão aqui, ou, garanto a vocês, serão pegos.

– Por quê? – perguntaram os céticos.

– Por quê?! – exclamou o homem. – Porque tanto o Príncipe quanto o Sr. Secretário, e seus capitães e soldados, estão presentes em toda a cidade; sim, a cidade está mais cheia deles do que posso contar. E, além disso, um deles, cujo nome é Vontade Seja Feita, é um inimigo muito cruel para nós. O Príncipe fez dele o guarda dos portões, e lhe ordenou que, com toda a diligência, procurasse, buscasse e destruísse todos os tipos de diabolianos. E, se ele os vir, vocês serão destruídos, mesmo que suas cabeças sejam feitas de ouro.

Para ver o que aconteceria, um dos fiéis soldados do Sr. Vontade Seja Feita, cujo nome era Sr. Diligência, estava todo esse tempo no beiral do telhado de Questionamento Nocivo, e ouviu toda a conversa entre ele e os céticos que estavam em sua casa.

Esse soldado, por ser corajoso e também incansável na busca de diabolianos, para prendê-los, era um homem de confiança.

Como eu disse a vocês, ele ouviu toda a conversa entre Questionamento Nocivo e esses diabolianos, dirigindo-se ao seu senhor e contando o que ouvira.

– Tem certeza, meu amigo? – perguntou o Senhor.

– Sim, tenho. E, se o senhor quiser ir comigo, verá que digo a verdade.

– E eles estão lá? – perguntou.

– Eu conheço Questionamento Nocivo muito bem, pois éramos grandes amigos na época de nossa apostasia, mas não sei onde ele mora.

– Mas eu sei – disse seu soldado – e, se o senhor quiser ir, indico o caminho até sua toca.

– Vamos! – disse o Senhor. – Eu quero. Venha, Diligência, vamos encontrá-los!

Então meu Senhor e seu soldado rumaram juntos para a casa. O soldado foi na frente a fim de indicar o caminho, e andaram até chegar aos muros do velho Sr. Questionamento Nocivo. Então disse Diligência:

– Ouça, meu Senhor! Você reconhece a língua do cavalheiro se ouvi-la?

– Sim – respondeu o Senhor –, eu a conheço bem, mas não o vejo há muito tempo. No entanto, uma coisa eu sei: ele é astuto; tomara que não fuja de nós.

– Deixe-me cuidar disso – disse seu servo Diligência.

– Mas como encontraremos a porta? – perguntou o senhor.

– Deixe que eu cuido disso também – respondeu o jovem.

Então ele foi adiante e apontou o caminho da porta para o Sr. Vontade Seja Feita. Assim, o Senhor, sem muito barulho, abriu a porta, correu para dentro da casa e viu os cinco reunidos, exatamente como Diligência lhe dissera. Ele os prendeu e os levou embora, entregando-os nas mãos do Sr. Homem Verdadeiro, o carcereiro, e ordenou que fossem vigiados. Feito isso, pela manhã, o Sr. Prefeito foi informado de tudo o que o Sr. Vontade Seja Feita havia realizado durante a noite, e se alegrou muito com as notícias, não apenas porque os céticos foram capturados, mas porque aquele Questionamento Nocivo havia sido preso, pois o homem era um grande problema para Alma Humana, além de uma preocupação para o próprio Sr. Prefeito. Ele era procurado havia muito tempo, mas ninguém nunca conseguira encontrá-lo até aquele momento.

Bem, o próximo passo seria preparar tudo para julgar esses cinco homens capturados pelo Sr. Vontade Seja Feita, os quais se encontravam sob custódia do Sr. Homem Verdadeiro, o carcereiro. Então a data foi marcada, e os prisioneiros foram levados ao tribunal. O Sr. Vontade Seja Feita poderia tê-los matado quando os capturou, e isso sem muito tumulto, mas pensou que seria, nesse momento, de mais honra para o Príncipe, conforto de Alma Humana e desânimo do inimigo se os trouxesse para um julgamento público.

Então, o Sr. Homem Verdadeiro os levou para o tribunal acorrentados, mais especificamente para a prefeitura, pois esse era o lugar para julgamentos. Assim, para ser breve, o júri foi organizado, as testemunhas fizeram o juramento, e os prisioneiros foram interrogados. O júri era o mesmo que julgara o Sr. Sem Verdade, o Sr. Impiedoso e o Sr. Arrogância, com o resto de seus companheiros.

Primeiro, o próprio velho Questionamento foi apresentado, pois era o anfitrião e o ajudante desses céticos que, por sua nação, eram homens estrangeiros; então lhe ordenaram que desse ouvidos à sua acusação, e lhe foi dito que ele tinha a liberdade de protestar, se tivesse algo a dizer em sua defesa. Desse modo, sua acusação foi lida, da maneira e forma a seguir:

– Sr. Questionamento, você é aqui indicado pelo nome de Questionamento Nocivo, um intruso na cidade de Alma Humana e também um homem que odeia o Príncipe Emanuel, e que planejou a ruína de Alma Humana. Você aqui é indicado por confraternizar com os inimigos do Rei, mesmo que as leis lhe digam que faça o contrário, pois, primeiro, você questionou a verdade de sua doutrina e estado; em seguida, desejou que dez mil céticos viessem sobre ele, e, por fim, recebeu, confraternizou e encorajou seus inimigos, que vieram com seu exército contra ela. O que tem a dizer sobre essa acusação? Você é culpado ou inocente?

— Meu senhor — disse ele —, não conheço o que essas acusações significam, pois não sou o homem citado por ela; o homem que deve ser acusado diante do júri por esses motivos é chamado de Questionamento Nocivo, nome que nego ser meu, pois me chamo Inquérito Honesto. Realmente um parece o outro, mas espero que saibam que há uma grande diferença entre ambos. Espero, mesmo nos piores momentos, e também entre os piores homens, que se possa fazer uma pesquisa honesta sobre as coisas, sem correr o risco de morte.

Então falou meu Sr. Vontade Seja Feita, pois ele era uma das testemunhas:

— Meu Senhor, e vocês, do honroso banco e magistrados da cidade de Alma Humana, todos vocês ouviram com seus ouvidos que o prisioneiro no tribunal negou o seu nome, e assim pensa escapar da acusação. Eu, no entanto, sei que ele é o homem em questão, e que seu nome verdadeiro é Questionamento Nocivo. Eu o conheço, meu senhor, há mais de trinta anos, pois eu e ele (é uma vergonha para mim assumir isso) éramos grandes conhecidos quando Diabolus, tirano, tinha o governo de Alma Humana. Atesto que ele é um diaboliano por natureza, um inimigo para nosso Príncipe e um inimigo da bendita cidade de Alma Humana. Em tempos de rebelião, ele esteve em minha casa, meu Senhor, por vinte noites no total, e, então, costumávamos conversar da mesma maneira que ele e seus céticos haviam conversado ultimamente; verdade, eu não via havia muito tempo. Suponho que a chegada de Emanuel a Alma Humana obrigou-o a mudar de residência, já que essa acusação o levou a mudar de nome; este, no entanto, é o homem, meu Senhor.

Em seguida, o tribunal lhe perguntou:
— Você tem algo mais a dizer?

– Sim – respondeu o cavalheiro. – Eu tenho, pois tudo dito até agora contra mim foi apenas pela boca de uma testemunha; e não é permitido para a famosa cidade de Alma Humana condenar um homem à morte com base em apenas uma testemunha.

Então, apresentou-se o Sr. Diligência e disse:

– Meu senhor, quando eu estava em minha vigilância certa noite, no início da Rua do Mal, nesta cidade, tive a sorte de ouvir um burburinho dentro de casa desse cavalheiro. Então, pensei eu: *O que está acontecendo aqui?* Desse modo, aproximei-me, de maneira muito discreta, da lateral da casa para ouvir, pensando, como de fato aconteceu, que eu poderia descobrir alguma reunião secreta de diabolianos. Então, como disse, aproximei-me cada vez mais; e, quando eu estava ao lado do muro, rapidamente percebi que havia homens estrangeiros na casa. Eu, no entanto, entendi bem o seu discurso, porque eu mesmo sou um viajante. Então, ao ouvir tal idioma em uma cabana cambaleante como aquela onde esse cavalheiro habita, coloquei meu ouvido em um buraco na janela, e lá ouvi esses homens conversando o seguinte. Este velho Sr. Questionamento perguntou para esses céticos quem eram e de onde vinham, e o que vieram fazer por essas bandas. Eles responderam a todas essas perguntas, e mesmo assim ele os recebeu. O homem também perguntou em quantos estavam, e eles responderam que em dez mil homens. Então ele perguntou-lhes por que não tentaram mais atacar Alma Humana, ao que também responderam. Em seguida, ele chamou o general deles de covarde, por ter fugido quando deveria ter lutado por seu príncipe. Além disso, esse velho Questionamento Nocivo desejou, e eu o ouvi desejar, que todos os dez mil céticos estivessem agora em Alma Humana, e ele mesmo iria liderá-los. Além disso, também os aconselhou a ser discretos, pois, caso capturados, iriam morrer, ainda que suas cabeças fossem de ouro.

Então o juiz disse:

– Sr. Questionamento Nocivo, aqui está outra testemunha contra você, e o seu depoimento é completo: 1. Ele jura que você recebeu esses homens em sua casa, e que os alimentou ali, mesmo sabendo que eles eram diabolianos e inimigos do Rei. 2. Ele jura que você desejou que dez mil deles estivessem em Alma Humana. 3. Ele jura que você os aconselhou a agir com discrição para não serem levados pelos servos do Rei. Tudo indica que você é um diaboliano, pois, se fosse amigo do Rei, teria prendido esses homens.

Então disse Questionamento Nocivo:
– Para a primeira dessas acusações, tenho resposta. Os homens que estavam em minha casa eram estrangeiros, e eu os acolhi; por acaso, agora é crime em Alma Humana um homem receber estrangeiros? Que eu os alimentei também é verdade; e por que minha compaixão deve ser punida? Quanto à razão pela qual desejei dez mil deles em Alma Humana, nunca disse isso para as testemunhas, nem para eles mesmos. Eu poderia ter desejado que eles fossem capturados, e o meu desejo seria bom para Alma Humana, ninguém pode saber. Eu também os aconselhei a tomar cuidado para que eles não caíssem nas mãos do capitão, mas isso porque não quero que nenhum homem seja morto, e não porque desejo que os inimigos do Rei consigam escapar.

Então, meu Sr. Prefeito respondeu:
– Embora seja uma virtude receber estrangeiros, é uma traição receber os inimigos do Rei. E, por tudo o que falou, você quer, por meio de palavras, protelar e livrar-se da execução do julgamento. Mas poderia não haver prova alguma contra você além de ser um diaboliano, e por isso deve morrer pela lei. No entanto, receber, alimentar, confraternizar e abrigar diabolianos estrangeiros, que vieram de longe com o propósito de eliminar e destruir Alma Humana, não será aceito.

Então se pronunciou Questionamento Nocivo:
– Vejo como funciona o jogo: devo morrer por causa do meu nome e por causa de minha compaixão.

E, assim, calou-se.

Em seguida, eles chamaram os céticos estrangeiros para o tribunal, e o primeiro a ser chamado para juízo foi o cético de Eleição. Então, leu-se sua acusação. Como ele era um homem estrangeiro, o conteúdo lhe foi transmitido por um intérprete; a saber: "Que ele era acusado de ser um inimigo de Emanuel, o Príncipe que tem ódio pela cidade de Alma Humana; e é um opositor de sua mais saudável doutrina".

Em seguida, o juiz perguntou se ele desejava se defender, mas ele disse somente isto: Que ele confessava ser um cético de Eleição, e que fora criado nessa religião. E disse:

– Se eu tiver que morrer por minha religião, morrerei como um mártir, então não me importo.

Assim, o juiz respondeu:

– Questionar a eleição é negar a grande doutrina do Evangelho, ou seja, a onisciência, o poder, e a vontade de Deus; tirar a liberdade de Deus sobre sua criatura, derrubar a fé da cidade de Alma Humana e fazer a salvação depender de obras, e não da graça. Isso também desmente a palavra e inquieta a mente dos homens de Alma Humana; portanto, pela melhor das leis, ele deve morrer.

Em seguida, o cético de Vocação foi chamado e apresentado para o tribunal; e sua acusação era basicamente a mesma que a outra, mas ele era particularmente acusado de negar o chamado de Alma Humana.

O juiz também lhe perguntou o que ele tinha a dizer por si mesmo.

E ele respondeu que nunca havia acreditado que existisse algo como um poderoso e distinto chamado de Deus para Alma Humana, a não ser pela voz geral da palavra, e nem mesmo por ela ouvir algo além da exortação de afastar-se do mal e fazer o que é bom, e que, ao fazer isso, receberia uma promessa de felicidade.

Então disse o juiz:

– Você é um diaboliano, e tem negado grande parte de uma das verdades mais práticas do Príncipe da cidade de Alma Humana; pois ele chamou, e ela ouviu um chamado distinto e poderoso de seu Emanuel, pelo qual ela tem sido vivificada, desperta e tomada pela graça celestial para desejar ter comunhão com seu Príncipe, servi-lo e fazer sua vontade, além de buscar sua felicidade apenas para a satisfação de seu Príncipe. E, por seu desdém por essa boa doutrina, você deve morrer.

Em seguida, o cético de graça foi chamado, e, depois de sua acusação ser lida, ele respondeu que, apesar de ser da Terra da Dúvida, seu pai era filho de um fariseu e vivia bem entre seus vizinhos. Além disso, ensinara-o a acreditar, e o pai acreditava, e ele também acreditaria que Alma Humana nunca seria salva apenas pela graça.

Em seguida, disse o juiz:
– Ora, a lei do Príncipe é clara: 1. Negativamente: "não de obras"; 2. Positivamente: "pela graça sois salvos". E a sua religião se apoiou nas obras da carne, pois as obras da lei são as obras da carne. Além disso, ao falar dessa forma, você roubou a glória de Deus e a entregou para um homem pecador; roubou Cristo da necessidade de sua morte, e a suficiência dela, e atribuiu as duas às obras da carne. Você desprezou a obra do Espírito Santo e exaltou a vontade da carne e da mente legalista. Você é um diaboliano, o filho de um diaboliano; e, pelos seus princípios diabolianos, deve morrer.

O tribunal, então, conduzido até agora, com eles, liberou o júri, que imediatamente os declarou culpados de morte. Então, levantou-se o registrador e dirigiu-se aos prisioneiros:
– Vocês, prisioneiros no tribunal, foram aqui indiciados e considerados culpados de crimes graves contra Emanuel, nosso Príncipe, e contra o bem-estar da famosa cidade de Alma Humana, crimes pelos quais vocês não apenas devem ser condenados à morte, mas também morrer de acordo.

Então, eles foram condenados à crucificação. O lugar atribuído para a execução foi onde Diabolus organizara seu último exército contra Alma Humana; a não ser o velho Questionamento Nocivo, enforcado no topo da Rua do Mal, logo acima de sua própria porta.

# CAPÍTULO dezoito

Quando a cidade de Alma Humana se livrou de seus inimigos e dos perturbadores de sua paz, o próximo passo foi emitir a ordem rigorosa de que o Sr. Vontade Seja Feita deveria, com Diligência, seu soldado, procurar e fazer o seu melhor para prender todos os diabolianos que continuavam vivos em Alma Humana. Os nomes de diversos deles eram: Sr. Loucura, Sr. Ignore O Bem, Sr. Medo Servil, Sr. Sem Amor, Sr. Desconfiança, Sr. Carne e Sr. Preguiça. Também foi ordenado que ele prendesse os filhos do Sr. Questionamento Nocivo, deixados para trás, e demolisse a casa dele. Os filhos deixados eram: Sr. Enganação, seu filho mais velho, seguido de Vida Legal, Descrença, Pensamentos Errados Sobre Cristo, Corta Promessa, Sentido Carnal, Vive Pelo Sentimento e Amor-Próprio. Todos esses filhos eram da mesma esposa, chamada Sem Esperança; ela era sobrinha do velho Incredulidade, e, quando seu pai, o velho Escuridão, foi morto, seu tio a criou até ela atingir uma idade em que poderia casar, quando foi entregue a esse Questionamento Nocivo como esposa.

Ora, o Sr. Vontade Seja Feita colocou essa comissão em prática, com Diligência, seu soldado. Eles prenderam Enganação nas ruas e o enforcaram no Beco da Vontade, sobre sua própria casa. Esse homem era aquele que pretendia convencer Alma Humana a entregar o Capitão Crédito nas mãos de Diabolus, contanto que ele retirasse suas forças da cidade. O Sr. Vontade Seja Feita também prendeu o Sr. Ignore O Bem enquanto ele estava ocupado no mercado, e o executou de acordo com a lei. Havia um homem honesto em Alma Humana, chamado Sr. Meditação, que era uma pessoa sem grande destaque durante os dias de apostasia, mas que agora tinha a melhor reputação da cidade. A esse homem, portanto, eles estavam dispostos a conferir um cargo alto. O Sr. Ignore O Bem tinha uma grande quantidade de riquezas em Alma Humana, e, na chegada de Emanuel, ela foi recolhida para uso do Príncipe riqueza, então, foi entregue ao Sr. Meditação, para o bem comum, e, depois dele, para seu filho, o Sr. Pensa Bem, gerado pela Sra. Piedade, esposa do Sr. Meditação e filha do Sr. Registrador.

Depois disso, meu senhor prendeu o Corta Promessa; como ele era um notório criminoso, pois por suas ações havia muita desconfiança sobre a moeda do Rei, tornou-se um exemplo público. Ele foi julgado e acusado a ser o primeiro colocado no pelourinho, para ser chicoteado por todos os filhos e servos em Alma Humana, sendo, em seguida, enforcado até morrer. Alguns podem questionar a severidade da punição desse homem, mas aqueles que são comerciantes honestos em Alma Humana reconhecem o grande abuso que um cortador de promessas pode provocar na cidade em pouco tempo. E o meu julgamento é que todos aqueles que têm seu nome e vivem de sua maneira devem ser tratados da mesma forma.

Ele também apreendeu o Senso Carnal e o deixou esperando; como aconteceu, eu não sei, mas ele conseguiu fugir da prisão. Sim, e esse ousado criminoso não deixou a cidade, e ficou espreitando as tocas dos diabolianos durante o dia e assombrando as casas de homens honestos à noite. Portanto, houve uma proclamação colocada no mercado em Alma Humana, alertando que quem encontrasse o Senso Carnal, prendesse--o e matasse-o seria diariamente recebido à mesa do Príncipe, além de ser guarda do tesouro de Alma Humana. Assim, muitos fizeram bastante esforço, mas não conseguiram prendê-lo e matá-lo, embora o tivessem encontrado diversas vezes.

Meu senhor, no entanto, capturou o Sr. Pensamentos Errados Sobre Cristo e o colocou na prisão. O homem morreu ali, embora tenha demorado, pois definhou até a morte.

Amor-Próprio também foi capturado e levado sob custódia, mas havia muitos que eram seus aliados em Alma Humana, então seu julgamento foi adiado. Por fim, o Sr. Abnegação levantou-se e disse:
— Se vilões como estes podem ser protegidos em Alma Humana, abrirei mão de minha comissão.

Então, ele o tirou da multidão e o levou para seus soldados, onde o homem foi escalpelado. Alguns em Alma Humana reclamaram disso, embora ninguém ousasse falar abertamente, porque Emanuel estava na cidade. No entanto, esse ato corajoso do Capitão Abnegação chegou aos ouvidos do Príncipe; então ele o mandou chamar, e fez dele um lorde em Alma Humana. Meu Sr. Vontade Seja Feita também recebeu grandes elogios de Emanuel, por tudo o que fizera pela cidade de Alma Humana.

Então, meu Sr. Abnegação tomou coragem, saiu em perseguição contra os diabolianos, com meu Sr. Vontade Seja Feita, e capturaram Vive Pelo Sentimento e Vida Legal, colocando-os na prisão até morrerem. O Sr. Descrença, no entanto, era muito ágil, e eles nunca conseguiram capturá-lo, embora tenham tentado fazê-lo muitas vezes. Portanto, ele e alguns outros da sutil tribo diaboliana ainda permaneceram em Alma Humana até o momento em que a cidade deixou de habitar no reino de Universo. Eles, no entanto, continuaram em suas tocas e buracos: se um deles aparecesse ou fosse visto em qualquer uma das ruas da cidade de Alma Humana, toda a cidade se armava contra eles; até mesmo as crianças gritavam atrás desses homens, como se perseguissem um ladrão, querendo matá-los com pedradas. Assim, Alma Humana alcançou um bom grau de paz e tranquilidade. Seu Príncipe também habitava dentro de suas fronteiras, e seus soldados cumpriam os seus deveres. Alma Humana continuava com o comércio que tinha com países distantes, e também estava ocupada com os próprios afazeres.

Depois que a cidade de Alma Humana conseguiu se livrar de tantos inimigos e dos perturbadores de sua paz, o Príncipe mandou chamar os cidadãos, e indicou um dia em que, no mercado, ele se encontraria com todo o povo, para dar instruções sobre alguns assuntos que promoveriam sua segurança e conforto, se observadas, e a condenação e destruição de diabolianos. Por fim, o dia indicado chegou, e os cidadãos se reuniram; Emanuel também desceu em sua carruagem, com todos os seus capitães acompanhando-o, ao lado direito e ao lado esquerdo. Então houve um pedido de silêncio e, depois de algumas demonstrações mútuas de amor, o Príncipe começou a falar:

– Minha Alma Humana, amada de meu coração, muitos e maravilhosos são os privilégios que concedi a vocês; eu os separei de outros e os escolhi para mim mesmo, não pelo seu valor, mas para minha glória. Eu os redimi, não apenas do temor pela lei de meu Pai, mas também das mãos de Diabolus. Fiz isso porque te amei, e porque coloquei em meu coração a vontade de fazer bem a você. Eu também fiz com que tudo que pudesse atrapalhar seu caminho em direção aos prazeres do Paraíso fosse retirado de seu caminho, e concedi à sua alma a satisfação plena, comprando-os para mim; não um preço de coisas corruptíveis, como prata e ouro, mas com um preço de sangue, meu próprio sangue, que derramei livremente para torná-la minha. Então, eu a reconciliei, ó minha Alma Humana, a meu Pai, e os confiei às mansões que estão com meu Pai na cidade real, onde há coisas, ó minha Alma Humana, que o olho não viu, nem penetraram no coração do homem.

"Além disso, ó minha Alma Humana, você vê o que fiz, e como tenho livrado você das mãos dos seus inimigos, com quem se rebelou profundamente contra meu Pai e por quem lhe agradou ser possuída e também destruída. Eu me aproximei de você primeiro com a minha lei e, depois, com meu Evangelho para lhe despertar, e lhe mostrei minha glória. E vocês sabem o que eram, o que disseram, o que fizeram, e quantas vezes se rebelaram contra meu Pai e contra mim; mesmo assim, como você vê hoje, não te deixei, mas me aproximei, suportei suas ações, esperei e, finalmente, aceitei, mesmo da minha mera graça e favor; e não suportaria vê-la perdida, como provavelmente teria acontecido. Eu também a cerquei e afligi por todos os lados, para que pudesse cansá-la de seus caminhos e quebrantar seu coração, com disposição de aceitar seu bem-estar e felicidade. E, quando comecei uma conquista completa sobre você, transformei tudo para o seu bem.

"Veja, também, que companhia de meu Pai eu abriguei dentro de suas fronteiras: capitães e governadores, soldados e homens de guerra, ferramentas e dispositivos excelentes para subjugar e derrotar seus inimigos; você sabe o que quero dizer, ó Alma Humana. E eles são os meus servos, e seus, também, Alma Humana. Sim, meu plano ao possuí-los, e a tendência natural de cada um deles, é defender, purificar, fortalecer e adoçá-los para mim, ó Alma Humana, além de fazer com que você encontre a presença de meu Pai, bênção e glória; pois você, minha Alma Humana, foi criada para ser preparada para eles.

"Além disso, minha Alma Humana, você viu como eu já superei sua rebeldias e a curei. De fato, fiquei com raiva de você, mas afastei minha ira para longe, porque ainda os amava, e minha ira e a minha indignação terminaram com a destruição de seus inimigos, ó Alma Humana. Nem a sua bondade me atraiu de volta para vocês, depois que escondi meu rosto por causa de suas transgressões e retirei minha presença de ti. O caminho da apostasia foi seu, mas o caminho e o meio de sua recuperação foram meus. Inventei o caminho para seu retorno; construí uma cerca e uma parede, quando vocês começaram a se voltar para aquilo que não me agrada. Tornei seus dias e noites doces e amargos, e o seu caminho suave, espinhoso, e também confundi todos os que buscavam a sua destruição. Enviei o Sr. Temor Divino para trabalhar em Alma Humana. Despertei sua consciência e entendimento, a sua vontade e seus afetos, após sua grande e lamentável queda. Coloquei a vida em você, ó Alma Humana, para me buscar e me encontrar, e para que, nessa busca, pudesse encontrar sua própria saúde, felicidade e salvação. Atraí os diabolianos para fora de Alma Humana pela segunda vez; e fui eu quem os venci e os destruí diante de você.

"E agora, minha Alma Humana, eu voltei para vocês em paz, e suas transgressões contra mim são como se nunca tivessem existido. E ela não estará com vocês como nos dias antigos, mas agirei melhor com vocês do que no começo. Pois, ainda por um pouco, ó minha Alma Humana, depois de mais alguns tempos terem passado sobre a sua cabeça, eu irei (mas não fique incomodada com o que estou dizendo) derrubar essa famosa cidade de Alma Humana, pedaço por pedaço, ao chão. E eu carregarei suas pedras, sua madeira, seus muros, seu pó e seus habitantes para o meu próprio país, para o reino de meu Pai, e lá a estabelecerei em força e glória, como nunca vi no reino onde está localizada agora. Eu ainda a estabelecerei como habitação para meu Pai, pois para esse propósito ela foi erguida no reino de Universo; e lá eu a transformarei em um espetáculo maravilhoso, um monumento de misericórdia e admiradora de sua própria misericórdia. Lá, os nativos de Alma Humana verão tudo o que nunca viram aqui: lá, serão iguais a quem foram inferiores aqui. E lá, você, minha Alma Humana, terá uma comunhão comigo, com meu Pai e com seu Sr. Secretário, a qual não é possível desfrutar aqui, nem nunca poderia ser, mesmo se você vivesse mil anos em Universo.

"E lá, Alma Humana, vocês não terão mais medo de assassinos, de diabolianos e de suas ameaças. Lá, não haverá mais planos, nem artifícios, nem projetos contra você, ó minha Alma Humana. Lá, você nunca mais receberá más notícias, nem o som do tambor diaboliano. Lá, não verá mais os porta-estandartes diabolianos, nem a bandeira de Diabolus. Nenhum monte diaboliano será lançado contra você; nenhuma bandeira será hasteada para assustá-la. Não haverá necessidade de capitães, ferramentas, soldados e homens de guerra. Lá, você não sentirá tristeza e mágoa, e não será possível que um diaboliano se esconda em seu território, abrigue-se em suas paredes ou seja visto novamente, por toda a eternidade. Lá, a vida durará mais do que seus cidadãos são capazes de desejar; e, mesmo assim, sempre será nova e fresca, e não haverá dificuldade alguma, nunca mais.

"Lá, ó Alma Humana, você se encontrará com muitos daqueles que têm sido semelhantes a vocês e que foram participantes de sua tristeza; eu também os escolhi, e redimi, e separei para mim, como fiz com você, para ser o reino e cidade real de meu Pai. Todos se alegrarão em você, e você, quando os vir, ficará feliz em seu coração. Existem coisas, ó Alma Humana, coisas concedidas por mim e por meu Pai, que nunca foram vistas, desde o início do mundo; e elas estão diante do meu Pai, seladas entre seus presentes para você até que possa desfrutá-las. Eu já lhe disse que irei remover minha Alma Humana e a estabelecerei em outro lugar; e onde irei colocá-la já existem pessoas que se alegram em você agora, e que a amam; mas quanto mais o farão, quando virem você exaltada à honra! Meu Pai, então, os enviará para buscá-la, e seu colo será como carruagens para transportar você. E você, minha Alma Humana, cavalgará sobre as asas do vento. Eles virão para transportá-la, conduzi-la para o lugar que será seu desejado céu.

"Portanto, ó minha Alma Humana, eu mostrarei a você o que deverá ser feito de agora em diante; se puder ouvir, se puder entender, vou falar sobre quais deverão ser seus deveres e prática, até que eu venha buscá-la para mim, conforme está escrito nas Escrituras da verdade. Primeiro, ordeno que os cidadãos de Alma Humana mantenham, de agora em diante, suas vestes mais alvas e mais limpas do que as que lhes entreguei antes de me afastar de vocês. Façam isso, repito, pois será sua sabedoria. Elas são de puro linho, mas vocês devem mantê-las sempre brancas e limpas. Isso será sua glória e sua honra, e grandemente minha glória. Enquanto suas vestes forem brancas, o mundo saberá que vocês são meus. Além disso, enquanto suas vestes forem brancas, eu terei satisfação em seus caminhos, pois suas andanças serão como flashes de luz, que todos ao seu redor deverão ver; seus olhos serão para contemplar seu deslumbramento. Ornem-se, portanto, de acordo com minhas instruções, e façam de minha lei os passos para guiar o seu caminho; assim, o Rei desejará muito a sua beleza, pois ele é o Senhor, então O adorem.

"Agora, para que vocês possam manter as vestes como ordenei, eu preparei, como disse antes, uma fonte aberta para vocês as lavarem. Prestem atenção para lavá-las constantemente em minha fonte, e não andem com roupas imundas, pois isso será minha desonra e desgraça, bem como seu tormento. Não permitam que minhas vestes, suas vestes, as vestes que lhes dei sejam destruídas ou manchadas pela carne. Mantenham-nas sempre brancas, e que nunca lhe falte unguento.

"Minha Alma Humana, eu já a libertei dos desígnios, planos, investidas e conspirações de Diabolus; e não pedi nada em troca, a não ser que você não abra mão do meu bem em troca do mal, mas que guarde em mente o meu amor e a continuação da minha bondade para minha amada Alma Humana, a fim de fazê-la andar de acordo com os privilégios que lhe concedi. Antes, os sacrifícios eram presos com cordas às pontas do altar. Considere o que é dito para você, ó minha abençoada Alma Humana. Ó minha Alma Humana, eu vivi, eu morri, eu estou vivo, e não vou mais morrer pelos seus cidadãos. Eu vivo para que vocês não morram. Porque eu vivo, vocês também viverão. Eu os reconciliei com meu Pai pelo sangue em minha cruz; e, reconciliados, vocês devem viver por meio de mim. Vou orar por vocês, lutar por vocês. Eu lhes farei bem.

"Nada pode ferir vocês além do pecado; nada pode entristecer, a não ser o pecado; nada pode fazer vocês se curvarem diante de seus inimigos, só o pecado. Fique atenta com o pecado, minha Alma Humana. E você sabe por que eu ainda permito que diabolianos vivam dentro de seus muros, ó Alma Humana? É para mantê-la acordada, para provar o seu amor, para torná-la vigilante, e para que você valorize meus nobres capitães, seus soldados e minha misericórdia. É também para que seus cidadãos sejam forçados a lembrar a condição deplorável na qual viveram. Quero dizer quando todos, não alguns, habitaram não em seus muros, mas, sim, em seu castelo e em sua fortaleza, ó Alma Humana. Se eu matasse todos, muitos de fora poderiam escravizá-la, porque, se todos os de dentro fossem mortos, os do exterior a encontrariam dormindo; e, então, como num piscar de olhos, eles engoliriam minha Alma Humana. Portanto, eu os deixo dentro de seus muros, não para fazer-lhe mal (o que eles farão, se você lhes der ouvidos e servi--los), mas para o seu bem, se você vigiar e lutar contra eles. Saiba, portanto, que, por mais que tentem você, espero que isso sirva não para afastá-la, mas para aproximá-la de meu Pai, para aprender sobre sua guerra, para fazer petições agradáveis para ele, bem como para se humilhar diante dele. Atente-se a isso, minha Alma Humana.

"Mostre-me, então, o seu amor, minha Alma Humana, e não permita que aqueles que estão dentro de seus muros roubem a sua afeição daquele que redimiu a sua alma. Sim, permita que a visão de um diaboliano aumente seu amor por mim. Eu a salvei uma, duas e três vezes das flechas venenosas que a matariam; fique ao meu lado, minha amiga, minha Alma Humana, contra os diabolianos, e eu ficarei ao seu lado diante do meu Pai e de toda a sua corte. Escolha me amar contra a tentação, e eu a amarei apesar de sua fragilidade. Ó minha Alma Humana, lembre-se do que meus capitães, meus soldados e as minhas ferramentas fizeram por você. Eles lutaram por você, sofreram por você suportando muitas coisas para o seu bem, Alma Humana. Se você não tivesse a ajuda deles, Diabolus com certeza a teria dominado. Alimente-nos, então, Alma Humana. Quando seus cidadãos agirem bem, eles ficarão bem; senão, eles ficarão doentes, enfermos e fracos. Não adoeça os meus capitães, ó Alma Humana. Pois, se eles estiverem doentes, você não tem como ficar bem. Se eles estiverem fracos, você não tem como ficar forte. Se eles desfalecerem, você não será forte e valente para o seu Rei, ó Alma Humana. Não pense que pode viver por sentimentos; você precisa viver sobre a minha palavra. Você precisa crer, ó minha Alma Humana, depois que eu partir, que eu ainda a amo e a carrego em meu coração para sempre.

"Lembre-se, portanto, ó minha Alma Humana, que você é amada por mim, e que eu já a ensinei a vigiar, lutar, orar e guerrear contra meus inimigos. Então, agora ordeno que acredite que meu amor por você é constante. Ó minha Alma Humana, como eu coloquei meu coração e meu amor sobre você! Vigie. Fique atenta, pois não coloco sobre você nenhum fardo além do que já carrega. Fique firme até que eu volte."

FONTE: Adobe Caslon Pro

#Ágape nas redes sociais

www.agape.com.br